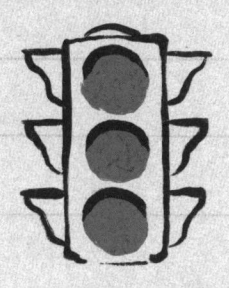

Sinal verde

Matthew McConaughey

Sinal verde

Traduzido por Carolina Simmer

SEXTANTE

Título original: *Greenlights*

Copyright © 2020, 2024 por Matthew McConaughey
Copyright da tradução © 2025 por GMT Editores Ltda.

Todos os direitos reservados. Nenhuma parte deste livro pode ser utilizada ou reproduzida sob quaisquer meios existentes sem autorização por escrito dos editores.

Foto p. 275: Anne Marie Fox. Foto p. 115: cortesia da Universal Studios Licensing LLC. Foto p. 148: © Warner Bros. Entertainment. Todas as outras fotos são cortesia do autor.

coordenação editorial: Juliana Souza
produção editorial: Carolina Vaz
preparo de originais: Ângelo Lessa
revisão: André Marinho e Rachel Rimas
adaptação de projeto gráfico e de capa: Ana Paula Daudt Brandão
letterings: Antonio Rhoden
capa: Christopher Brand
foto de capa: Miller Mobley
ilustração do semáforo na capa, p. 1 e p. 320: Ian Dingman
impressão e acabamento: Bartira Gráfica

CIP-BRASIL. CATALOGAÇÃO NA PUBLICAÇÃO
SINDICATO NACIONAL DOS EDITORES DE LIVROS, RJ

M116s

McConaughey, Matthew, 1969-
   Sinal verde / Matthew McConaughey ; tradução Carolina Simmer. - 1. ed. - Rio de Janeiro : Sextante, 2025.
   320 p. ; 23 cm.

   Tradução de: Greenlights
   ISBN 978-85-431-1074-5

   1. McConaughey, Matthew, 1969- 2. Atores - Estados Unidos - Biografia. 3. Atores e atrizes de cinema - Estados Unidos - Biografia. I. Simmer, Carolina. II. Título.

25-98095.0
                    CDD: 791.43028092
                    CDU: 929:791.071(73)

Gabriela Faray Ferreira Lopes - Bibliotecária

Todos os direitos reservados, no Brasil, por
GMT Editores Ltda.
Rua Voluntários da Pátria, 45 - 14º andar - Botafogo
22270-000 - Rio de Janeiro - RJ
Tel.: (21) 2538-4100
E-mail: atendimento@sextante.com.br
www.sextante.com.br

*À única coisa que eu sempre soube
que queria ser na vida e à família*

Sumário

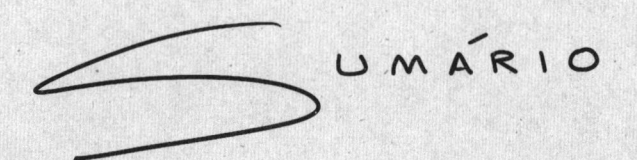

23
parte um:
a lógica do fora da lei

65
parte dois:
encontre sua frequência

95
parte três:
estradas de terra e autoestradas

131
parte quatro:
A ARTE de correr morro ABAIXO

181
parte cinco:
Vire A Página

227
parte seis:
a FLECHA não procura o ALVO, o alvo é que atrai a flecha

253
parte sete:
seja CORAJOSO, suba a LADEIRA

277
parte oito:
Viva seu LEGADO hoje

313
tradução dos textos manuscritos

1-22-89

"I've Found Myself"

- the most difficult word in the universe?

- <u>WHOWHATWHEREWHENHOW</u>?? — and that's the truth.
  <u>WHY</u>? — is even bigger

I think I'll write a book. ——————
A ~~book~~ word about my life.
<u>I</u> wonder who would give a damn
~~About~~ the pleasures and the strife?

——————— I think I'll write a book. ———————
~~How~~ Help the generations with the truth about the past?
Who's to say one would agree?
Shit! I'm tired. Hope that these thoughts last...

——————— I still think I'll write a book. ———————

- mood for the sayings
- favorite one
- phycological
- let life be — no the we are
  a book.

March 11 —

Este não é um livro de memórias tradicional. Sim, eu conto histórias do passado, mas não tenho qualquer interesse em nostalgia, sentimentalismo nem em me aposentar, o que costuma ser um requisito para livros do tipo. Também não é um livro de conselhos. Embora eu admire pessoas que dão orientações, não estou aqui para fazer isso e lhe dizer como viver sua vida.

Este é um livro de abordagens. Estou aqui para compartilhar histórias, percepções e filosofias que possam ser compreendidas de forma objetiva e, caso você queira, adotadas de forma subjetiva, seja mudando sua realidade ou a maneira como você a encara.

Este é um livro de estratégias baseado nas aventuras da minha vida. Aventuras que foram importantes, reveladoras e divertidas, às vezes porque esse era o objetivo delas, mas sobretudo porque não tinham essa pretensão. Sou otimista por natureza, e o humor tem sido um dos meus maiores professores. Ele me ajudou a lidar com tristezas, perdas e inseguranças. Estou longe de ser perfeito: vivo pisando na merda e reconheço quando isso acontece. Mas aprendi a limpar a sola das botas e seguir em frente.

Todo mundo pisa na merda de vez em quando. Ao longo da vida, nos deparamos com obstáculos, ferramos com tudo, nos ferramos, adoecemos, não conseguimos o que queremos, passamos por milhares de "podia ter feito melhor" e "queria que isso não tivesse acontecido". Pisar na merda é inevitável, portanto é melhor pensar nisso como sinal de boa sorte ou descobrir como evitar que aconteça tantas vezes.

A tradução da anotação de Matthew McConaughey ao lado está na página 313.

À Vida

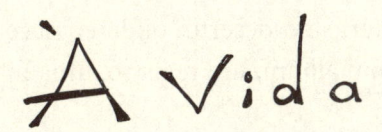

Estou nesta vida há 50 anos, tentando decifrar seu enigma há 42 e escrevendo diários com pistas desse enigma há 35. Anotações sobre sucessos e fracassos, alegrias e tristezas, coisas que me fascinaram, coisas que me fizeram rir alto. Trinta e cinco anos compreendendo, lembrando, reconhecendo, acumulando e anotando tudo que me comoveu ou me empolgou ao longo do caminho. Como ser justo. Como me estressar menos. Como me divertir. Como magoar menos as pessoas. Como me magoar menos. Como ser um homem bom. Como conseguir o que quero. Como encontrar sentido na vida. Como ser mais eu.

Nunca escrevi nada para lembrar; sempre escrevi para poder esquecer. A ideia de revisitar minha vida e minhas reflexões me intimidava. Eu não sabia se gostaria da minha própria companhia. Recentemente, reuni coragem para me sentar com meus diários e dar uma olhada nos 35 anos de textos sobre quem fui nos últimos 50. E sabe de uma coisa? Eu me diverti mais do que imaginava. Eu ri, chorei, percebi que tinha lembrado mais e esquecido menos do que esperava.

O que encontrei? Encontrei histórias que testemunhei e vivenciei, lições que aprendi e esqueci, poemas, orações, receitas médicas, respostas para perguntas que me assolavam, lembretes de perguntas que ainda me assolam, afirmações para certas dúvidas, crenças sobre o que importa, teorias sobre a relatividade e um monte de *frasesdeparachoque*.* Encontrei maneiras consistentes de encarar a vida que me traziam mais satisfação, tanto na época quanto hoje.

Encontrei um tema constante.

Então, peguei todos os diários e comprei uma passagem só de ida para o confinamento solitário no deserto, onde comecei a escrever isto que você tem em mãos: um álbum, um registro, uma história da minha vida até agora.

As coisas que testemunhei, sonhei, busquei, dei e recebi.

Bombas de verdade que interromperam meu tempo e espaço de formas que não tive como ignorar.

Acordos que fiz comigo mesmo, muitos dos quais sigo cumprindo, a maioria dos quais continuo tentando cumprir.

Aqui está tudo que vi e admirei, que senti e entendi, que me fez sentir orgulho e vergonha.

Bênçãos, verdades e as belezas da brutalidade.

Iniciações, invocações, apreciações, conclusões.

Situações das quais me safei, das quais não me safei, e aquelas em que me molhei enquanto tentava dançar entre as gotas de chuva.

Ritos de passagem.

Tudo entre os extremos da persistência e da desistência, no caminho rumo à ciência da satisfação neste grande experimento que chamamos de vida.

---

* Sempre adorei frases de para-choque, tanto que grudei as palavras e formei uma só, *frasedeparachoque*. São versos de música, frases de impacto, lições rápidas, preferências pessoais discretas que as pessoas expressam em público. São bobas e divertidas. Não precisam ser politicamente corretas porque, bom, são só frasesdeparachoque. A fonte usada, as cores, as palavras: frasesdeparachoque dizem muito sobre a pessoa no volante à nossa frente: qual é sua visão política, se tem família, se é um espírito livre ou conformista, divertida ou séria, se tem animais de estimação, que estilo de música escuta e até se tem religião. Nos últimos 50 anos tenho colecionado frasesdeparachoque. Algumas eu vi, algumas escutei, algumas roubei, algumas sonhei, algumas falei. Algumas são engraçadas, algumas são sérias, mas todas me impactaram... porque é isso que frasesdeparachoque fazem. Incluí algumas das minhas favoritas neste livro.

Espero que seja um remédio com gosto bom, duas aspirinas em vez de uma internação hospitalar, uma nave para Marte sem precisar tirar licença para pilotá-la, ir à igreja sem precisar renascer e rir em meio às lágrimas.

É uma carta de amor.

À vida.

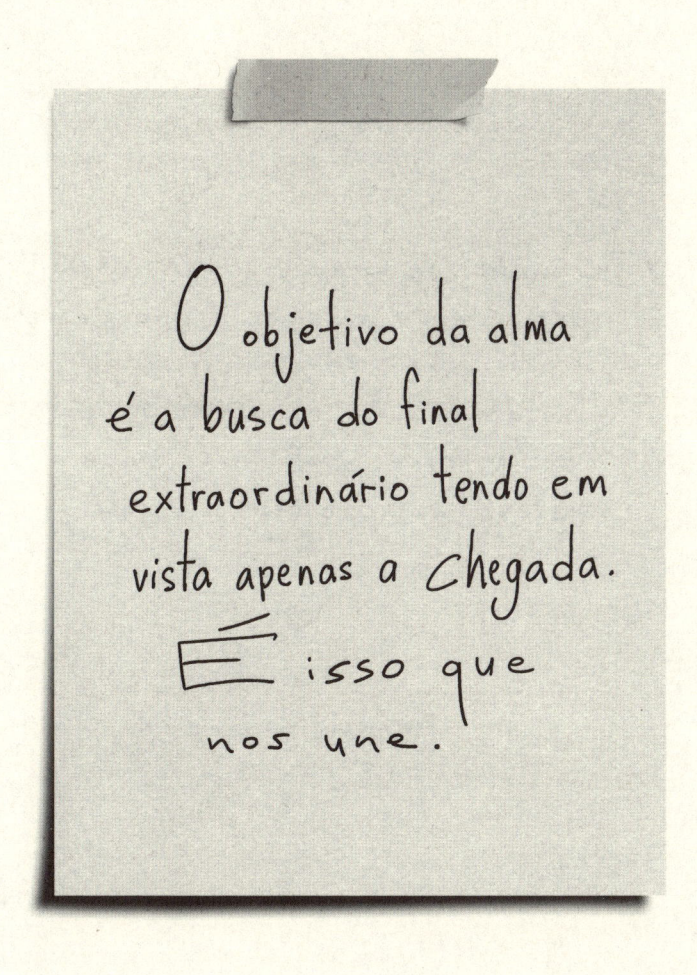

> O objetivo da alma é a busca do final extraordinário tendo em vista apenas a chegada. É isso que nos une.

Às vezes, é preciso voltar atrás para depois avançar. E não me refiro a voltar para remoer ou perseguir fantasmas. Me refiro a voltar para ver de onde você veio, onde esteve, como chegou AQUI.

— Matthew
Anúncio do Lincoln, 2014

Como cheguei aqui?

Ganhei algumas cicatrizes ao longo deste rodeio que é a humanidade. Tive bons momentos, outros nem tanto, mas no fim das contas todos me proporcionaram algum prazer, de um jeito ou de outro. A seguir, listo alguns fatos sobre mim para preparar o terreno.

Sou o caçula de três meninos, filho de pais que se divorciaram duas vezes e se casaram três vezes, sempre um com o outro.

Crescemos dizendo "eu te amo" na família. E era de coração.

Quando eu tinha 10 anos, levei uma surra até a bunda sangrar por ter aplicado uma tatuagem temporária que vinha numa embalagem de doce.

Na primeira vez em que ameacei fugir de casa, meus pais fizeram as malas para mim.

Meu pai não estava no hospital quando nasci. Ele ligou para minha mãe e disse: "A única coisa que tenho a dizer é que, se for menino, não o batize de Kelly."

A única coisa que eu sempre soube que queria na vida era ser pai.

Aprendi a nadar quando minha mãe me atirou no rio Llano, e minhas alternativas eram ser levado pela corrente até a queda d'água rochosa a uns 30 metros de distância ou chegar à margem do rio. Cheguei à margem.

Eu era sempre o primeiro a rasgar os joelhos das calças jeans.

Por dois anos, fui o recordista de cartões vermelhos da liga de futebol pré-mirim... e eu era goleiro.

Quando comecei a reclamar que meu único par de tênis estava velho e fora de moda, minha mãe me disse: "Se continuar de manha vou te levar para conhecer o menino sem pés!!"

Aos 15 anos, fui chantageado a fazer sexo pela primeira vez. Na época eu tinha certeza de que iria para o inferno por fazer sexo antes do casamento. Hoje só tenho a certeza de que *espero* que isso não aconteça.

Fui molestado por um homem quando tinha 18 anos e estava desmaiado na traseira de uma van.

Usei peiote em Real de Catorce, no México, numa jaula com uma onça-parda.

Já levei 78 pontos na cabeça, e quem me costurou foi um veterinário.

Tive quatro concussões por ter caído de quatro árvores, três delas durante luas cheias.

Já fui preso pela polícia por tocar bongô nu.

Resisti à prisão.

Eu me inscrevi em Duke, na Universidade do Texas em Austin, na Southern Methodist e na Grambling. Fui aceito em três das quatro universidades.

Nunca me senti uma vítima.

Tenho muitas provas de que o mundo conspira para me fazer feliz.

Consegui escapulir de mais problemas na vida real do que nos sonhos.

Muitas pessoas já me deram poemas que eu não sabia que tinha escrito.

Já fui ingênuo, maldoso e cínico. No entanto, tenho uma crença inabalável na benevolência da humanidade, na minha benevolência e no denominador comum, que são os valores que compartilhamos.

Acredito que a verdade só ofende quando estamos mentindo.

Fui criado seguindo a lógica existencial do fora da lei, uma encarnação de trocadilhos, cheia de uma física inventada, porque, se não era verdade, deveria ser.

∞

Mas não havia nada de inventado no amor. O amor era verdadeiro. Às vezes meio sangrento, porém nunca questionado.

Desde cedo, aprendi a **relativizar**: a lidar com as coisas.

Aprendi sobre resiliência, consequências, responsabilidades, trabalho duro. Aprendi a amar, rir, perdoar, esquecer, brincar e rezar. Aprendi a me esforçar, vender, encantar, virar o jogo, tirar proveito de situações ruins, contar histórias. Aprendi a lidar com altos e baixos, tapas e beijos, perdas e ganhos, canções de amor e epítetos. Sobretudo diante do **inevitável**.

Esta é uma história sobre como relativizar o inevitável.

Esta é uma história sobre *sinais verdes*.

```
A chegada é inevitável: Morte.

Um fim unânime, um destino unificado.

Um substantivo sem consideração. Nosso
discurso fúnebre. Escrito. Vivido.

A abordagem é relativa: Vida.

Uma procissão singular, nossa jornada
pessoal.

Um verbo com consideração. Nosso
currículo. Escreva-o. Viva-o.
```

Estes são os primeiros 50 anos da minha vida, meu currículo até aqui, a caminho do meu discurso fúnebre.

O que é um sinal verde?

Um *sinal verde* é o aval para ir em frente – avançar, continuar, seguir. Nas ruas, eles permitem que o trânsito siga no fluxo correto, e, quando cronometrados da maneira certa, mais veículos encontram mais *sinais verdes* em sequência. **Eles dizem: prossiga.**

Na vida, são uma afirmação do *nosso* caminho. São aprovações, apoios, elogios, presentes, lenha na nossa fogueira, incentivos e apetites. São dinheiro em espécie, nascimentos, primaveras, saúde, sucesso, alegrias, sustentabilidade, inocência e recomeços. Nós adoramos *sinais verdes*. Eles não interferem na nossa direção. São fáceis. São um verão que passamos de pés descalços. Dizem **sim** e nos oferecem aquilo que **queremos**.

Sinais verdes também podem se disfarçar de sinais amarelos e vermelhos. Um alerta, um desvio, uma pausa para refletir, uma interrupção, uma desavença, indigestões, doenças e dores. Uma parada total, um acidente, uma intervenção, fracassos, sofrimentos, tapas na cara, mortes. Não gostamos de sinais amarelos e vermelhos. Eles nos obrigam a diminuir a velocidade ou mudar de ritmo. São difíceis. São um inverno que passamos de pés descalços. Dizem **não**, mas às vezes nos oferecem aquilo de que **precisamos**.

Pegar *sinais verdes* é questão de **habilidade**: intenção, contexto, consideração, resistência, antecipação, resiliência, velocidade e disciplina. Podemos encontrar mais *sinais verdes* ao identificar onde estão os sinais vermelhos da vida e mudar de caminho para evitá-los. Também podemos conquistar *sinais verdes*, criá-los e projetá-los. Podemos planejá-los no nosso futuro – um caminho de menor resistência –, com força de vontade, trabalho duro e as decisões que tomamos. Podemos ser **responsáveis** pelos *sinais verdes*.

Encontrar *sinais verdes* também é questão de **timing**. Tanto o do mundo quanto o nosso. Quando estamos com tudo, na frequência perfeita, no fluxo. É possível encontrar *sinais verdes* na sorte, porque estamos no lugar certo na hora certa. Encontrar mais deles no futuro pode ser apenas questão de intuição, carma e sorte. Às vezes, está nas mãos do **destino**.

Para seguir pela autoestrada da vida da melhor forma possível é preciso **relativizar** o **inevitável** no momento certo. A inevitabilidade de uma situação não é relativa, mas *quando* aceitamos que o resultado *de* certa situação é inevitável, a maneira *como* escolhemos lidar com ela é relativa. Podemos **persistir** na busca atual por um resultado, **mudar de direção** para procurar uma nova rota ou **desistir** e colocar a derrota na conta do destino. Podemos forçar a barra, mudar de tática ou hastear bandeira branca e seguir para a próxima batalha.

O segredo da satisfação está em *qual* dessas opções escolhemos e *quando*.

Essa é a arte de viver.

Acredito que tudo que fazemos na vida é parte de um plano. Algumas vezes, o plano segue como o esperado; em outras, não. *Isso* é parte do plano. Perceber *isso* já é um *sinal verde*.

Os problemas que encaramos hoje acabam se transformando em bênçãos no retrovisor da vida. Com o tempo, o sinal vermelho de ontem nos leva a um *sinal verde*. Toda destruição acaba gerando construção, toda morte acaba gerando nascimento, toda dor acaba gerando prazer. Nesta vida ou na próxima, tudo que sobe precisa descer.

É só questão de como encarar o desafio que temos pela frente e de como lidar com ele. **Persistir, redirecionar ou desistir. Cabe a nós escolher o que fazer, sempre.**

Este livro fala sobre como encontrar mais sins em um mundo de nãos, e sobre como reconhecer *quando* um não pode, no fundo, ser um sim. Este livro fala sobre como identificar **sinais verdes** e saber que em algum momento os amarelos e vermelhos se tornam **verdes**.

<u>**SINAIS VERDES.**</u>

Planejados e propositais... Boa sorte.

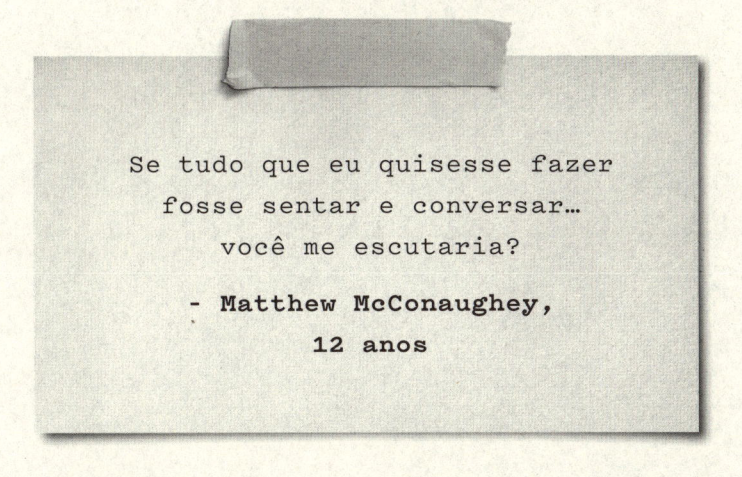

```
Se tudo que eu quisesse fazer
   fosse sentar e conversar...
      você me escutaria?
   - Matthew McConaughey,
          12 anos
```

parte um

A LÓGICA DO FORA DA LEI

UMA NOITE DE QUARTA-FEIRA, 1974

Meu pai tinha acabado de chegar do trabalho. Após jogar na máquina de lavar a camisa azul de botão engordurada, com "Jim" bordado no peito esquerdo, ele se sentou à cabeceira da mesa só de regata branca. Estava com fome. Eu e meus irmãos já tínhamos jantado, e minha mãe tirou um prato requentado do forno e o colocou na frente dele.

– Mais batatas, querida – disse ele enquanto comia.

Meu pai era um homem grande. Com 1,93 metro de altura e 120 quilos – seu "peso de lutador" –, ele dizia que "se tivesse menos que isso, viveria gripado". Aos 44 anos, esses 120 quilos eram distribuídos por lugares que, naquele jantar da noite de quarta-feira, não agradavam minha mãe.

– Tem certeza de que quer mais batatas, BALOFO? – bradou ela.

Eu estava agachado atrás do sofá da sala, começando a ficar nervoso.

Mas meu pai continuou cabisbaixo, comendo em silêncio.

– Olha só pra você, com essa pança gorda. Sim, come mais, BALOFO – tagarelou ela enquanto servia uma quantidade absurda de purê de batatas no prato dele.

Pronto. BAM! Meu pai virou a mesa e partiu pra cima da minha mãe.

– Porra, Katy, eu passo o dia inteiro me matando de trabalhar! Só quero chegar em casa e jantar em paz.

O circo estava armado. Meus irmãos sabiam o que aconteceria, eu sabia o que aconteceria, e minha mãe sabia o que aconteceria, por isso correu para o telefone de parede do outro lado da cozinha para ligar para a polícia.

– Você não consegue fechar essa matraca, né, Katy? – resmungou meu pai entredentes, apontando para ela enquanto atravessava a cozinha.

Quando ele partiu para cima, minha mãe tirou a base do telefone da parede e a tacou na cara dele.

O nariz do meu pai quebrou, era sangue jorrando pra todo lado.

Minha mãe correu até um armário, pegou um facão e se virou de frente pra ele.

– Vem, BALOFO! Vou te cortar do saco à cabeça!

Os dois ficaram andando em círculos no meio da cozinha, se encarando, minha mãe com o facão em riste, meu pai rosnando com o nariz quebrado e ensanguentado. Em dado momento ele catou um frasco de ketchup Heinz meio vazio, abriu a tampa e o empunhou como uma faca.

– Vem, BALOFO! – desafiou ela de novo. – Vou te abrir TODIIINHOO!

Com um ar de deboche, meu pai fez pose de toureiro e começou a espirrar o ketchup no rosto e no corpo da minha mãe.

– Touché – disse, saltando de um lado para outro.

Quanto mais ele jogava ketchup e desviava da faca, mais frustrada minha mãe ficava.

– Touché de novo! – provocou meu pai outra vez, fazendo mais um risco vermelho nela ao mesmo tempo que desviava de uma facada.

E assim continuaram eles, até a frustração da minha mãe finalmente se transformar em cansaço. Toda suja de ketchup, ela largou a faca no chão, endireitou a coluna e começou a secar as lágrimas e recuperar o fôlego.

Meu pai largou o frasco de Heinz, abandonou a pose de toureiro e usou o antebraço para limpar o sangue do nariz.

Agora desarmados, os dois continuaram se encarando, minha mãe secando o ketchup dos olhos, meu pai simplesmente deixando o sangue escorrer do nariz dele e cair no peito. Segundos depois, eles se atracaram num abraço animalesco. Se ajoelharam, se deitaram no chão de linóleo da cozinha sujo de sangue e ketchup... e fizeram amor. Um sinal vermelho ficou **verde**.

Era assim que meus pais se comunicavam.

Foi por isso que a minha mãe entregou ao meu pai um convite para o próprio casamento deles, dizendo: "Você tem 24 horas para decidir, me avisa."

Foi por isso que meus pais se casaram três vezes e se divorciaram duas vezes – sempre um com o outro.

Foi por isso que meu pai quebrou quatro vezes o dedo do meio da minha mãe para tirá-lo da sua cara.

Era *assim* que minha mãe e meu pai se amavam.

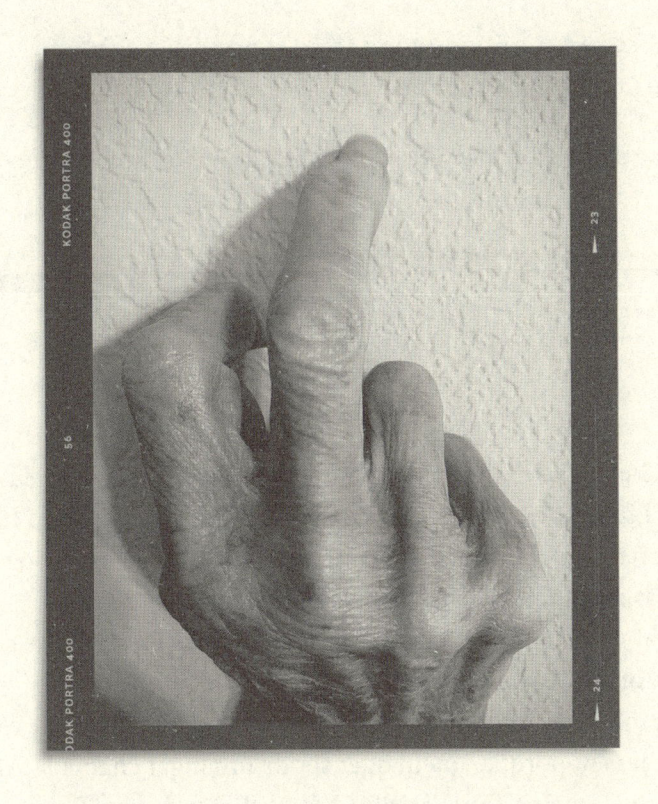

```
a regra de ouro (ou da reciprocidade) e
tudo com moderação

Dois princípios geralmente encarados como
regras gerais para a vida.

Existe uma brecha em cada um deles.

Às vezes, as pessoas não querem fazer o
que você quer fazer.

E o apetite de um é a indigestão do outro.
```

O clã McConaughey migrou da Irlanda para Liverpool, na Inglaterra, depois para Little Rock, Virgínia Ocidental e Nova Orleans. Não há realeza em nosso passado. Por outro lado, há muito roubo de gado, jogatina em barcos-cassinos e um guarda-costas do Al Capone.

Meu pai nasceu em Patterson, Mississippi, mas cresceu e se sentia em casa em Morgan City, Louisiana.

Minha mãe é de Altoona, Pensilvânia, mas sempre disse que é de Trenton, Nova Jersey, porque "quem quer ser de um lugar chamado Altoona?".

Tenho dois irmãos. O mais velho, Michael, atende por "Rooster" – galo, em inglês – há 40 anos, porque sempre acorda ao nascer do sol, mesmo quando vai dormir às quatro da manhã. Quando fez 10 anos, pediu um irmão de presente de aniversário, então meus pais adotaram Pat do lar metodista em Dallas, em 1963. Todo ano, meus pais se ofereciam para levá-lo para conhecer os pais biológicos. Ele recusou até completar 19 anos, quando mudou de ideia. Meus pais marcaram o encontro, e os três foram até a casa dos pais biológicos dele em Dallas. Meus pais ficaram esperando no carro enquanto Pat tocava a campainha e entrava. Dois minutos depois, Pat voltou e se sentou no banco de trás.

– O que houve? – perguntaram meus pais.

– Eu só queria ver se meu pai era careca, porque meu cabelo está caindo.

◯◯

Primeiro casamento
22.12.54

Segundo casamento
18.12.59

Eu fui um acidente. Fazia anos que meus pais tentavam engravidar, sem sucesso, então minha mãe achou que eu fosse um tumor até o quinto mês de gravidez. No dia em que nasci, em vez de ir para o hospital, meu pai foi para o bar, porque achava que eu não era filho dele.

Mas eu era.

Levei minha primeira surra por responder quando me chamaram de "Matt" no parquinho do jardim de infância ("Seu nome não é esse!", berrava minha mãe), a segunda, por dizer "Eu te odeio" para o meu irmão, a terceira, por dizer "Não consigo", e a quarta, por mentir sobre uma pizza roubada.

Lavavam minha boca com sabão quando eu dizia "merda", "cacete" e "porra", mas eu só ficava encrencado de verdade quando usava ou respondia a palavras que podiam me fazer mal. **Palavras que machucavam.** As palavras que ajudaram a moldar quem sou eram mais do que palavras; eram expectativas e consequências. Eram **valores**.

Meus pais me ensinaram que meu nome tinha uma razão de ser.

Me ensinaram a não odiar.

A nunca dizer que não consigo.

A nunca mentir.

SINAL VERDE.

palavras são momentâneas
intenções são momentosas

Meus pais não tinham *esperança* de que seguíssemos suas regras, eles *esperavam* que as seguíssemos. Uma expectativa negada dói mais do que uma esperança negada, ao passo que uma esperança realizada traz mais felicidade do que uma expectativa cumprida. A esperança oferece um retorno maior quando se trata de felicidade e um prejuízo menor quando não se concretiza, porém é mais difícil de mensurar. Meus pais mensuravam tudo.

Não estou aqui defendendo castigos físicos, mas sei que deixei de fazer muita coisa quando garoto porque não queria levar uma coça. Também sei que *fiz* muita coisa que *deveria* fazer quando garoto porque queria receber elogios e recompensas dos meus pais. As consequências são uma via de mão dupla.

Venho de uma família amorosa. Nem sempre gostamos uns dos outros, mas sempre nos amamos. Nos abraçamos, nos beijamos, lutamos e brigamos. Não guardamos rancor.

Venho de uma longa linhagem de burladores de regras. Libertários fora da lei que passaram a votar em políticos conservadores porque acreditam que *isso vai evitar que foras da lei invadam seu território*.

Venho de uma família de disciplinadores, em que é melhor você seguir as regras até ser *homem suficiente para quebrá-las*. Na qual você obedecia aos pais "porque sim", caso contrário levava uma surra de cinto ou um tapa, "porque isso te coloca nos eixos mais rápido e não desperdiça o recurso mais precioso, que é o tempo". Venho de uma família que levava você até sua lanchonete favorita do outro lado da cidade para comemorar uma lição aprendida logo após o castigo físico. Venho de uma família que poderia penalizá-lo por quebrar regras, mas com certeza o puniria se você fosse pego fazendo isso. Somos calejados, sabemos que aquilo que nos faz sentir cócegas costuma ferir os outros – porque ou resolvemos o problema ou o negamos por completo, mas somos os últimos a pedir arrego para o azar.

É uma filosofia que me tornou esperto nos dois sentidos da palavra. Eu sou dedicado e gosto de trapacear. É uma filosofia que também me rendeu ótimas histórias.

◯◯

Como bom garoto sulista, vou começar pela minha mãe. Ela é dura na queda, prova viva de que a negação é muito eficiente dependendo do seu nível de comprometimento em se recusar a encarar a realidade. Ela venceu dois tipos de câncer apenas com aspirina e negação. É uma mulher que diz "eu vou" antes de poder ir, "eu farei" antes de poder fazer e "estarei lá" antes de ser convidada. De uma lealdade feroz à conveniência e à controvérsia, minha mãe sempre teve uma relação complicada com contexto e consideração, porque são duas coisas que envolvem pedir permissão. Talvez não seja a pessoa mais inteligente do mundo, mas não liga pra isso.

Hoje, tem 88 anos, e raramente vou para cama *depois* dela ou acordo *antes* dela. Quando jovem, saía à noite e só voltava para casa após destruir suas meias-calças de tanto dançar.

Ela sempre perdoa a si mesma num piscar de olhos, portanto nunca está estressada. Uma vez perguntei se alguma vez ela tinha ido dormir com algum arrependimento. Sem pestanejar, ela respondeu: "Toda noite, filho. Mas quando acordo já me esqueci deles." Ela sempre nos disse: "Nunca entre em um lugar como se quisesse comprá-lo, entre como se já fosse dono dele." Obviamente, sua palavra favorita é *sim*.

Em 1977, minha mãe me inscreveu no concurso "Pequeno Mr. Texas" em Bandera, no Texas.

Ganhei um grande troféu.

Minha mãe emoldurou a foto e a pendurou na parede da cozinha.

Todo dia, quando eu ia tomar café da manhã, minha mãe apontava para ela e dizia: "Olha só pra você, Pequeno Mr. Texas de 1977."

Ano passado me deparei com a foto nas coisas dela, e uma coisa chamou a minha atenção. Curioso, dei zoom na placa do troféu. Ela dizia "segundo lugar".

Fui falar com a rainha da relatividade, minha mãe:
– Mãe, a senhora passou a vida toda me dizendo que eu era o Pequeno Mr. Texas, mas eu fiquei em segundo lugar?
E ela respondeu:
– Não, o garoto que venceu vinha de uma família que tinha bem mais dinheiro que a gente, e ele usou um terno chique no concurso. Pra mim isso é roubo. Então, *você* é o Pequeno Mr. Texas.

⊙⊙

Então, em 1982, me inscrevi no concurso de poesia da escola. Na noite antes do prazo final de entrega dos poemas, mostrei o meu para a minha mãe.
– Nada mau, mas dá pra melhorar – disse ela.
Voltei para meu quarto para trabalhar no poema.
Duas horas depois, satisfeito com meu progresso, mostrei a nova versão. Ela leu. Não falou nada.
– O que achou? – perguntei.
Ela não respondeu. Em vez disso, abriu um livro de capa dura numa página marcada, colocou-o na minha frente, apontou e disse:

– O que você acha *disso*?

> "Se tudo que eu quisesse fazer
> fosse sentar e conversar...
> você me escutaria?"

Era de um poema de Ann Ashford.
– Gostei – respondi. – Por quê?
– Então escreva *isso*.
– Escrever *isso*? Como assim?
– Você entendeu o poema?
– Sim, mas...
– Se você gostou e entendeu, então é *seu*.
– Mas não é meu de verdade, mãe, é da Ann Ashford.
– Ele significa alguma coisa para você?
– Sim, é quando alguém que a gente ama só quer se sentar e bater papo.
– Exato. Então, se você gostou, entendeu e ele significa algo para você, é seu... Escreva isso.
– E assino meu nome?
Sim.
Fiz isso.
E ganhei o concurso de poesia da escola.

Minha mãe não teve infância, e, como não gostava da vida que teve quando pequena, para sobreviver, negava tudo que acontecia e criava sua própria realidade. Sempre acreditou que, se você entende alguma coisa, vira dono dela, pode assumir sua autoria, levar os créditos, viver segundo essa ideia, vendê-la, ser premiado por ela. Plágio? "Porra, é bem capaz de ninguém descobrir, e, se descobrirem, o máximo que vão fazer é te darem um bronca e tirarem sua medalha, então que se foda", dizia ela.

Obviamente, minha mãe me preparou para ser ator muito antes de eu saber que essa se tornaria a minha vocação.

SINAL VERDE.

> Saber a verdade, enxergar a verdade e contar a verdade são experiências diferentes.

∞

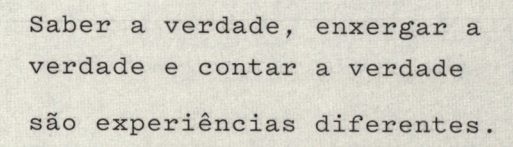

Enquanto minha mãe nos ensinava o existencialismo audaz, meu pai nos ensinava a ter bom senso. Era um homem que valorizava o respeito aos mais velhos, disciplina, lealdade, persistência, ética de trabalho, humildade, ritos de passagem, respeito pelas mulheres e a importância de ganhar bem o bastante para dar uma vida segura à família. Também pintava; fez aulas de balé; jogou futebol americano no Green Bay Packers; adorava uma jogatina, esquemas de pirâmide, ganhar de graça em vez de comprar; e sonhava em abrir um quiosque de gumbo numa praia da Flórida se um dia conseguisse "ganhar uma bolada" grande o suficiente para se aposentar.

Meu pai desconstruía para *construir* os três filhos, respeitava sinais amarelos e garantiu que aprendêssemos o básico antes de expressarmos nosso individualismo. Para usar um termo de futebol americano, ele nos ensinou a *bloquear e derrubar os adversários antes de recebermos um passe.*

Nunca houve qualquer dúvida sobre quem era o homem da casa, e, se algum dos seus três garotos quisesse contestar esse fato, "vocês sabem onde me encontrar", dizia. Morríamos de medo dele. Não por ele nos machucar ou nos maltratar, mas porque era nosso pai. Nós o admirávamos. Ele estava acima da lei *e* do governo e não tinha paciência para idiotas, a menos que você admitisse que era um. Um homenzarrão com um fraco pelos azarados e indefesos, ele encarava o mundo e a si mesmo com um senso de humor sagaz e contestador. "Prefiro perder dinheiro me divertindo a ganhar dinheiro me entediando", dizia. Meu pai também era um sujeito orgulhoso, e, se você lhe desse uma segunda chance, ele jamais esqueceria. Uma vez, no fim dos anos 1980, depois de um banqueiro se recusar a lhe dar um empréstimo para quitar as dívidas, ele disse: "Você pode me negar essa oportunidade ou podemos encontrar uma solução juntos." No fim ele conseguiu o empréstimo, e os dois encontraram a solução. Ele adorava dar festas, beber cerveja e contar histórias, e tinha talento para as três coisas.

Jim McConaughey

Already a veteran of two Bowl games, big Jim McConaughey wants to wind up his collegiate career by playing in just one more New Year's Day classic . . . A 210-pound, six-foot, two-inch senior end from Metairie, La., the 22-year-old youngster was a defensive starter on Bear Bryant's Kentucky club which lost to Santa Clara in the 1949 Orange Bowl . . . Picks last season's Salad Bowl game and the Texas Tech struggle as his most-enjoyable experiences in football. "Our defense was working good in both of 'em," he grins . . . Jim started his athletic career at Metairie, played all sports there and was member of a nine-man track team which won the Louisiana state championship in 1947. He placed first in the low hurdles, second in high jump, joined with three other team mates to get seconds in the 880 and 440-yard relays and the football shuttle . . . He was a basketball center his sophomore and junior years, then "got too heavy for all those sports" . . .

He went to Kentucky in 1948, where he was a freshman teammate of Babe Parilli . . . Jim married the beauty queen of Kentucky's freshman class of '49, making the lovely Kay his bride last Dec. 22 . . . "The Salad Bowl game was our wedding trip," he grinned . . .

A good dancer who likes "slow music," Jim says he "doesn't have time" for other hobbies or sports. But he does play an awful lot of defensive end for the Big Red and, due to his size, weight, experience and maneuverability, coaches are planning on using "The Bear" on offense, too, this trip.

JIM McCONAUGHEY

His Number Is 88!

A tradução da notícia acima está nas páginas 313-314.

Mike foi seu primeiro filho. Ele se envolveu mais na criação do Mike do que na minha ou na do Pat porque, claro, Mike foi o primeiro, e também porque com o passar dos anos ele passou a trabalhar longe de casa com mais frequência. Mike era um sujeito confiante, determinado, trabalhador, safo, com um coração hippie cheio de compaixão pelas vítimas do mundo. Sempre calmo sob pressão, com uma tolerância quase infinita para a dor, ele é a primeira pessoa que você quer a seu lado numa situação difícil. "Ele já escapou várias vezes da morte", minha mãe vivia dizendo sobre ele. "Você e o Pat precisam de orações, mas pro Mike não faz diferença."

Criados sob os ensinamentos do Antigo Testamento, éramos uma família religiosa, mas nem *tudo* nos levaria para o inferno: os ensinamentos mais misericordiosos de Jesus também faziam parte dos princípios dos nossos pais.

⊗

Quando Mike estava no ensino médio, começou a deixar o cabelo crescer. Ficou tão comprido que o técnico do seu time de futebol americano, Jim Caldwell, pediu a ele que cortasse. Meu pai concordou, mas Mike se recusou.

No dia seguinte, enquanto levava Mike para a escola, meu pai disse:

– Você parece um hippie, filho, e, se não cortar o *cabelo*, *você* é que vai ser cortado, mas do time, pelo treinador.

– Não ligo, pai, o cabelo é meu, e, se ele quiser me cortar do time, que corte, porque eu não vou cortar nada.

– Escuta, filho, presta atenção, para de ser teimoso e corta logo a porcaria do cabelo.

Indignado, Mike disse:

– Não, senhor. Não vou fazer isso.

– Filho, estou te dizendo...

– Ué, Jesus também tinha cabelo comprido! – exclamou Mike.

Silêncio. O argumento religioso era uma estratégia inteligente, e Mike sabia que isso poderia ter encerrado a discussão a seu favor. Meu pai ficou quieto e seguiu dirigindo.

Quando eles estavam perto da escola, com Mike convencido de que sua tática do "Jesus" tinha dado certo, meu pai pisou no acelerador e passou direto.

– Que isso, pai, o que você tá fazendo? – perguntou Mike.

Meu pai dirigiu por 13 quilômetros após passar pela escola de Mike, sem abrir o bico. De repente, parou no acostamento da estrada, se inclinou para abrir a porta do passageiro, empurrou meu irmão para fora do carro e disse:

– Pois é, Jesus também ia pra todo canto andando, garoto!

Naquele dia, meu irmão chegou atrasado na escola. Não só porque meu pai o deixou a 13 quilômetros de distância, mas porque parou no barbeiro no caminho.

⦿

Meu pai começou a carreira trabalhando como gerente de um posto da Texaco, então foi promovido para transportador de canos, depois para vendedor de canos numa empresa local chamada Gensco. Era um vendedor muito *bom*. Conseguiu um emprego para o Mike na Gensco, também como vendedor de canos. Muito rapidamente meu irmão se tornou um *ótimo* vendedor de canos. Em menos de um ano, com 22 anos, Mike era o melhor da empresa. Com isso, o chefe deu a maior conta da empresa para ele: um comprador chamado Don Knowles. Meu pai estava orgulhoso de verdade, mas Mike continuava sendo seu filho.

Tínhamos um velho celeiro de madeira na beira de uma estradinha de terra batida, onde meu pai deixava um caminhão vazio da época em que transportava canos. Certa vez, num sábado, meu pai disse para Mike:

– Vamos tomar umas cervejas e atirar facas no celeiro hoje à noite, filho.

– Beleza, a gente se encontra no fim da tarde.

Por volta das dez da noite, após muitas cervejas, meu pai finalmente anunciou:

– Vamos rolar uns canos por aí como a gente fazia, filho. Já tem tempo que a gente não faz isso.

"Rolar uns canos" é levar o caminhão vazio até o pátio de estocagem de canos de alguém, colocar *esses* canos no caminhão, ir embora e ficar com a mercadoria. Vez ou outra meu pai e Mike faziam isso nas noites de sábado, quando meu pai ainda trabalhava com transporte.

– Quer rolar os canos de quem, pai?

Meu pai encarou Mike e anunciou:

– Don Knowles.

Puta merda.

– Sem chance, pai. Acabei de conseguir a conta do Don Knowles, o senhor sabe disso.

– Eu sei. Fui *eu* que consegui esse emprego pra você, garoto. Se não fosse por mim, você não teria essa conta. A quem você é leal, filho? Ao seu velho ou ao escroto do Don Knowles?!

– Ah, pai, você sabe que não está sendo justo.

– O que não é justo, garoto?! Agora você é importante demais pra rolar canos com seu velho, como a gente sempre fez? Hein? Você é um figurão agora, garoto?!

Ah, merda.

– Escuta, pai, calma lá…

Meu pai tirou a camisa.

– Não, vamos ver se você virou um figurão mesmo, garoto. Você acha que é homem suficiente pra não ter mais que escutar seu velho? Vai ter que dar uma surra nele pra provar.

– Escuta, pai, não quero…

Paf! Meu pai meteu um tapa de mão aberta na cara do Mike, que cambaleou para trás, mas então se endireitou e começou a arregaçar as mangas.

– Então é assim? – perguntou Mike.

– Ahã, é assim mesmo. Pode vir, moleque.

Meu pai tinha 1,93 metro e 120 quilos. Mike tinha 1,77 metro e 81 quilos.

Ah, merda.

Meu pai se agachou, pegou impulso e acertou um gancho de direita na mandíbula do Mike. Mike caiu. Meu pai foi para cima dele.

No chão, Mike se recuperou e viu uma tábua de madeira a seu lado.

Quando meu pai se preparou para dar outra pancada, Mike pegou a tábua e a acertou feito um bastão de beisebol no lado direito da cabeça do meu pai, que se desequilibrou, bem atordoado, mas ainda de pé.

– Para com isso, pai! Não quero brigar com você e não vou roubar os canos do Don Knowles hoje!

Com sangue saindo dos ouvidos, meu pai derrubou Mike com outro gancho de direita.

– Não vai o cacete, garoto – disse, partindo para cima de Mike de novo.

Com a tábua fora de alcance e meu pai se aproximando, Mike pegou um punhado de areia com cascalho do chão e o tacou no rosto de meu pai, cegando-o momentaneamente.

Meu pai recuou, desorientado.

– Chega, pai! Acabou!

Mas não tinha acabado. Sem conseguir enxergar, meu pai se atirou na direção da voz de Mike, que desviou com facilidade.

– Para, pai!

Meu pai, que àquela altura era um urso furioso, cego e com orelhas sangrando, insistiu em ir atrás de Mike.

– Cadê você, garoto? Cadê meu filho, que não quer rolar os canos do Don Knowles com seu velho?

Mike empunhou a tábua.

– Pai, estou avisando, chega. Se vier pra cima de mim de novo, vai levar essa tábua na cabeça!

Meu pai o escutou, se preparou e disse:

– Então tenta, garoto.

E correu para cima de Mike.

Bam! A tábua acertou a cabeça do meu pai, que desabou no chão, desmaiado.

– Cacete, pai! – exclamou Mike, em choque, com medo de ter matado o próprio pai.

Aos prantos, Mike se ajoelhou ao lado do meu pai e berrou:

– Cacete! Eu te avisei pra não vir pra cima de mim!

Meu pai ficou deitado lá, imóvel.

Por quatro minutos e meio, Mike continuou chorando ajoelhado ao lado de seu pai desfalecido.

– Eu não queria ter feito isso, pai, mas você me obrigou.

Então, meu pai recuperou a consciência e lentamente se levantou.

– Desculpa, pai! – gritou Mike. – Desculpa!

Meu pai se endireitou, limpou a areia dos olhos. Mike, se debulhando em lágrimas de susto e medo, se preparou para o risco de um novo round. Agora com os olhos limpos, meu pai se virou para o rapaz que tinha acabado de nocauteá-lo, seu primogênito.

A briga acabou. Lágrimas também rolavam pelo rosto do meu pai. Mas eram lágrimas de orgulho e alegria. Ele foi até Mike de braços abertos, lhe deu um abraço apertado e disse em seu ouvido:

– Esse é o meu garoto, *esse* é o meu garoto.

Desse dia em diante, Mike passou a estar no mesmo patamar do meu pai, e meu pai o tratava assim. Nunca mais voltou a desafiar Mike, fosse no sentido físico, moral ou filosófico. Os dois viraram melhores amigos.

Ritos de passagem eram importantes para o meu pai, e, se você se achasse homem bastante para enfrentá-lo, teria que provar. E Mike provou.

PERDER O PODER DO CONFRONTO É PERDER O PODER DA UNIDADE

Pat foi o segundo a ter o privilégio de vivenciar os métodos do meu pai de transformar seus meninos em homens. Ao longo dos últimos 40 anos, enquanto Rooster fez carreira na indústria do petróleo no oeste do Texas e eu persegui a minha em Hollywood, Pat tem sido o coração da família, ferozmente leal, sempre o filho mais próximo da minha mãe. Quando éramos pequenos, ele cuidava de mim, me defendia, me deixava passar tempo com seus amigos, me apresentou ao rock'n'roll, me ensinou a jogar golfe, a dirigir, a chamar garotas para sair e comprou minha primeira cerveja.

Pat era o *meu* herói. O dele era o Evel Knievel.

A noite do Pat com o meu pai foi uma sexta, no primeiro semestre de 1969, oito meses antes do meu nascimento mágico. Meu pai estava no acampamento de caça de Fred Smither com uns amigos, a duas horas de casa. A diversão da noite era ver quem conseguia mijar mais alto que a cabeça do outro. Cada homem, do mais baixo para o mais alto, se encostava na parede do celeiro, fazia um risco acima da própria cabeça, e o restante tentava mijar acima da marca. Meu pai foi o único capaz de mijar acima da marca de 1,93 metro, o risco que tinha feito acima de sua própria cabeça. O prêmio? Poder se gabar disso.

Só que o meu pai não era o homem mais alto no celeiro naquela noite; esse título era de Fred Smither, que tinha 2 metros. E, apesar de meu pai já ter vencido a competição, ainda precisava tentar mijar mais alto que a cabeça do Fred. Fred marcou sua altura na parede.

– Vai lá, Grande Jim! Você consegue! – incentivaram seus amigos.

Meu pai tomou outra cerveja, se inclinou para trás e mandou bala.

Não, ele só conseguia mijar até 1,93 metro de altura.

– Eu sabia, sabia que você não ia conseguir mijar mais alto que a *minha* cabeça, Grande Jim. Porra, *ninguém* consegue! – declarou Fred Smither.

Ao que meu pai prontamente respondeu:

– Meu garoto consegue.

– Porra, Jim, não tem como seu garoto nem ninguém mijar mais alto do que a minha cabeça – zombou Fred.

– O cacete que ele não consegue. Quer apostar quanto?

– Quanto *você* quer apostar?

Meu pai olhou para uma motoca apoiada num rolo de feno no canto do celeiro, uma Honda XR-80 usada. Pat havia passado o ano inteiro pedindo uma moto de Natal, mas meu pai sabia que não conseguiria bancar uma, mesmo usada.

– Vamos apostar aquela motoca ali que meu filho consegue mijar mais alto que a sua cabeça, Fred.

O grupo inteiro caiu na gargalhada ao ouvir a proposta. Fred olhou para a moto, depois para o meu pai e disse:

– Combinado, mas, se ele não conseguir, você me deve 200 paus.

– Não tenho 200 paus sobrando, Fred, mas, se meu garoto não conseguir mijar mais alto que a sua cabeça, pode ficar com a minha picape.

– Combinado.

– Combinado. Volto com o garoto antes do nascer do sol, não inventem de ir dormir.

Meu pai entrou na sua picape surrada e dirigiu 180 quilômetros até nossa casa, em Uvalde, para buscar o Pat.

– Acorda, garoto, acorda – disse meu pai, sacudindo Pat. – Coloca um casaco e se calça, a gente vai sair.

Pat, na época com 8 anos, saiu da cama, calçou os tênis e colocou um casaco por cima da cueca, e então foi para o banheiro.

– Não, não, não, filho, preciso que você segure – disse meu pai enquanto guiava Pat para a porta de casa.

Meu pai voltou com Pat pelos 180 quilômetros até o acampamento de caça do Fred Smither e o fez beber duas cervejas no caminho. Quando finalmente chegaram, às 4h40, a bexiga de Pat estava potencialmente cheia.

– Papai, preciso *muito* fazer xixi.

– Eu sei, eu sei, filho, segura só mais um pouquinho.

Meu pai e Pat – que estava apenas de tênis, casaco e cueca – entraram no celeiro. O pessoal estava mais calmo, mas todos continuavam acordados, Fred Smither entre eles.

– Pessoal, este é o meu filho Pat, e ele vai mijar mais alto que a cabeça do Fred!

Todos caíram na gargalhada de novo. Era a hora da verdade.

Fred foi até a parede do mijo, esticou a coluna e marcou uma linha de giz nova sobre sua cabeça, a 2 metros de altura.

– O que está acontecendo, papai? – perguntou Pat.

– Tá vendo aquela linha que o seu Fred fez na parede?

– Sim, senhor.

– Acha que consegue mijar mais alto que ela?

– Claro que sim! – respondeu Pat, então baixou a cueca abaixo dos joelhos, colocou as duas mãos no pinto, mirou na linha e mandou bala.

Pat ultrapassou a marca de 2 metros de Fred Smither por 60 centímetros.

– Esse é o meu garoto!! Eu falei que o meu garoto conseguia mijar mais alto que a cabeça do Fred!

Meu pai correu para o canto do celeiro, pegou a Honda XR-80 e a empurrou até Pat.

– Feliz Natal, filho!

Os dois a colocaram na caçamba da picape, entraram e voltaram os 180 quilômetros até em casa, chegando a tempo do café da manhã.

Catorze anos depois, Pat se tornou o golfista número um da equipe da Universidade Delta State, no Mississippi. Apelidado de "Garanhão do Texas", Pat havia acabado de ganhar medalha num torneio de golfe na Universidade de Arkansas. Enquanto eles voltavam de ônibus para casa, o treinador convocou uma reunião com a equipe.

– Amanhã cedo, às oito em ponto, na minha casa.

Na manhã seguinte, o treinador reuniu a equipe em sua sala de estar e disse:

– Estou preocupado porque alguns golfistas da equipe estavam fumando maconha no parque municipal de Little Rock ontem, antes do torneio. Precisamos descobrir *quem* levou a maconha da Delta State para Little Rock *e quem* estava fumando.

Ele olhava para Pat.

Criado por meu pai para saber que falar a verdade era sempre melhor, Pat deu um passo à frente.

– Treinador, fui eu. Eu levei a maconha e eu fumei.

Pat ficou parado, sozinho. Nenhum dos outros golfistas se mexeu nem falou nada, apesar de três deles terem fumado com meu irmão na manhã anterior.

– Mais ninguém? – perguntou o treinador.

Nada.

– Amanhã comunico minha decisão – disse o treinador. – Estão dispensados.

Na manhã seguinte, o treinador apareceu no quarto de Pat.

– Vou contar pro seu pai *e* te suspender da equipe pelo próximo semestre.

Pat prendeu a respiração.

– Fala sério, treinador, eu falei a verdade... e sou o melhor golfista da equipe.

– Não interessa. Você quebrou a regra da equipe sobre drogas. Está suspenso. E vou ter que contar pro seu pai.

– Escuta, treinador. Pode me suspender, mas **não** conta pro meu pai. O senhor não entende. Não teria problema se falassem pra ele que fui pego dirigindo bêbado, mas maconha? Ele vai me matar.

Pat havia sido pego fumando maconha duas vezes no fim da adolescência, e, após conhecer os métodos disciplinares e o desprezo do meu pai pela *marijuana*, faria de tudo para evitar ter problemas com ele pela terceira vez.

– Vocês que se resolvam.

Pat respirou fundo.

– Beleza, treinador, vamos dar um passeio de carro.

Os dois entraram no Z28 modelo 1981 de Pat e foram dar uma volta nas redondezas do campus. Após uns dez minutos de silêncio, Pat finalmente falou:

– Vamos deixar uma coisa bem clara, treinador. O senhor pode me suspender, mas, se ligar pro meu pai... **eu te mato**.

Pat recebeu a suspensão.

Meu pai nunca ficou sabendo.

CONSERVADOR no começo
Liberal MAIS tarde

Crie estrutura para poder ter liberdade.

Crie seu clima para poder seguir com o vento.

Mapeie seu caminho para poder mudar de faixa.

Limpe-se para poder se sujar.

Monte a coreografia, depois dance.

Aprenda a ler e escrever antes de começar a inventar palavras.

Veja se a piscina tem água antes de mergulhar.

Aprenda a navegar antes de voar.

Iniciação antes de inaugurações.

Faça por merecer seus sábados.

Precisamos de disciplina, orientações, contexto e responsabilidade no começo de qualquer nova empreitada. É a hora de fazer sacrifícios. De aprender, de observar, de prestar atenção.

Se e quando obtivermos conhecimento do espaço, do ofício, das pessoas e do plano, *aí*, *sim*, poderemos expressar nossa individualidade e criar.

A criatividade precisa de fronteiras.

A individualidade precisa de resistência.

A Terra precisa de gravidade.

Sem essas coisas, não há forma.

Não há arte.

Só caos.

Como já mencionei, fui uma surpresa não planejada – um *acidente*, como minha mãe ainda me chama –, e meu pai sempre disse a ela, meio que brincando: "Esse garoto não é meu, Katy, é *seu*." Meu pai passava muito tempo na estrada quando eu era pequeno, trabalhando para sustentar a família, então eu convivia mais com a minha mãe. E era verdade: eu era um filhinho da mamãe. Mas, quando eu *conseguia* passar tempo com o meu pai, aproveitava cada momento.

Eu queria e precisava da aprovação dele, e, às vezes, a conquistava. Em outros momentos, ele reorganizava meus conceitos de formas extremamente criativas.

> *A melhor forma de ensinar é a que torna mais fácil compreender.*

Quando eu era pequeno, meu programa de TV favorito era *O incrível Hulk*, estrelado por Lou Ferrigno.

Eu era fascinado por seus músculos e ficava posando sem camisa na frente da TV, com os braços flexionados, punhos apontados para cima, na minha melhor imitação de fisiculturista mostrando os bíceps.

Uma noite, meu pai me viu.

– O que está fazendo, filho? – perguntou.

– Um dia, vou ter músculos iguaizinhos, papai – falei, apontando para a TV. – Bíceps do tamanho de um taco de beisebol!

Meu pai deu uma risada, então tirou a própria camisa, imitou minha pose e disse:

– É, bíceps grandes chamam a atenção das garotas e *são* bonitos, mas esse cara na TV é tão grande que não consegue nem limpar a própria bunda de tanto músculo… Os bíceps são só pra se *exibir*.

Lentamente ele esticou os braços diante do corpo, com os punhos apontados para o chão, e os girou para dentro, flexionando um par de tríceps impressionantes.

– Agora, o tríceps, filho – disse, apontando com o nariz para os músculos salientes na parte de trás dos braços –, *esse* é o músculo do trabalho, que coloca comida na mesa e um teto sobre a sua cabeça. Os tríceps são pra ganhar *dinheiro*.

Meu pai sempre preferiu conteúdo à aparência.

∞

Foi no verão de 1979 que meu pai nos tirou – eu, minha mãe e Pat – de Uvalde, no Texas (população: 12 mil), e mudou a família para a cidade do país que mais crescia com o boom do petróleo, Longview (população: 76 mil), no leste do Texas. Se Uvalde me ensinou a lidar com a vida, Longview me ensinou a sonhar.

Assim como todo mundo, nos mudamos pelo dinheiro. Meu pai ainda era vendedor de canos, e Longview era o lugar para enriquecer no ramo da perfuração. Pouco tempo depois da mudança, Pat viajou para um acampamento de golfe e minha mãe foi passar "férias prolongadas" numa casa de praia em Navarre Beach, Flórida. Rooster, já multimilionário antes dos 30, tinha se mudado para Midland, Texas, então ficamos só eu e meu pai morando num trailer espaçoso nos arredores da cidade.

Meu pai era capaz de ferir com as mãos, mas também de curar. Os analgésicos não chegavam aos pés delas quando minha mãe tinha crises de enxaqueca. Fosse um braço quebrado ou um coração partido, as mãos e os abraços do meu pai promoviam a cura, sobretudo quando a serviço de desfavorecidos ou pessoas incapazes de se defender.

O outro morador do trailer era uma calopsita chamada Lucky. Meu pai a adorava, e ela adorava meu pai. Ele abria a gaiola toda manhã e a deixava voar pelo trailer, e a calopsita pousava no braço dele para ganhar carinho. Ele conversava com Lucky. Lucky conversava com ele.

À noite, Lucky era colocada na gaiola para dormir, mas no resto do tempo ficava solta no trailer. A única regra era que precisávamos ficar de olho ao sair ou entrar pela porta, para Lucky não escapar.

Num fim de tarde, após um dia de julho explorando a paisagem rural a pé, voltei para o trailer no mesmo momento em que meu pai chegou do trabalho.

Quando entramos, Lucky não apareceu para cumprimentar meu pai, como sempre fazia. Procuramos por todo canto, e nada de Lucky. *Merda*, pensei, *será que eu a deixei escapar sem querer quando saí? Alguém entrou no trailer enquanto estávamos fora?*

Segundos depois ouvi meu pai nos fundos do trailer.

– Ah, meu Deus! Ah, meu Deus! Nãããoo, Lucky!

Corri para os fundos e o encontrei ajoelhado diante do vaso sanitário. Lucky estava flutuando em círculos na água. Com lágrimas escorrendo pelas bochechas, meu pai enfiou as mãos no vaso e pegou Lucky com delicadeza.

– Não, Lucky! Nãããoo! – gemia ele entre soluços.

Lucky estava morta. Ensopada. Imóvel. Provavelmente caiu no vaso sem querer e ficou presa.

Ainda chorando, meu pai aproximou o rosto do corpo encharcado e inerte de Lucky e observou a cabeça caída da ave. Então, abriu bem a boca e, pouco a pouco, enfiou a ave lá dentro, até só restarem a ponta das asas e o rabo do lado de fora. Na sequência, começou a fazer respiração boca a boca em Lucky. Mantendo um fluxo de ar constante nos pulmões da calopsita, meu pai soprava o ar de forma contida, enviando ar suficiente para ressuscitá-la, mas não a ponto de explodir seus pequenos pulmões. Ajoelhado na frente do vaso sanitário, com a metade inferior da Lucky gentilmente apoiada na mão e a outra metade enfiada na boca, ele mandou oxigênio para o corpo dela com a pressão perfeita. Soprou uma vez... duas vezes... três vezes... Suas lágrimas molhavam o pássaro já ensopado. Quatro vezes... cinco... Uma pena se moveu... seis... sete... A ponta da asa se levantou. Oito... Meu pai aliviou a pressão das mãos e passou a soprar mais fraco. Nove... Outra asa tentou se levantar. Ele abriu um pouco mais a boca. Dez... E foi então que ouvimos, do interior da boca do meu pai, *um piado*. Com as lágrimas de sofrimento se transformando em lágrimas de alegria, meu pai gentilmente retirou Lucky da boca. A calopsita sacudiu a cabeça para tirar a água do vaso sanitário e a saliva. Cara a cara, os dois se olharam no fundo dos olhos. Ela *estava* morta. E agora estava viva. Lucky viveu por mais oito anos.

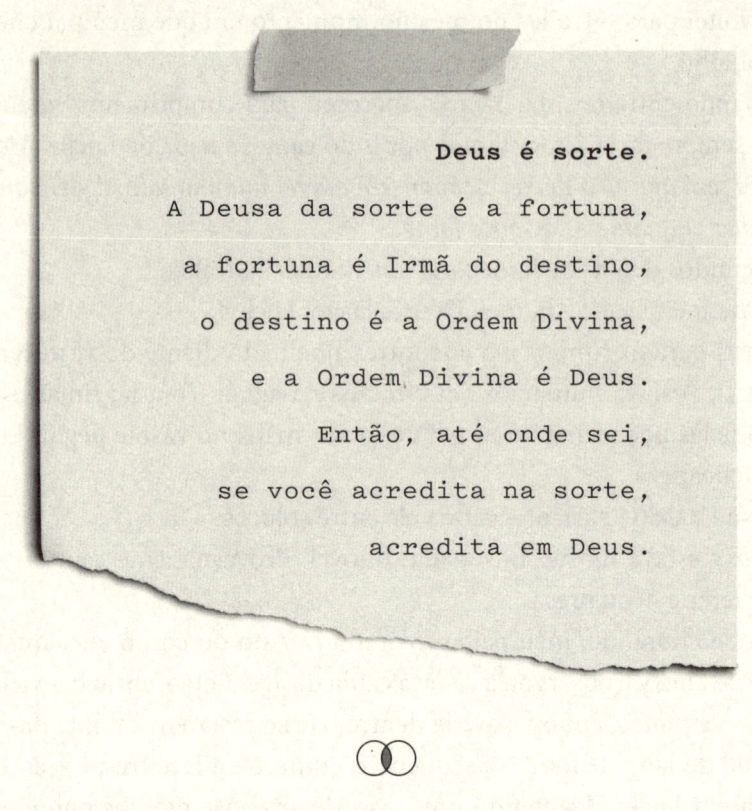

> Deus é sorte.
> A Deusa da sorte é a fortuna,
> a fortuna é Irmã do destino,
> o destino é a Ordem Divina,
> e a Ordem Divina é Deus.
> Então, até onde sei,
> se você acredita na sorte,
> acredita em Deus.

⊙⊙

Naquele mesmo verão, com meu pai trabalhando todos os dias, explorei a extensão infindável da floresta Piney, descalço e sem camisa, usando um pedaço de camurça amarrado na cintura e empunhando minha arma de chumbinho. Criado em Uvalde, eu nunca tinha visto árvores como aquelas. Milhares de pinheiros gigantescos. Um em especial me deixou fascinado, um pinheiro-branco em meio ao arvoredo, com quase 2 metros de largura e um topo que tocava o céu.

Certa vez, num fim de tarde, perseguindo um esquilo com minha arma de chumbinho, a quase um quilômetro de casa, me deparei com uma cerca de uns três metros de altura. Ela estava coberta de trepadeiras e mato, e vi algumas placas desbotadas que diziam "Entrada proibida". Me agachei, afastei o mato e espiei pela fresta. Do outro lado, havia uma madeireira. Homens de capacete, empilhadeiras em ação, e pilhas e mais pilhas de caibros de vários tamanhos e madeira compensada. *Perfeito*, pensei. *Para uma casa na árvore.*

E eu sabia exatamente qual árvore usaria. Fiquei ali perto até desligarem as empilhadeiras, arrumarem as coisas e terminarem o expediente. Eram umas seis da tarde. Voltei correndo para casa com um plano. Um plano que não poderia contar ao meu pai. Um plano para os próximos meses de verão.

Na manhã seguinte, depois do café da manhã, meu pai foi trabalhar às seis e meia, como sempre. Assim que saiu, abri nossa caixa de ferramentas e encontrei o que precisava: um alicate. Prendi minha tira de camurça à cintura, peguei minha arma de chumbinho, guardei os tênis no armário e corri para ir estudar meu alvo.

Como eu faria aquilo? Tinha gente trabalhando na madeireira o dia todo, então teria que entrar à noite. E se alguém me pegasse lá dentro? E se meu pai me pegasse saindo de casa à noite? E se descobrisse que eu estava roubando madeira de uma madeireira a menos de um quilômetro de casa? Eu estava nervoso. Eu estava empolgado.

Naquela noite, jantei e assisti a um episódio de *O incrível Hulk*, como sempre. Em seguida, meu pai e eu demos boa-noite um para o outro. Me deitei na cama me perguntando quanto tempo deveria esperar para abrir a janela do quarto e sair escondido. Eu conseguia ouvir meu pai andando do seu lado do trailer, então esperei até os rangidos mais leves desaparecerem por pelo menos uma hora para começar minha aventura. Sem fazer barulho, saí da cama. Amarrei a tira de camurça, deixei os tênis no armário, peguei minha arma, uma pequena lanterna e o alicate. Com cuidado, joguei tudo pela janela, então pulei para o gramado e segui em direção ao meu tesouro secreto.

Era mais ou menos uma da manhã. Imaginei que precisaria estar de volta à cama às cinco, então teria algumas horas para trabalhar. Dentro da madeireira, silêncio total. Atirei umas pedras por cima da cerca para ver se havia algum cão de guarda. Nada. Afastei as trepadeiras e o mato, e então, segurando a lanterna entre o queixo e o peito, aproximei o alicate do arame. *Click.* Precisei de toda a força das duas mãos para cortá-lo. *Click. Click. Click. Click.* Abri um espaço de mais ou menos 2 metros de largura por 30 centímetros de altura – grande o suficiente para passar as placas de madeira compensada, pequeno o suficiente para ninguém notar. Pelo menos era o que eu esperava.

Com a adrenalina a mil, me deitei de barriga no chão e me esgueirei sob a cerca para entrar na propriedade privada. Fui até a pilha de caibros, puxei um e o arrastei até a abertura na cerca. Então passei pelo buraco e puxei o caibro pelo outro lado, para, por fim, arrastá-lo por algumas centenas de metros pela floresta e deixá-lo ao pé do *grande pinheiro-branco*. Voltei correndo para pegar o próximo. Quando cheguei à árvore pela segunda vez, já passava das quatro e meia, então voltei correndo para a cerca, ajeitei o mato e as trepadeiras para esconder o buraco e corri para casa. Entrei pela janela, guardei a arma e a lanterna na prateleira, o alicate embaixo do colchão, me enfiei nas cobertas e dormi até meu pai me acordar às seis para fazer o café da manhã.

E assim foi por mais de um mês. Como eu dormia pouco à noite, tirava sonecas de dia, sob o pinheiro-branco, perto da minha pilha cada vez maior de madeira, então voltava para casa na hora de jantar, e repetia tudo de novo. Fiz isso todas as noites, até ter caibros e madeira compensada suficiente para construir a maior e mais alta casa de árvore do planeta.

Com a parte mais perigosa do meu plano concluída e dois meses de verão pela frente, estava na hora de iniciar a construção. Eu também havia roubado um monte de pregos da madeireira e já tinha um martelo e um serrote da nossa caixa de ferramentas. Só precisava da luz do dia.

Acordando às seis e saindo de casa às sete, ao longo dos dois meses seguintes passei sete dias por semana trabalhando na casa da árvore até escurecer. Descalço e sem camisa, usei minha tira de camurça para improvisar duas cartucheiras para os pregos e as coloquei nos ombros, cruzando o peito. Metade indígena comanche, metade Pancho Villa, empunhei o martelo e pus a mão na massa. Comecei pelo térreo e fui subindo. Eu cortava buracos de 60 por 60 centímetros em cada andar, perto do tronco, e ali pregava caibros que serviriam de degraus para o andar seguinte. Também montei um sistema de polias, que fui subindo a cada piso que construía. Toda manhã, eu preparava meu almoço e o levava para o *meu* canteiro de obras, deixava o saco de papel com a comida na plataforma, subia até o último piso para trabalhar e içava o sanduíche na hora do almoço.

Seis semanas depois, quando terminei, minha casa na árvore tinha 13 andares.

O último andar ficava a mais de 30 metros do solo. De lá, eu enxergava até o centro de Longview, a 24 quilômetros. Nas duas semanas seguintes, passei todos os dias na casa, acima do resto do mundo, subindo meu almoço pela polia e sonhando acordado, jurando que conseguia ver a curvatura da Terra no horizonte e que entendia por que a cidade de Longview (Vista Longa) havia recebido esse nome.

Foi o melhor verão da minha vida.

SINAL VERDE.

Então setembro chegou, e precisei voltar para a escola. Minha mãe retornou da Flórida e pouco tempo depois nos mudamos para uma casa do outro lado da cidade. Nunca mais vi a casa na árvore.

Com frequência me pergunto se ela continua lá. Pensei nela durante as gravações do filme *Amor bandido*. Minha casa na árvore era o "barco na árvore" daqueles garotos. Um segredo, um mistério, um lugar de perigo, fascínio e sonhos. Se *Amor bandido* tivesse sido lançado em 1979, meu pai teria me dito: "Ei, garoto, eu vi um filme chamado *Amor bandido*, temos que ver juntos, ele é bom pra cacete." E talvez eu respondesse: "Pai, eu construí uma casa na árvore na floresta, preciso te mostrar, ela é boa pra cacete."

Ah, sabe as "férias prolongadas" da minha mãe na Flórida? Eu demoraria 20 anos para descobrir que, na verdade, ela não estava de férias, mas se divorciando do meu pai pela segunda vez.

NÃO É VAIDADE, É COMÉRCIO. (ATÉ VOLTAR A SER VAIDADE?)

Durante o ensino médio, ainda morávamos na mesma casa do outro lado da cidade, em Longview. Minha mãe tinha começado a vender de porta em porta um produto chamado "óleo de visom", cosmético para o rosto. Era anunciado como um *tratamento dermatológico revolucionário* que "remove todas as impurezas da pele" e "satura o rosto com o belo óleo de visom, garantindo uma pele limpa e radiante pelo resto da vida".

Na época, eu estava entrando na adolescência. Sabe como é, pelos púbicos começando a aparecer, testículos aumentando, voz engrossando e... espinhas.

Certo dia, minha mãe olhou para meu rosto e disse:

– Você devia passar óleo de visom!

Querendo manter a autoestima e me cuidar, segui o conselho dela e comecei a passar o produto no rosto toda noite, antes de dormir. Resultado: *mais* espinhas.

– O produto deve estar trazendo as impurezas para a pele! – explicou ela.

Continuei enchendo o rosto de óleo de visom toda noite.

Uma semana se passou. *Mais* espinhas.

Doze dias se passaram. Àquela altura, eu tinha um caso grave de acne.

– Mãe, tem certeza de que eu devia estar usando isso? – perguntei.

– Claro que tenho, mas só pra garantir vamos ligar pra minha chefe, Elaine, e pedir pra ela dar uma olhada em você.

Elaine apareceu para dar uma olhada no meu rosto inchado e cheio de espinhas.

– Nossa! – berrou ela. – Sim, o produto está agindo *exatamente* do jeito que deveria. Está colocando as impurezas pra fora! Você deve ter muitas impurezas, Matthew! Continua usando o óleo de visom toda noite. Com o tempo, todas as impurezas vão sair, e você vai ter uma pele limpa e radiante pelo resto da vida.

Porra, então tá. Pelo visto eu só precisava aguentar firme. Continuei usando o óleo.

Após três semanas, minhas bochechas estavam todas inchadas, cheias de pústulas vermelhas. Espinhas inflamadas. Gêiseres dolorosos de pus. Eu parecia outra pessoa.

Desobedecendo às orientações da minha mãe, decidi ir a um dermatologista, o Dr. Haskins.

– Nossa. Matthew... seus poros estão entupidos, o óleo e a gordura não conseguem sair. A pele não respira. O que você tem passado no rosto? – perguntou ele.

Mostrei o frasco de óleo de visom. Ele leu o rótulo.

– Há quanto tempo você está usando este produto, Matthew?

– Vinte e um dias.

– Ai, meu Deus, não, não, não! Isso é para pessoas com mais de 40 anos, *nunca* para um jovem passando pela adolescência, quando a pele secreta ainda mais óleo. Este produto bloqueou completamente seus poros, Matthew. Você está com acne nodulocística grave. Daqui a uns dez dias, começariam a aparecer cicatrizes que ficariam no seu rosto pelo resto da vida. Vou te prescrever um medicamento. Com sorte, vamos começar a tempo de ele secar sua pele o bastante para você se livrar dessa acne em menos de um ano e não ter nenhum dano permanente.

– Puxa, o óleo de visom não funcionou *mesmo*, né, Matthew? – disse minha mãe, com um ar todo inocente.

– Não, mãe... não funcionou.

Parei *imediatamente* de usar o óleo de visom e *comecei* a tomar o medicamento, que também tinha seus efeitos colaterais. Semanas depois, minha pele começou a secar, meu rosto passou a descamar, meus lábios viviam rachando e sangrando, meus joelhos doíam, eu tinha enxaquecas, meu cabelo começou a cair, passei a ter reações alérgicas hipersensíveis e parecia uma ameixa inchada. Ainda assim, estava disposto a conviver com todos esses efeitos colaterais para me livrar da acne causada pelo óleo de visom.

Mas a história não termina por aí, não no lar dos McConaughey. Meu pai farejou uma oportunidade.

– Vamos tacar um processo nessa porcaria de empresa de óleo de visom!!! Vamos processar e ganhar uma grana com essa história toda. Caramba, olha só pra você, filho. Você jamais devia ter usado aquele produto, e a tal da Elaine não devia ter falado pra sua mãe que ele te faria bem! Com certeza vamos ganhar esse caso.

Meu pai me levou para conversar com seu advogado, Jerry Harris, um homem de meia-idade bonito, estudado, tão confiante que parecia ser de Dallas, não de Longview.

– É isso aí, vamos ganhar o caso – anunciou Jerry. – Esse produto jamais devia ter sido recomendado para um adolescente, e no rótulo não tem qualquer aviso sobre possíveis efeitos colaterais. Além disso, tenho certeza de que, fora toda a dor física que você está sentindo...

Jerry e meu pai se viraram para mim.

– Você também *está* passando por um *forte sofrimento emocional*, né, Matthew?

– Hum... é.

Jerry pegou um gravador e apertou o botão vermelho.

– Está o quê? – perguntou ele.

– Estou... passando por um forte sofrimento emocional.

– Por quê? – perguntou, assentindo, me incentivando a continuar.

– Porque... agora o meu rosto está cheio dessa acne horrível, que eu nunca tive antes de usar o óleo de visom...

– Exato – disse Jerry. – E esse problema afetou sua confiança?

– Sim, senhor.

– De que forma?

– Ela diminuiu.

– Ótimo. Afetou seu relacionamento com garotas?

– Eu me dava muito bem com as garotas *antes* de ter acne, e agora não tanto.

– Exato – disse Jerry, desligando o gravador. – Vamos ganhar esse caso, Jim. Sofrimento emocional é um ótimo argumento para a acusação, e, cacete, olha só pra ele, todo inchado, com essa cara de merda. Acho que dá pra conseguir entre 35 e 50 mil.

Um sorriso astuto se abriu no rosto do meu pai. Ele trocou um aperto de mão empolgado com Jerry e me deu um tapinha nas costas.

– Bom trabalho, bom trabalho.

Bem, como é de conhecimento geral, processos demoram. Dois anos se passaram desde o óleo de visom, e o remédio havia funcionado: a acne tinha desaparecido fazia um bom tempo sem deixar marcas no meu rosto ou efeitos colaterais. Eu estava sendo chamado para depor com o advogado de defesa que representava a empresa. Gravador na mesa, botão vermelho apertado.

– Matthew, como você está, garoto?

> Existem trapaceiros e mentirosos.
>
> A diferença é que os mentirosos escondem as trapaças, enquanto os trapaceiros não escondem que estão mentindo.
>
> É por isso que prefiro trapaceiros a mentirosos.

– Melhor, obrigado.

– Sinto muito por tudo isso ter acontecido com você, Matthew, deve ter sido uma fase muito difícil, emocionalmente falando.

Fiquei incrédulo. O advogado de defesa estava entregando os pontos, e eu estava pronto pra cantar vitória.

– Ah, sim, senhor. Foi *mesmo* uma época emocionalmente muito difícil. Quer dizer, eu parecia o Homem Elefante, meu couro cabeludo ficou ressecado, meu cabelo caía, meus joelhos doíam, minhas costas doíam, meu rosto descamava, perdi toda a confiança, não saía com nenhuma garota. O óleo de visom quase deixou cicatrizes permanentes no meu rosto.

– Ah, que pena, rapaz. Só consigo imaginar como foi e *continua sendo* difícil para você.

Dobrei a aposta.

– Sim, senhor, pois é.

Ele me encarou por um instante, e então abriu um sorrisinho malicioso, estendendo a mão por baixo da mesa e pegando um anuário de ensino médio – o *meu* anuário – daquele ano, 1988. Ele o abriu numa página marcada e o virou na minha direção. Então, se esticando sobre a mesa, apontou para uma foto e disse:

– Este é você?

Era. Era uma foto minha com Camissa Springs. Nós dois exibíamos uma faixa de seda sobre o peito, do ombro ao quadril. A dela dizia "Mais Bonita". A minha, "Mais Bonito".

Puta merda. Naquele momento eu soube que o caso não daria em nada. Ele havia me pegado.

– Cicatrizes permanentes, né? Muuuito abalado emocionalmente – disse ele, sorrindo cada vez mais.

Eu estava certo. O caso não deu em nada.

Meu pai ficou inconsolável, passou semanas falando disso, resmungando: "Cacete, garoto!!! Eu tenho a chance de levar entre 35 e 50 mil dólares num processo que a gente *podia* ter ganhado!!! E você me inventa de ganhar um prêmio de 'Mais Bonito'! Você ferrou o processo todo, filho. Cacete, garoto!"

Most Beautiful is Camissa Springs and Most Handsome is Matthew McConaughey.

Meses depois, minha mãe tirou suas segundas "férias prolongadas" em Navarre Beach (não era outro divórcio, só uma pequena "folga" um do outro), voltei a morar só com meu pai, dessa vez numa casa de três quartos, não num trailer. Cheguei em casa antes do horário combinado, que era meia-noite. Surpreso, encontrei o meu pai acordado, ao telefone.

– Claro, Sr. Felker, ele acabou de chegar. Vou perguntar – disse ele enquanto eu entrava em seu quarto. As luzes estavam acesas, e ele estava de cueca, sentado de seu lado da cama. Tirou o fone da orelha, segurou-o entre o pescoço e o ombro e perguntou: – O que você fez agora de noite, filho?

Eu devia ter entendido que estava lascado, mas tentei passar a perna no homem que havia me ensinado a passar a perna nos outros.

– Nada de mais. Eu e o Bud Felker fomos na Pizza Hut, e depois ele me deixou aqui – respondi.

– Você pagou pela pizza, filho?

Ele estava me dando uma segunda chance de confessar e evitar ser punido pela única coisa pior do que não conseguir me *safar* fazendo besteira, que era mentir sobre a besteira. Mas, em vez de eu admitir o que tinha feito e contar o que instintivamente sabia que *ele* sabia que eu tinha feito, decidi insistir na burrice.

– Bom, acho que sim, pai... Quer dizer, eu fui pro carro antes do Bud, e tenho certeza de que ele ia pagar.

Eu tinha cavado minha cova, e agora o buraco estava fundo demais para eu conseguir escapar.

Meu pai respirou fundo, piscou devagar e pareceu chateado por um instante, então encostou o fone na orelha.

– Sr. Felker, muito obrigado, vou cuidar da minha parte por aqui – disse e devolveu o telefone à base.

Eu estava começando a suar.

Com toda a calma do mundo, meu pai apoiou as mãos nos joelhos, ergueu o queixo para me olhar nos olhos e contraiu o maxilar.

– Vou te perguntar mais uma vez, filho: você *sabia* que iam roubar aquela pizza?

Eu só precisava dizer "Sim, senhor, sabia", e ele só me daria uma bronca por não ter cometido um crime com cuidado suficiente e me daria umas cintadas por terem descoberto o que fiz. Mas não.

Arregalei os olhos, uma manchinha de urina começou a surgir na minha calça jeans, e eu gaguejei:

– Não, senhor, co-como eu falei, eu...

PÁ!! Ele se levantou da cama com um salto e ao mesmo tempo deu com o dorso da mão direita na minha cara para interromper minha súplica patética. Caí no chão, não pela força do tapa, e sim por causa das pernas bambas de pânico, medo e lactato que mal me sustentavam em pé.

Eu mereci. Fiz por onde. Pedi por aquilo. Queria aquilo. Precisava daquilo. E recebi.

Menti para ele e parti seu coração.

Para ele, o roubo de uma pizza era bobagem – ele mesmo tinha roubado um monte ao longo da vida. Eu só precisava admitir o que havia feito. Mas não fiz isso.

Ajoelhado, chorando de medo e choque como meu irmão Mike tinha feito, mas por motivos diferentes, senti vergonha. Ao contrário do meu irmão no celeiro, no entanto, eu era um traidor, um mau-caráter, um *fraco*, um covarde.

Esse garoto não é meu, Katy, é seu, era tudo que eu ouvia na minha mente.

Ele ficou em pé diante de mim, olhando de cima.

– A garçonete da Pizza Hut reconheceu o Bud. Procurou o telefone do seu amigo e ligou pra casa dele, pediu pro pai dele ir levar o dinheiro da pizza até amanhã. O Bud falou pro pai que foi ele quem teve a ideia de roubar a pizza e que você só foi na onda. Mas você *mentiu* pra mim, filho, me disse que não sabia.

Ele só queria que eu me comportasse feito homem, admitisse que tinha feito merda, o olhasse nos olhos e fosse firme, mas não.

Eu tinha me acovardado, inventado desculpa, choramingado. A mancha de mijo na calça jeans tinha se espalhado para a perna.

Ainda mais furioso ao notar minha postura de frouxo, ele ficou de quatro feito um urso à minha frente e me provocou:

– Vamos lá! Vou te dar quatro em troca de um meu. Você dá quatro dos seus melhores socos na minha cara, e em troca eu te dou um!

Paralisado, entorpecido, recusei. A ideia de bater no meu pai fazia minhas mãos parecerem papel machê. Só de pensar em levar outra porrada dele fiquei sem reação.

– Por quê?! Por quê?! – berrou ele.

Incapaz de responder, me ajoelhei e fui engatinhando para o canto, quando ele finalmente se levantou e balançou a cabeça para mim, se perguntando o que tinha feito de errado para criar um filho tão covarde.

Muitas vezes me arrependi do que fiz – ou não fiz – naquela noite.

Era a minha chance de ter meu rito de passagem – de me tornar *seu garoto* ou um *homem* aos olhos dele –, mas senti medo, mijei na calça e reprovei no teste. Travei.

parte dois

ENCONTRE SUA FREQUÊNCIA

PRIMAVERA DE 1988

Último ano do ensino médio. Eu estava com tudo. Só tirava 10, tinha um trabalho que sempre me permitia ter 45 pratas no bolso, era bom no golfe, havia conquistado o prêmio de "Mais Bonito" da minha turma e estava namorando a garota mais bonita da minha escola *e* da escola do outro lado da cidade. Pois é, a vida era só **sinais verdes**.

Nunca fui aquele cara que se acha legal demais pra estar na escola e que passava as festas apoiado numa parede fumando. Não, eu era o cara que dançava. O cara que *ia atrás* das garotas e sempre dava um jeito de abrir caminho até a frente do palco de todos os shows, por mais atrasado que chegasse. Eu me esforçava. Eu batalhava.

Eu tinha uma picape. Levava as garotas para fazer *off-road na lama** depois da escola. Tinha instalado um megafone na grade frontal, e, no estacionamento da escola, eu me agachava dentro da cabine ao chegar de manhã e anunciava: *"Olha só a Cathy Cook de calça jeans hoje, está bonitoooona!"*

Todo mundo adorava. Todo mundo ria. Especialmente a Cathy Cook.

Eu era *esse* cara. Era o cara divertido. Interagia com as pessoas.

---

* Dirigir pelos riachos de fundo lamacento do leste do Texas num carro com tração nas quatro rodas.

Um dia, passando pela concessionária local da Nissan, vi um 300ZX vermelho-fogo à venda.

Eu nunca havia tido um carro esportivo, e aquele ainda por cima era conversível.

Estacionei para dar uma olhada. O vendedor estava doido para vender.

Na hora, troquei minha picape por aquele 300ZX vermelho-fogo... conversível.

Eu tinha um carro esportivo vermelho.

Todo domingo à tarde eu encerava e lustrava o carro esportivo vermelho. Ele era o meu bebê.

Na escola, comecei a parar no *terceiro* estacionamento, o mais distante, que vivia vazio, para que nenhuma porta de carro amassasse ou arranhasse a tinta do meu novo bebê.

Eu sabia que as garotas iriam gostar ainda mais do carro esportivo vermelho do que da picape e, por consequência, ficariam mais a fim de mim. Eu chegava cedo na escola todo dia, parava no *terceiro* estacionamento e ficava *apoiadãããoo* nele.

Eu era cool *pra cacete*.

Meu carro esportivo vermelho era cool *pra cacete*.

Algumas semanas se passaram, e comecei a perceber mudanças. As garotas não me davam tanto mole quanto antes. Até parecia que elas achavam chato me ver *apoiadãããoo* no meu carro esportivo vermelho.

Depois da escola, elas iam fazer *off-road na lama* na picape de outro cara em vez de *passearem no conversível* comigo.

Eu não estava mais arrumando tantos encontros quanto antes. As garotas pareciam ter perdido o interesse por mim.

O *que aconteceu?*, eu me perguntava.

Então, um dia, a ficha caiu.

Eu tinha perdido a picape.

Eu tinha perdido a interação, o esforço, a lama e o megafone. Eu tinha perdido *a diversão*.

Eu estava ocupado demais ficando *apoiadãããoo* naquele 300ZX vermelho-fogo conversível no terceiro estacionamento.

Eu tinha ficado preguiçoso, estava passando tempo demais arrumando o cabelo no retrovisor, achando que o carro esportivo vermelho ia trabalhar *por* mim, mas ele era péssimo nisso.

Eu tinha passado a perna em mim mesmo ao trocar a picape pelo carro esportivo vermelho, perdendo todo meu elã com ela.

Quando percebi isso, passei na concessionária da Nissan e desfiz a troca.

Um dia depois voltei a parar no primeiro estacionamento, a dar em cima das garotas com o megafone e a levá-las para fazer *off-road na lama* depois da aula.

E, conforme esperado, tudo voltou ao *normal*.

Merda de carro esportivo vermelho.

SINAL VERDE.

processo de eliminação e identidade

O primeiro passo que leva à nossa identidade na vida em geral não é *Eu sei quem sou*, e sim *Eu sei quem não sou*. Processo de eliminação.

O excesso de opções transforma qualquer um em tirano, então devemos nos livrar dos exageros que nos impedem de ser nós mesmos. Quando diminuímos a quantidade de opções que não nos alimentam, acabamos, quase sem querer, nos deparando com outras que *de fato* nos alimentam.

É difícil descobrir quem somos. Quando eliminamos quem *não* somos primeiro, chegamos aonde precisamos estar.

⊙⊙

No meu aniversário de 18 anos, meus pais me disseram: "Se você não aprendeu até agora, não vai aprender mais." Na minha família, o aniversário de 18 anos era um momento marcante. Significava que não havia mais regras. Significava que não havia mais hora de voltar para casa. Significava independência. Significava liberdade.

Eu me formei no ensino médio e, assim como a maioria dos jovens, não sabia o que queria fazer com o resto da vida. Quer dizer, eu *achava* que queria estudar direito e me tornar advogado de defesa, mas não tinha certeza. Minha mãe teve uma ideia radical:

– Você adora viajar, Matthew. Que tal fazer intercâmbio?

Topei na hora.

– Parece uma aventura louca, gostei!

Fomos ao Rotary Club local, que tinha um programa de intercâmbio, e descobrimos que eles tinham duas vagas no exterior: uma na Suécia e outra na Austrália. Sol, praias, surfe, Elle Macpherson, língua inglesa... Escolhi a Austrália.

Quando dei por mim, estava sentado a uma mesa de reunião com 12 engravatados do Rotary local. Após aprovarem minha documentação, um homem disse:

– Achamos que você será um ótimo embaixador do estado do Texas e dos Estados Unidos na distante Austrália. Queremos muito que você vá, mas, antes disso, precisamos que assine este documento se comprometendo a não voltar antes do término do ano inteiro de intercâmbio.

Que esquisito.

– Mas eu *vou* passar o ano inteiro, esse é o combinado – falei.

– Todo mundo diz isso. Mas precisamos que você assine porque os estudantes de intercâmbio acabam ficando com saudade de casa e tentam voltar antes da hora. Isso não pode acontecer, então precisamos que você assine este documento que diz "Eu, Matthew McConaughey, me comprometo a não retornar para casa antes da data combinada, salvo em caso de tragédia ou morte na família".

– Escutem – falei –, *não* vou assinar esse documento, mas podemos fechar acordo com um aperto de mãos. Não vou desistir e voltar para casa, concordei em passar o ano inteiro. – Olhei no fundo dos olhos dele. – Combinado?

Ele aceitou, trocamos um aperto de mãos, e pouco tempo depois eu estava fazendo as malas para passar um ano inteiro na Austrália. Minha viagem seria em 10 dias.

Dias depois, recebi a primeira carta da família que me abrigaria na Austrália, os Dooley. Ela dizia:

"Mal podemos esperar para conhecer você e recebê-lo na nossa casa, Matthew. Nós moramos no paraíso. Perto da praia, nos arredores de Sydney. Você vai adorar."

Isso aí. Incrível. Tudo que eu queria: praia, Sydney. Seria maravilhoso. *Austrália, aí vou eu.*

Dia 1

Cheguei ao terminal do Aeroporto Internacional de Sydney. Com a bolsa de viagem no ombro, eu estava descendo uma rampa comprida para uma área imensa com milhares de pessoas aguardando as chegadas, quando escutei, em meio ao mar de gente falando:

– Matthew! Matthew! Matthew!

Meus olhos procuraram o som. Vi uma mão subindo e descendo acima das outras cabeças e seguindo para o fim da rampa.

– Matthew! Matthew! Matthew!

Quando cheguei ao local, o dono da mão saltitante estava lá para me recepcionar. Com um sorriso animado, ele baixou a mão, e a apertei. Era Norvel Dooley. Tinha 1,60 metro, 100 quilos, um bigode, uma careca e um leve sotaque britânico que depois eu descobriria ser falso – ele forçava para soar mais *respeitável*.

– Ahhh, olha ele aí! Veja só, um americano forte, bonito. Bem-vindo à Austrália, garoto! Você vai adorar.

Ele me apresentou à sua esposa, Marjorie, uma mulher de 1,50 metro usando um vestido de poliéster branco com grandes bolas verdes e um andador, por sofrer de cifose (que na época chamávamos de corcunda). Eu me abaixei para dar um beijo e um abraço, e ela segurou meu rosto e disse, num tom carinhoso:

– Seja bem-vindo à Austrália, Matthew! Bem-vindo à sua nova família. Este é o meu filho, Michael.

Michael usava camisa abotoada para dentro da calça e protetor de bolso, além de um chaveiro preso no passante direito da calça com 50 chaves, 48 das quais eu depois descobriria serem inúteis, mas, assim como o sotaque de seu pai, faziam bem para seu ego. Quando estendi a mão, ele desviou, me deu um abraço, se afastou e começou a me dar tapas extremamente firmes nas costas, entoando:

– Meu irmãozinho! Meu irmãozinho!

Aqueles eram os Dooley.

Entramos no carro e saímos do aeroporto. Eu estava no banco do carona. Norvel dirigia e Marjorie e Michael foram atrás. Depois de uma hora, olhei no retrovisor e vi que a cidade de Sydney estava bem longe de nós. Até os *arredores* tinham sumido de vista. Perguntei a Norvel:

– Então... tecnicamente, vocês não moram em Sydney, né?

– Não, cara – respondeu ele, orgulhoso. – Lá é a cidade grande. Só pecado, pecado, pecado, cara. Você não quer morar lá, aquilo não é lugar pra gente civilizada. Na verdade, nós moramos em uma cidadezinha próxima, chamada Gosford, na Costa Central. Um lugar ótimo, com praias incríveis, você vai adorar.

Seguimos batendo papo por mais 40 minutos até chegarmos a Gosford. Parecia ter uma população de algumas centenas de milhares de habitantes; ficava na costa, tinha muita praia, era bem bonita e movimentada.

– Vai ser *incrível* – falei.

Ninguém respondeu.

Passamos pelo centro e seguimos em frente por mais 15 ou 20 minutos, até eu notar que Gosford tinha ficado para trás. Que esquisito. Mais uma vez, perguntei em tom respeitoso:

– Então... vocês não moram em Gosford, né?

Ao que Norvel mais uma vez respondeu com orgulho:

– Ah, não, ainda é muito urbanizado, cara, um lugar imoral. É muito melhor viver no interior. Na verdade, moramos pertinho daqui, num lugar chamado Toukley. Você vai adorar.

Passamos mais 40 minutos no carro até chegarmos a Toukley. População: 5 mil pessoas. Tinha um sinal de trânsito, um bar e um mercadinho, mas continuava sendo na costa e era um lugar muito bonito.

– Tudo bem – falei –, vida na cidade pequena, eu nasci num lugar assim, vai dar certo.

Ninguém falou nada. Norvel continuou dirigindo.

Seis ou sete minutos depois chegamos a uma rotatória do outro lado da cidade. A essa altura, muito confuso, perguntei:

– Então... vocês também não moram em Toukley?

Sem hesitar e com a mesma determinação de antes, Norvel respondeu:

– Não, Toukley é um lugar legal, cara, mas grande demais pro nosso gosto. Na verdade, nossa casinha fica aqui perto, Matthew, num lugar lindo chamado Gorokan. Você vai adorar.

A estrada pavimentada deu lugar a uma pista de asfalto.

Minutos depois chegamos a Gorokan, cidadezinha interiorana tranquila, com 1.800 habitantes. Sem praia. Algumas casinhas de madeira à esquerda e à direita da rua principal. Respirei quase fundo, e, quando dei por mim, estávamos em outra rotatória do outro lado da cidade, o asfalto tinha se transformado em terra batida, e Gorokan estava no espelho retrovisor.

Meio irritado, declarei mais do que perguntei:

– Então... vocês também não moram em Gorokan, né?

– Não – grunhiu Norvel, empolgado. – Mas estamos muuuito perto, cara, só mais um pouquinho aqui pela estrada, é um lugar lindo no interior, você vai adorar.

Seguimos por quase 10 quilômetros na estrada de terra. Eu olhava para o campo, tentando reajustar minhas expectativas, quando uma placa verde surgiu na minha linha de visão. Dizia WARNERVALE, POPULAÇÃO: 305. Sem qualquer sinal de civilização à vista, dirigimos por mais uns dois quilômetros depois da placa, viramos a primeira à esquerda, depois a primeira à direita, entramos num caminho de cascalho até a porta da garagem da única casa à vista e paramos. Norvel desligou o motor e, com toda a pompa, anunciou:

– Bem-vindo à Austrália, Matthew. Você vai adorar.

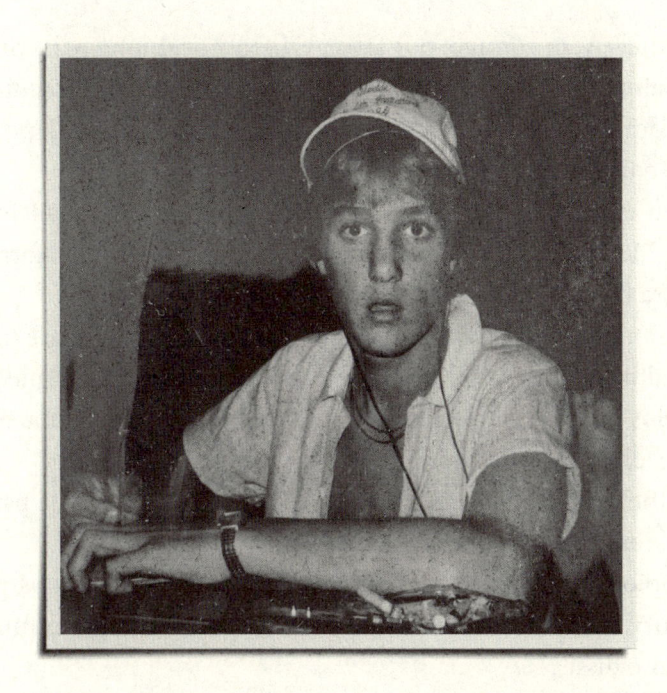

Dia 4
Eu estava lavando a louça depois do jantar quando Norvel e Marjorie entraram na cozinha.

– Matthew, vamos convidar nossa família pra vir aqui no fim de semana e queríamos saber se você pode cozinhar algum prato típico americano pra gente.

– Maravilha – respondi. *Mas o que preparar?*, me perguntei. – Ah, não existe nada mais americano do que hambúrguer. Pronto, vamos comer um bom hambúrguer americano no fim de semana.

– Ótima escolha, Matthew – disse Norvel, e ele e a esposa se viraram para sair da cozinha.

– Não, calma aí! – exclamei. – Retiro o que disse. Nós vamos comer cheesebúrgueres, porque *o cara que inventou o hambúrguer era inteligente, mas o cara que inventou o cheesebúrguer era um gênio.*

Comecei a fazer uma lista de compras para minha obra-prima culinária – pães de hambúrguer macios, picles fatiados, queijo cheddar e amarelo, cebola-roxa, abacate, jalapeños, maionese de verdade, um bom ketchup – quando senti uma cutucada no ombro. Era Norvel.

– Matthew, vem comigo, por favor. Quero trocar uma palavrinha com você. – Saímos da cozinha, atravessamos a sala de estar e seguimos por um corredor, onde ele abriu a segunda porta à direita. – Aqui, por favor – disse, me convidando a entrar.

Era seu escritório. Ele fechou a porta e apontou para a cadeira diante da mesa. Me sentei. Norvel contornou a mesa, subiu a plataforma onde sua cadeira ficava e então se sentou.

Curiosamente, ele, que tinha 1,60 metro, agora estava quase meio metro mais alto que eu. Ele se acomodou e se inclinou para a frente. Apoiou os cotovelos na mesa, entrelaçou as mãos dedo a dedo, me olhou no fundo dos olhos, e, sério, anunciou:

– Matthew, quero conversar com você sobre sua escolha de palavras.

– Sim, senhor – respondi. – Pode falar.

Ele apoiou o queixo nas juntas dos dedos, voltou os olhos para um retrato do Winston Churchill pendurado na parede, respirou fundo para se acalmar e disse:

– VOCÊ afirmou que o homem que inventou o hambúrguer era inteligente, mas o que inventou o cheesebúrguer era um gênio, não foi?

– Sim, senhor, falei isso mesmo.

Mais uma vez, ele respirou fundo com ar de aristocrata.

– Matthew... essa é só a sua opinião. E, no tempo que você passar aqui com a gente, vai aprender a apreciar bons vinhos, bons queijos e a JAMAIS dar voz às suas opiniões perante as massas.

– Norvel, foi só jeito de falar. Eu só quis dizer que gosto mais de cheesebúrguer do que de hambúrguer.

– Hã, hã, hã! – repreendeu ele, balançando o dedo para mim. – Como eu disse, *duraaante* sua estadia na Austrália na casa da família Dooley, você vai aprender a apreciar bons vinhos, bons queijos e a JAMAIS dar voz às suas opiniões perante as massas.

Ele estava falando sério.

Fora o fato de os Dooley acharem que um lugar a mais de duas horas de carro podia ser considerado *arredores de Sydney*, esse sermão absurdo foi a primeira coisa esquisita a acontecer comigo na Austrália.

Fiquei perplexo, mas atribuí isso a "diferenças culturais".

Dia 8

Primeiro dia de aula.

Eu já tinha me formado nos Estados Unidos, mas uma escola resolveu me matricular no segundo ano do ensino médio, já que eu tinha chegado no meio do ano letivo. A ideia era eu ir para o último ano com a mesma turma.

A matéria que eu havia aprendido um ano e meio antes era moleza. As lições nas aulas de matemática eram tão fáceis que chegavam a ser chatas, mas eu gostava das aulas de redação. Só que os professores não compartilhavam dessa opinião. Marcavam de caneta vermelha tudo que eu escrevia e me enchiam de zeros porque eu abreviava algumas palavras, inventava outras, usava eufemismos e vez ou outra escrevia uns palavrões.

– Gente, eu *sei* escrever, já passei nas provas. Estou escrevendo como eu quero de propósito, estou sendo criativo, me expressando – expliquei.

A resposta deles?

– Zero!

No aspecto social, a escola também era esquisita. Os alunos usavam uniformes e brincavam de pique no intervalo. Ninguém tinha carteira de motorista, ninguém queria saber de festas, e as garotas não iam com a minha cara. Me senti de volta ao primário. Comecei a sentir saudade da minha picape, dos meus amigos, das garotas, da minha liberdade, do Texas. Mas eu dizia para mim mesmo que estava tudo bem, que tudo fazia parte da aventura. *Diferenças culturais.*

Logo comecei a matar aula todo dia e passar o tempo na biblioteca, onde descobri o grande poeta britânico Lord Byron. Eu tinha três fitas cassete: *Kick*, do INXS, *Maxi/Maxi Priest*, do Maxi Priest, e *Rattle and Hum*, do U2.* Eu as escutava no meu walkman enquanto lia sobre amor.

Duas semanas depois, o diretor veio atrás de mim na biblioteca.

– Matthew, acho que essa coisa de escola não está dando certo pra você, cara. Pensei que talvez a gente pudesse te transferir para o programa de *work experience*, pra você poder ter uma experiência profissional fora da escola. Você não receberia salário, *mas* receberia créditos escolares.

---

* Até hoje um dos meus álbuns favoritos.

Porra, claro que eu topava.
– Tô dentro – respondi.

◯◯

Meu primeiro emprego foi como bancário no Australia and New Zealand Bank. Conviver com adultos era um alívio. Fiz amizade com o gerente, Connor Harrington. Almoçávamos juntos e bebíamos cerveja depois do trabalho.

Na casa dos Dooley, situações peculiares continuavam acontecendo.

Normalmente, jantávamos cedo, entre cinco e cinco e meia da tarde. Éramos sempre eu, Norvel, Marjorie, Michael e Meredith – namorada de Michael – sentados à mesa da cozinha. Meredith tinha 22 anos e uma leve deficiência que a impedia de dirigir. Também tinha o hábito de usar os cinco dedos para espremer as espinhas inflamadas que costumavam aparecer em sua bochecha quando ficava nervosa. Eu gostava de Meredith, nos dávamos bem, e ela tinha um ótimo senso de humor.

Certa vez, num fim de tarde, estávamos à mesa de jantar, e eu tinha deixado a TV ligada na sala de estar, que ficava no meu campo de visão, passando os Jogos Olímpicos. A equipe feminina americana de revezamento de 4 por 100 metros ia competir. Eu era o único que parecia interessado. *Bang!* O tiro anunciou a largada, e menos de 42 segundos depois a equipe feminina americana levou o ouro. Cerrei o punho numa demonstração de orgulho e patriotismo e murmurei "Isso!" para mim mesmo.

Obviamente, Norvel achou que era a ocasião perfeita para uma aula de história. Se levantou da cadeira com um pulo, andou rápido até a sala, *desligou* a TV no meio da comemoração, marchou de volta para a cozinha, se agigantou diante de mim e disse:

– Matthew, vem comigo, por favor. Quero trocar uma palavrinha com você.

Xiii. Ele me guiou para fora da cozinha, pela sala e pelo corredor até a segunda porta à direita. Sim, *de volta* ao escritório, onde, desta vez, tirou uma enciclopédia da estante, se sentou em sua cadeira alta, fitou Winston Churchill na parede, abriu a enciclopédia em uma página marcada e começou o sermão.

— Um atleta *de verdade*, Matthew, um *ótimo* atleta, foi um rapaz britânico chamado David Broome, que ganhou medalha de bronze nos Jogos Olímpicos de 1960 no salto individual do hipismo!

— Beleza, que legal, Norvel.

— E outra coisa, Matthew: aquele filme bobo que você estava vendo outro dia, *Recrutas da pesada*, é bobo e *imatuuuro*! É *oooutro* exemplo da inferioridade do humor americano em comparação com o britânico.

Nossa.

— Tá bom... Posso ir lá ver as Olimpíadas?

Eu estava começando a me sentir bem desconfortável na casa dos Dooley. *Mas são só diferenças culturais*, repeti para mim mesmo.

Dia 90

A essa altura eu estava ganhando experiência como assistente de um advogado. Estava adorando meus dias do tribunal, ajudando a redigir argumentos finais, analisando os jurados, pesquisando jurisprudências e fazendo anotações para meu chefe. Além de tudo era uma ótima forma de me preparar para meu plano de me tornar advogado. Por outro lado, na casa dos Dooley, as *diferenças culturais* já estavam me incomodando.

Com meu senso de identidade abalado, eu precisava de alguma resistência para me reequilibrar, algo a superar, uma regra a seguir, um propósito para manter a sanidade naquele lugar esquisito. Resolvi virar vegetariano. O problema era que eu não sabia como ser vegetariano, então comecei a jantar um pé de alface com ketchup toda noite.

Também comecei a correr 10 quilômetros por dia depois do trabalho. Emagreci bem.

E decidi parar de beber pelo resto do ano, embora ainda faltassem nove meses para seu fim.

Comecei a achar que minha vocação de vida era ser monge.

Fiz planos de, após o ano de intercâmbio, ir para a África do Sul para libertar Nelson Mandela.

Escrevi cartas para minha mãe, meu pai, meus amigos e minhas ex-namoradas. Na primeira, que mandei na primeira semana na casa dos Dooley, usei uma caneta hidrográfica preta.

limites à liberdade

Precisamos de finais, limites, gravidade, demarcações, moldes e resistência para termos ordem.

Essa ordem cria a responsabilidade.

A responsabilidade cria o discernimento.

O discernimento cria a escolha.

Na **escolha** está a liberdade.

Para criar o clima que nos dá o vento mais favorável,

devemos antes remover aquilo que mais causa atritos em nosso âmago.

Esse processo de eliminação **cria ordem**, nos **encoraja** a seguir em **frente** e nos **desencoraja** a voltar **atrás**.

Então aceitamos essas afirmações, porque fazer isso nos dá prazer e reduz o sofrimento.

Nós as cultivamos até se tornarem hábitos e formarem nossa **base**,

e a partir daí elas se **proliferam** e se tornam **emanações de nossa essência**.

É aí que nasce a verdadeira **identidade**.

Nos iludimos quando acreditamos que liberdade significa ausência de limitações.

Esta é **a arte de viver**, da autossatisfação: seguimos a **linhagem** do nosso

passado e **encaramos** o futuro, tendo que **lidar** com o presente

e **escolher**.

> *"Hey, throwin some shrimp on the barbie. Love you, Matthew."**

Àquela altura, no entanto, minhas cartas tinham 9, 10, 11, 12, 16 páginas, escritas numa caligrafia pequena e cuidadosa, com frases de 8 linhas carregadas de adjetivos e advérbios. Além da minha mãe, a única pessoa que me respondia era meu amigo de infância Robb Bindler. Como era escritor, ele recebia minhas divagações maníacas e as devolvia no mesmo tamanho, porém com menos devaneios. No geral, porém, eu escrevia para mim mesmo.

Mas estava tudo bem, né? Eu só estava com saudade de casa. *Diferenças culturais*. Vai dar certo…

Dia 122

Eram 17h15. Eu estava quieto comendo minha alface com ketchup à mesa de jantar com Norvel, Marjorie, Michael e Meredith, quando o cordeiro com geleia de hortelã apareceu e recusei de imediato. Norvel se levantou de repente e se dirigiu a mim:

– Matthew, você é um americano jovem e imaturo, e, *duraaante* sua estadia na Austrália conosco nesta casa, vai aprender a apreciar cordeiro com geleia de hortelã.

– Já provei geleia de hortelã – respondi. – Não gostei. Além do mais, não estou comendo carne.

Duas semanas depois, ao final de outro churrasco com a família dos Dooley (sem hambúrgueres desta vez), Marjorie me chamou enquanto eu lavava a louça na cozinha.

– Matthew! Vem cá! – berrou ela. – Matthew! Vem cá!

Quando cheguei à sala, me deparei com a família inteira – tias, tios e primos, 18 pessoas no total – enfileirada ao longo da parede. No fim da fila estava Meredith, olhando para o chão com cara de envergonhada, espremendo a testa com dois dedos. Todos aguardavam minha chegada.

– O que foi? – perguntei.

---

* "Oi! Estou fazendo espetinho de camarão por aqui. Amo vocês, Matthew."

Michael estava do lado oposto da sala, parado num canto, parecendo nervoso e mexendo em suas 50 chaves.

Então Marjorie, que tinha passado o dia inteiro bebendo vinho, disse para mim e para todos na sala com uma voz animada:

– Matthew, a Meredith está indo embora. Acho que você devia dar um beijo de despedida nela... na boca!

Todo mundo soltou um *aaah!* e deu risadinhas maliciosas. Meredith seguiu cabisbaixa, espremendo a bochecha, agora com os cinco dedos. Michael cerrou os punhos ao lado do corpo e começou a andar de um lado para outro.

– Eu já me despedi da Meredith, Marjorie – respondi. – Dei um abraço nela.

Marjorie insistiu:

– Não, não, Matthew, vamos lá, dá um beijo nela... na boca.

– Hã?

Olhei para Meredith no fim da fila, que havia erguido a cabeça só o bastante para me olhar nos olhos rapidamente antes de baixá-la de volta.

Tentei entender o que estava acontecendo. Será que, ao longo dos últimos meses, Meredith havia interpretado meu senso de humor e minha simpatia como tentativas de dar em cima dela e agora estava apaixonada por mim? Ou Marjorie tinha bebido demais e resolvido fazer uma brincadeira de mau gosto para humilhar a mim, Meredith e especialmente Michael? Qualquer que fosse o motivo, *essa* forma de lidar com a situação estava errada.

Meu "irmão mais velho" Michael agora andava ainda mais estressado de um lado para outro, remexendo as 50 chaves ainda mais rápido.

Todo mundo começou a me incentivar:

– É, vai lá, Matthew! Vai!

Como eu me livro dessa situação?, pensei. Então respirei fundo, fui até Meredith e, com toda a calma do mundo, falei:

– Meredith, eu já não te dei um abraço de despedida?

Envergonhada demais para me olhar, Meredith ficou quieta.

Então segurei seus ombros de um jeito paternal e esperei até ela finalmente me encarar.

A sala começou a se acalmar.

– Eu já te dei um abraço de despedida, não foi, Meredith?

Ela concordou com a cabeça bem lentamente.
– Obrigado – respondi.
– Obrigada a *você* – disse ela, baixinho.
Então me virei para Marjorie e, sério, falei:
– Marjorie, nunca mais faça uma coisa dessas comigo. Não foi legal. Não foi legal comigo, não foi legal com a Meredith, não foi legal com seu filho Michael.
Saí da sala e fui terminar de lavar a louça na cozinha.
Malditas *diferenças culturais*.

Dia 148

Eu estava pesando pouco mais de 60 quilos, e meu nariz vivia escorrendo.
No último mês, toda noite após o jantar, eu entrava no meu banheiro, preparava um banho quente de banheira, escutava uma das minhas três fitas cassete no walkman, escrevia uma carta de 15 páginas para mim mesmo e batia punheta enquanto lia Lord Byron.
Toda noite.
A essa altura eu estava no sexto emprego. Tinha sido bancário, mecânico de barco, revelador de fotografias, assistente de advogado, pedreiro e assistente de golfe.
Eu estava sentado à mesa de novo, cabisbaixo, comendo minha alface com ketchup, esperando ansiosamente dar 17h45 para começar meu ritual noturno no banheiro, quando, do nada, Norvel disse:
– Matthew, eu e a Marjorie decidimos que *duraaante* sua estadia na Austrália conosco, você nos chamará de pai e mãe.
Essa me pegou desprevenido. Fiquei quieto por um instante, pensando no que dizer.
– Obrigado, Norvel – falei, por fim. – Obrigado por... pensar em mim dessa forma, mas... eu tenho pais... *e* eles estão vivos.*
No mesmo instante, Norvel rebateu com irritação:
– Como eu disse, eu e a Marjorie decidimos que, *duraaante* sua estadia na Austrália conosco nesta casa, você nos chamará de pai e mãe.

---

* Não sei por que senti necessidade de contextualizar minha justificativa acrescentando que "eles estão vivos", como se pudessem não estar, mas foi o que fiz.

Fiquei quieto, preferindo terminar de comer o restante da alface com ketchup. Ao final, educadamente tirei o prato de todo mundo, levei tudo para a pia e lavei a louça, então parei na frente da mesa de jantar para falar com todos antes de seguir para a privacidade do meu protocolo noturno.

– Boa noite, Nor-vel; boa noite, Mar-jo-rie; boa noite, Michael; boa noite, Meredith.

Pela primeira vez em 148 dias, minha cabeça, meu coração e minha alma chegaram a um consenso: *Não. Não existe a menor chance de eu chamar qualquer pessoa além dos meus pais de "pai e mãe". Isso está fora de cogitação. Isso não é diferença cultural, e, se for, então sinto muito, eu sou diferente.*

Sozinho em um país estrangeiro, por conta própria em um mundo desconfortável, assumi a responsabilidade por quem era e por aquilo em que acreditava. Fiz um julgamento e escolhi. Não precisava que ninguém me apoiasse, e essa clareza me deu identidade. Eu não abriria mão das minhas âncoras, tanto por questão de princípios quanto para conseguir sobreviver.

∞

Na manhã seguinte, meu alarme foi o som de uma mulher berrando do outro lado da casa. Eram seis da manhã.

– Ele! Não! Quer! Me! Chamar! De! Mããããee!!!! Ele! Não! Quer! Me! Chamar! De! Mããããee!!!!

Pulei da cama e corri até Marjorie, que estava aos prantos, formando uma poça de lágrimas sobre a mesa, se esgoelando.

Passei o braço sobre os ombros dela.

– Calma, Marjorie, não é pessoal. Como você se sentiria se seu filho, Michael, chamasse outras pessoas de mãe e pai?

Choramos juntos, por motivos diferentes.

Ali concluí que talvez fosse hora de encontrar outra família *duraaante* minha estadia na Austrália.

Naquela tarde houve um tornado. Não havia um carro sequer na rua. A chuva caía quase na horizontal, com ventos de mais de 70 km/h, e o céu estava roxo e amarelado. Mesmo assim saí para minha corrida diária e passei na casa do presidente do Rotary Club local, Harris Stewart.

Ele atendeu à porta.

– Cara, que diabo você está fazendo? O que houve?
– Saí pra correr, Harris, e queria conversar com você.
– Entra logo. Estamos esperando um tornado e você sai pra correr?
Entrei na casa e me sequei com uma toalha.
– O que houve, cara? – perguntou.
Respirei fundo.
– Escuta, se for possível, eu queria saber se alguma outra família do Rotary Club poderia me hospedar.
– Está tudo bem lá nos Dooley?
– Ahã, ahã, tudo bem – respondi, sem querer ser dedo-duro. – Só quero ter a experiência... de viver com outra família, se possível.
– A família que te acolheria teria mais uma boca pra alimentar, Matthew – disse ele –, e a economia da região não anda bem há um tempo, mas... vou ver o que posso fazer.
Que Deus abençoe Harris Stewart.
Ele entrou em contato com Connor Harrington, meu amigo que era gerente do banco onde eu havia trabalhado. Connor e sua esposa aceitaram me hospedar. Que Deus abençoe Connor Harrington. Naquela quinta-feira, na reunião semanal do Rotary, Harris Stewart declarou no microfone, diante de um salão lotado, que:
– Nosso intercambista, Matthew, passou os últimos meses vivendo muito bem com os Dooley. Obrigado, Norvel. – Muitos aplausos. – E agora se mudará pra casa dos Harrington. Obrigado, Connor.
Mais aplausos.
Ao fim da reunião, um monte de gente me cumprimentou.
Tudo estava resolvido, sem drama. Norvel Dooley estava na reunião, sentado a meu lado durante o anúncio. Trocou apertos de mão para fechar o acordo e me elogiou para os outros associados do Rotary, ciente do novo plano de acordo com minha partida.
– Vou te buscar terça que vem às seis e meia da noite – avisou Connor na frente de Norvel.
– *Fair dinkum*,* Connor, até lá – respondeu Norvel.
Ótimo, tudo certo.

---

* Gíria australiana que significa algo como *com certeza, fechado, tudo bem*.

Naquela noite, dei boa-noite para Norvel e Marjorie antes de ir para cama, eles me deram boa-noite de volta, e só. Na manhã seguinte, acordei, tomei café, fui trabalhar, voltei para casa, jantei e disse boa-noite de novo antes de ir para a cama. Nada.

Sábado chegou, e ninguém da família apareceu para se despedir, ninguém perguntou *o que vamos fazer nos seus últimos dias aqui...* nada.

Domingo: nada.

Segunda: nada.

Manhã de terça: nada.

Voltei cedo do trabalho e, com minhas duas malas prontas desde a noite da última quinta, chequei três vezes se estava tudo certo para minha partida.

Cinco dias tinham se passado sem que ninguém tivesse dito uma palavra sequer sobre minha partida quando nos sentamos à mesa às cinco da tarde para o nosso último jantar juntos – eu, Norvel, Marjorie, Michael e Meredith. Comi minha alface com ketchup. Eles jantaram em silêncio.

Às cinco e meia, me levantei da mesa e fui lavar a louça. Nada.

Quando terminei, voltei ao quarto para checar pela quarta vez se tudo estava pronto. Connor chegaria em menos de meia hora. Eu mal podia esperar. Fiquei andando de um lado para outro do quarto, olhando para o relógio a cada 30 segundos.

Então escutei alguém bater à porta.

Abri.

E ali estava Norvel Dooley, com as mãos no quadril, as pernas levemente afastadas, numa pose firme.

– Oi, Norvel. Tudo bem?

Sem pestanejar, ele disse:

– Matthew, eu e a Marjorie resolvemos que você vai ficar conosco *duraaante* o resto de sua estadia na Austrália, nesta casa, com a gente. Pode desfazer as malas.

No final do meu próprio episódio de *Além da imaginação*, em estado de choque, reuni minhas forças e dei o melhor de mim para manter a educação de novo.

– Hum... obrigado, Norvel, por me oferecer sua casa pelo restante da minha estadia na Austrália – falei, tentando permanecer calmo. – Mas tenho um ano inteiro no seu país, em Warnervale, e quero ter o máximo de experiências possíveis, e... viver com uma família diferente vai ser uma experiência nova.

Ele ergueu o queixo e fincou os pés no chão.

– Matthew, pode desfazer as malas. Eu e a Marjorie resolvemos que você vai ficar conosco *duraaante* o resto de sua estadia na Austrália – repetiu ele.

Perdi a cabeça. Recuei e dei um soco tão forte na porta que minha mão esquerda saiu do outro lado. Puxei o braço, agora sangrando e todo furado com lascas de compensado. Eu tremia, estava furioso e confuso de novo. Norvel arregalou os olhos de susto e também começou a tremer.

– Norvel – grunhi –, se você não tirar esse rabo gordo da minha frente, vou te meter tanta porrada e te arrastar tanto pelo cascalho lá fora que vai ter pedrinhas saindo do seu cu até o dia que você MORRER!

Se contorcendo, ele abriu a boca e começou a recuar.

Fiquei parado, encarando-o com os punhos cerrados, o braço sangrando, prestes a mijar na calça de tanta raiva.

Ele deu meia-volta e saiu correndo pelo corredor.

Tirei as farpas e lavei o braço na pia do banheiro. Ensopei a toalha com água gelada e limpei o braço e o rosto. Fiquei andando de um lado para outro do quarto, tentando me acalmar e entender que porra tinha sido aquela, quando escutei uma buzina. Olhei para o relógio. Eram seis e meia.

Arrastei as malas pelo corredor, passando pelo escritório de Norvel, pela sala de estar e pela cozinha, até sair pela garagem. Lá estava Connor Harrington em seu Land Cruiser. Ao lado estavam Norvel, Marjorie, Michael e Meredith – todos se abraçando e se comportando como se estivessem mandando o último filho para lutar uma guerra no exterior. Marjorie chorava apoiada em seu andador. Michael chorava feito um bebê ao me dar um abraço apertado. Meredith soluçava e cutucava as bochechas quando lhe dei um beijo na testa. Até Norvel secou uma lágrima. Eles colocaram minhas malas no Land Cruiser, e eu e Connor fomos embora. Pelo retrovisor, vi os Dooley lado a lado diante da porta da garagem – no mesmo lugar onde saí do carro ao chegar meses antes –, abraçados, chorando e acenando até eu sumir de vista.

Dia 326
Era uma noite de sábado, a última que eu passaria na Austrália. No dia seguinte, eu embarcaria para casa. Tinha passado quase um ano inteiro no país. Havia morado os últimos meses com os Stewart, com os Traver por dois meses antes disso, e com os Harrington por um mês. Naquela noite, todos estavam reunidos na casa de Harris para minha festa de despedida. Seguíamos a rotina das noites de sábado: Harris tocava violão e líamos em voz alta trechos do livro *Que loucura!*, de Woody Allen, morrendo de rir e bebendo vinho do Porto até as três da manhã.

Já passava de meia-noite quando, do nada, Connor Harrington soltou:

– Ei, Macka – o apelido australiano que ele me deu –, como você conseguiu morar com os Dooley por tanto tempo?

– Por que a pergunta? – questionei, meio chocado.

Todo mundo começou a rir.

– Porque eles são completamente doidos! – exclamou ele.

A sala inteira explodiu em gargalhadas, uma cacofonia histérica.

Fiquei boquiaberto, embasbacado, e olhei ao redor para cada um deles. Todos se curvavam de tanto rir, achando a situação hilária. Finalmente gritei:

– Seus filhos da puta! Vocês SABIAM o tempo todo! Vocês SABIAM que eles eram malucos e mesmo assim me deixaram ficar lá! Eu quase surtei!

Eles riram mais ainda. Então comecei a rir também, e não demorou muito para estarmos *todos* rolando no chão.

Tinha sido uma grande pegadinha australiana.

∞

Na verdade, o tempo que passei com os Dooley foi *uma tortura*. Um inferno mental. Um sinal vermelho real. Todas as minhas esperanças grandiosas tinham sido apenas uma miragem.

Mas eu tinha dado a minha palavra e fechado o acordo com um aperto de mãos. Portanto, sem a opção de voltar para casa, aguentei firme. Só depois eu entenderia que o sofrimento e a solidão que vivi ali seriam um dos sacrifícios mais importantes da minha vida.

Antes da viagem para a Austrália, eu nunca era introspectivo. Lá, fui obrigado a encarar o que havia dentro de mim pela primeira vez para compreender o que acontecia ao meu redor.

Minha vida anterior no Texas havia sido um verão eterno. Fui eleito o "Mais bonito", só tirava 10, namorava com a garota mais bonita da minha escola (*e* da escola do outro lado da cidade), tinha uma picape quitada. Sem. Hora. Pra. Voltar. Pra. Casa.

A Austrália, terra de praias ensolaradas, biquínis e pranchas de surfe que nunca cheguei a ver, me fez desenvolver a capacidade de respeitar o inverno. Passei um ano inteiro tendo que me virar sozinho. Toda noite, antes de escurecer, eu entrava na banheira, batia punheta lendo Lord Byron e escutando *Rattle and Hum* enquanto repetia para mim mesmo: *Estou bem, está tudo certo. Você vai conseguir, McConaughey, são só* diferenças culturais. Virei vegetariano, pesei menos de 60 quilos, parei de beber, fiz planos de virar monge e libertar Nelson Mandela.

Pois é, fui obrigado a viver no inverno. Obrigado a olhar para dentro de mim mesmo, porque não havia mais ninguém comigo. Não havia mais *nada* comigo. Perdi minhas muletas. Nada de mãe e pai, nada de amigos, nada de namoradas, nada de notas 10, nada de telefone, nada de picape, nada de "Mais Bonito".

E eu tinha hora para voltar para casa.

Foi um ano que moldou quem sou hoje.

Um ano em que me encontrei, porque fui obrigado a isso.

Um ano que também plantou as sementes de um conceito que continua a me guiar: a vida é difícil. Merdas acontecem com a gente. A gente faz merdas acontecerem. Para mim, era **inevitável** passar o ano inteiro lá, porque eu tinha feito um acordo com direito a aperto de mão. Eu tinha criado a obrigação de "não voltar atrás". Então comecei a **relativizar**. Neguei a realidade de que os Dooley eram doidos varridos. Mas sim, aquilo *era* uma crise, mas não acreditei nela. Segui em frente aos poucos, com dificuldade, até alcançar a linha de chegada. Persisti. Mantive a integridade do meu pai.

E, enquanto enlouquecia, eu repetia para mim mesmo que estava ali para aprender uma lição, que havia um ponto positivo naquilo tudo, que eu precisava passar pelo inferno para sair dele como uma pessoa melhor, e foi o que aconteceu. Não conseguimos apreciar a luz por completo sem as sombras. Precisamos *perder* o equilíbrio para recuperá-lo. É melhor saltar do que cair. E aqui estou eu.

SINAL VERDE.

P.S.: Rhys, filho dos Dooley, também participou do programa de intercâmbio, indo morar com meus pais enquanto eu vivia com os dele. Como foi a viagem dele?

Meus pais o levaram à NASA, a um parque de diversões na Flórida no verão, onde ele deu festas todos os fins de semana. Tirando vantagem de seu sotaque sem a menor cerimônia, ele pegava a minha picape e saía com uma ex-namorada minha, e me disseram que a semente dele deu frutos nas partes íntimas de duas garotas americanas especialmente impressionadas. Ele deixou o armário de bebidas vazio. Se divertiu pra caralho.

o monstro

O futuro é o monstro,

não o bicho-papão embaixo da cama.

O passado é apenas algo que estamos tentando deixar para trás amanhã.

O monstro é o futuro.

O desconhecido.

As fronteiras ainda não cruzadas.

O desafio ainda não vencido.

O potencial ainda não concretizado.

O dragão ainda não domado.

Uma estrada de mão única, sem retornos,

o futuro, o monstro,

está sempre à nossa espera e

sempre percebe quando nos aproximamos.

Então devemos erguer a cabeça,

olhar nos olhos *dele*,

e observá-lo com atenção.

◐

De volta ao Texas, eu tinha 19 anos, havia passado um ano na Austrália e agora tinha idade para *beber legalmente*. A caminho de casa após passarmos no Walmart para comprar ração de cachorro e papel-toalha, eu e meu pai paramos num salão de bilhar iluminado por luzes neon num centrinho comercial de beira de estrada no sudoeste de Houston.

Tomamos umas cervejas e conheci amigos dele, me limitando a dizer *sim, senhor* e *não, senhor* na maior parte do tempo, mas tive confiança suficiente para fazer comentários sobre as histórias que contavam. Horas depois, resolvemos ir embora e pagamos a conta. Quando saí pela porta, com meu pai atrás de mim, um segurança com braços enormes parou na frente do meu pai e disse:

– Vocês pagaram a conta?

Sem diminuir o ritmo, meu pai disse:

– Claro que sim, meu chapa.

E seguiu andando. Foi então que o homem fez algo que sou capaz de enxergar em câmera lenta até hoje. Numa tentativa de segurá-lo, *ele colocou a mão no peito do meu pai*. Era a mão de outro homem no *meu* pai. Antes de meu pai colocar aquele aspirante a valentão em seu devido lugar, eu mesmo fiz isso.

Quando dei por mim, estava em cima do segurança estatelado numa mesa a uns cinco metros *dentro* do bar. Dei socos violentos de direita até que os gritos eufóricos dos bêbados foram diminuindo e se transformaram em murmúrios. A briga acabou. Já *tinha* acabado, mas não para mim. Então senti me segurarem e me puxarem de cima do segurança. Segui chutando e cuspindo no sujeito caído até escutar uma voz forte e tranquilizadora ao meu ouvido:

– Já chega, filho, já chega.

Aquela noite foi o *meu* rito de passagem. Meu pai me aceitou em sua vida. Foi a noite em que me tornei *seu garoto, um homem* aos seus olhos. A noite em que nos tornamos amigos. A noite da qual falou ao ligar para todos os seus amigos e dizer: "O caçula tem futuro, cara, você devia ter visto como ele deu uma surra num sujeito enorme no bar ontem à noite.

Ele nocauteou o cara… Mas é melhor a gente ficar de olho, porque ele perde a cabeça, fica meio doido."

Dessa noite em diante, comecei a poder ir ao bar com ele, meu irmão Mike e todos os caras que eu tinha passado a vida chamando de *senhor*. Foi uma iniciação primitiva para ter a consideração do meu pai, mas, finalmente, em vez de apenas *escutar* as histórias sobre a noite anterior na manhã seguinte, passei a poder *participar* delas.

SINAL VERDE.

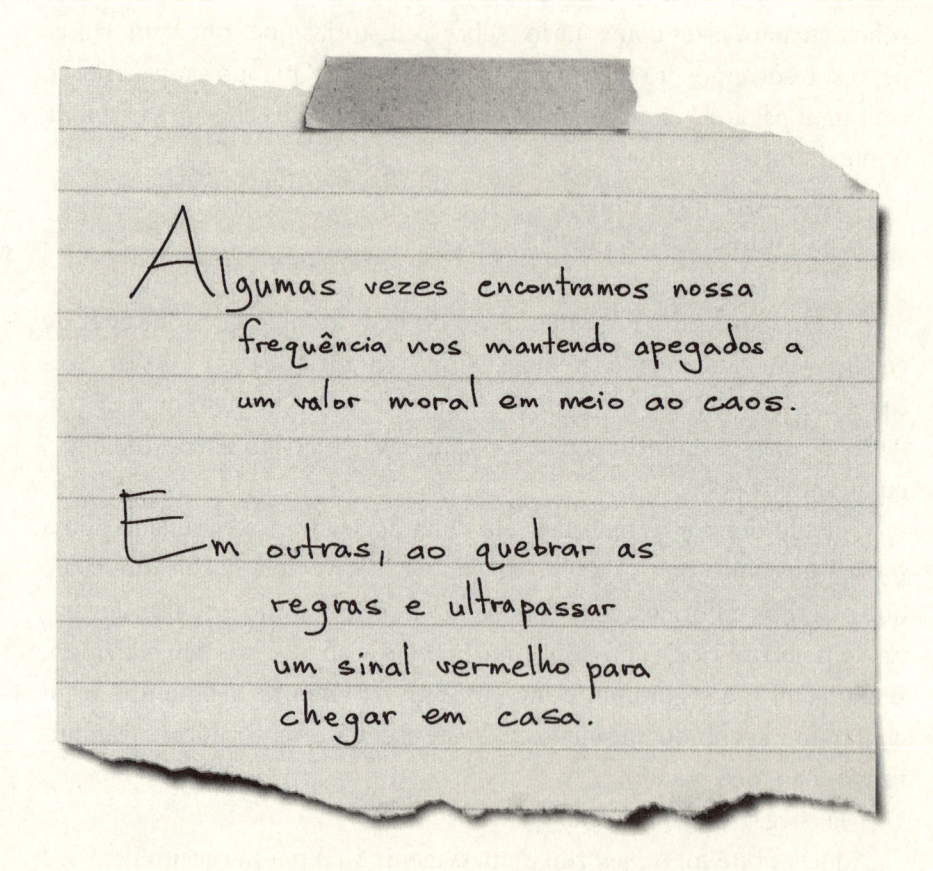

> Algumas vezes encontramos nossa frequência nos mantendo apegados a um valor moral em meio ao caos.
>
> Em outras, ao quebrar as regras e ultrapassar um sinal vermelho para chegar em casa.

A tradução dos textos ao lado está na página 314.

> **"Style is knowing who you are, what you want to say, and not giving a damn."**
>
> **Gore Vidal (1925-   )**

- 5-8-89 -

Isn't that the fuckin truth. To have style you have to have these in this order. You've got to know who you are before you know what you want to say then not give a damn. But knowing who you are is the base that everything else comes from. I've got more style now than ever before but I'm still adding to my style. You know who you are when you become independent enough to believe your own thoughts and become responsible for your actions and you not only "believe" what you want but you <u>live what you believe</u>. LIVE WHAT YOU BELIEVE..." LIVE THE QUESTIONS FIRST, THEN WHAT YOU BELIEVE (slight changes)... THEN YOU HAVE YOUR OWN PERSONAL

STYLE"......

mom.

That was fun to write.

parte três

ESTRADAS DE TERRA
E AUTOESTRADAS

JULHO DE 1989

Ainda na Austrália, eu tinha começado a me candidatar a faculdades. Duke, Grambling, UT Austin e Southern Methodist. Queria estudar direito e virar advogado de defesa. Esse era o plano desde o começo do ensino médio. Eu era ótimo em debates, e a piada mais ou menos séria que corria na minha família era: "O Matthew vai virar nosso advogado, defender os negócios da família, processar uns figurões e ganhar uma grana em cima do óleo de visom."

Minha preferência era a Southern Methodist, principalmente por ficar em uma cidade grande como Dallas, onde eu acreditava que teria mais oportunidades de estágio em escritórios de advocacia, aumentando minha chance de conseguir emprego logo depois da formatura.

Uma noite, meu pai me ligou.

– Filho, você não quer ser um Boi? – (Meu pai sempre chamava as faculdades pelos nomes dos seus mascotes e gostava muito da UT.)

– Não, pai, quero ser um Cavalo. – (O mascote da Southern Methodist.) – Tenho certeza.

Ele resmungou.

– Tem algum problema com isso, pai?

– Ah, não, filho, só pensei que você podia considerar a ideia de ser um Boi.

– Não, senhor, quero ser Cavalo.

– Tudo bem, sem problemas – disse ele, e desligamos.

Uma hora depois meu irmão Pat ligou.

– O que houve? – perguntei.

– Tem certeza de que não quer ser um Boi do Texas, irmãozinho?

– Tenho, irmãozão.

– Sério?

– Sério, e por que você e nosso pai estão insistindo nessa conversa?

– Bom, ele não quer te dizer nada, mas o mercado do petróleo vai de mal a pior. Ele está quebrado, se esforçando para evitar declarar falência. – (O boom do petróleo que fizera nossa família trocar Uvalde por Longview em 1979 havia chegado ao fim, e meu pai vinha tendo dificuldade para pagar as contas nos últimos anos.)

– Sério?

– Sério, e a Southern Methodist vai custar uns 18 mil por ano, por ser particular, enquanto a UT seria apenas 5 mil, porque é pública.

– Ah, merda, não sabia.

– Pois é. Aliás, irmãozinho, você já foi a Austin?

– Não.

– Você vai adorar, cara, é o seu tipo de cidade. Todo mundo anda de chinelo, e você vai se sentar num bar e ver um cowboy à sua direita, uma lésbica à sua esquerda, um indígena no lado oposto e um anão servindo as bebidas. É o tipo de lugar onde você só precisa ser quem é.

No dia seguinte telefonei pro meu pai.

– Mudei de ideia, quero ser um Boi.

– Quer? – perguntou ele, sem esconder a empolgação.

– Sim, senhor.

– Ah, caramba, garoto, que ótima escolha! Por que mudou de ideia?

– Acho que gosto mais de Bois do que de Cavalos.

Por respeito ao meu pai, escolhi a Universidade do Texas em Austin, mas nunca contei a ele o motivo. Eu sabia que ele ficaria feliz com minha decisão. Pouco tempo depois mudaria de ideia de novo, mas, dessa vez, tinha minhas dúvidas sobre a reação dele.

> Quando sabemos o que queremos fazer, saber quando fazer é a parte difícil.
>
> Resolva cedo para não precisar resolver tantas vezes.
>
> Seguro morreu de velho, é melhor prevenir do que remediar.

∞

Eu estava no fim do segundo ano da faculdade, as provas se aproximavam, e eu vinha tendo dificuldades para dormir. Não por causa do colchão, mas da minha cabeça. Eu tinha começado a questionar meus planos de ser advogado. A conta não fechava. Após quatro anos de faculdade, eu teria 23, e então seriam mais três anos de especialização. Ou seja, eu teria 26 ao terminar tudo para só então começar a procurar emprego. Assim, só começaria a deixar minha marca no mundo com quase 30 anos. Eu não queria perder a juventude me preparando para o resto da vida.

Eu também estava começando a escrever contos no meu diário. Mostrei alguns para meu grande amigo Robb Bindler, na época estudante de cinema na Universidade de Nova York, e ele me garantiu que eram originais e mereciam ser divulgados.

– Já pensou em estudar cinema? – perguntou ele. – Você sabe contar histórias.

Cinema? Aquilo parecia um elogio, mas também uma ideia muito estranha, quase europeia, radical, irresponsável, indulgente – "artística" demais. Eu não conseguia nem incorporar essa ideia ao dialeto dos meus sonhos, quanto mais considerá-la uma aspiração racional. Não, aquilo não era para mim.

Horas antes da minha prova final de psicologia, entrei na minha fraternidade, almocei e fui para a casa de amigos terminar de estudar. Os dois estavam dormindo em uma beliche porque tinham passado a noite toda estudando. Me sentei no sofá e abri o livro. Eu era muito estudioso. Aproveitava cada segundo livre para me preparar para as provas e me orgulhava de sempre estar calmo e pronto para qualquer avaliação. Vivia tirando 10.

Só que, naquele dia, por algum motivo, a poucas horas da prova, pensei *Você já sabe tudo, McConaughey*, guardei o livro e as anotações na mochila e liguei a TV. ESPN. Veja bem, eu adoro esportes. Assisto até à competição do Homem Mais Forte do Mundo. Naquele dia, era uma partida de beisebol. Melhor ainda. Após cinco minutos, porém, por algum motivo, perdi o interesse e desliguei a TV.

Olhei ao redor da sala. No chão, à minha esquerda, havia uma pilha de revistas. *Playboys*, *Hustlers*. Veja bem, eu adoro mulheres, e adoro olhar para mulheres nuas. Mas, por algum motivo, não naquele dia. Não estava interessado. Após folhear sete revistas me deparei com um livrinho de capa branca e título em vermelho, com uma bela letra cursiva, que dizia:

O maior vendedor do mundo

Quem será?, pensei, ao tirá-lo da pilha e começar a ler.

Duas horas e meia depois, cheguei ao primeiro "Pergaminho" do livro. Ele tinha acabado de revelar que o título se referia ao leitor, a *mim*, no caso, e agora minhas instruções eram ler cada pergaminho três vezes por dia, por 30 dias, antes de seguir para o próximo. Olhei para o relógio. Minha prova começaria em 20 minutos.

Fui até a beliche e acordei meu amigo.

– Braedon, me empresta este livro? – perguntei.

– Pode ficar com ele pra sempre.

Fui embora com o livro e cheguei a tempo para fazer a prova.

Estava eufórico. Alguma coisa naquele livro, no título, na história, no mistério dos 10 pergaminhos, parecia especial. Era como se *ele* tivesse *me* encontrado.

Fiz a prova correndo. Não estava nem aí para a aula de Psicologia nem para a nota, só queria ler o primeiro pergaminho. Por algum motivo, eu sabia que havia algo mais importante que uma prova de faculdade nas páginas daquele livro.

PERGAMINHO NÚMERO UM
*"Formarei bons hábitos e
me tornarei escravo deles."*

Na hora me ocorreu que seguir mentindo para mim mesmo era um mau hábito. Ser advogado não era para mim. Eu queria contar histórias. Fiquei andando de um lado para o outro no quarto, tentando avaliar qual seria o melhor momento de ligar para meu pai e contar que tinha mudado de ideia e desistido de ser advogado, que queria estudar cinema. Concluí que era melhor ligar às sete e meia, quando ele já teria jantado e estaria relaxando no sofá com seu primeiro drinque, vendo TV com a minha mãe. É, sete e meia seria a hora certa para ligar.

Meu pai havia nos ensinado a trabalhar bem e ir crescendo dentro de uma empresa tradicional. Eu tinha sido preparado para me tornar o advogado da família. Éramos uma família de trabalhadores. Faculdade de cinema? Cacete...

Respirei fundo e, suando frio, liguei às 19h36.

Meu pai atendeu.

– Oi, pai – falei.

– E aí, garoto, tudo bem?

Respirei fundo de novo.

– Bom, eu queria te contar uma coisa.

– Que foi?

Puta merda, lá vai.

– Não quero mais fazer direito, quero estudar cinema.

Silêncio. Um. Dois. Três. Quatro. Cinco segundos.

Então escutei uma voz. Uma voz amável, curiosa.

– É isso que você quer fazer? – perguntou ele.

– Sim, senhor, é isso.

Silêncio. Outros cinco segundos.

– Bom... **Então corre atrás.**

De todas as coisas que meu pai poderia ter dito, de todas as reações que poderia ter tido, *Então corre atrás* eram as últimas palavras que eu esperava ouvir e as melhores que ele poderia ter falado. Ele não só estava me oferecendo apoio e consentimento, como também aprovação e aceitação. Não foi só o que ele disse, mas também a *forma* como disse. Ele não só me deu o privilégio, como a honra, a liberdade e a responsabilidade. Sua postura foi como um combustível formidável para mim, e naquele dia fizemos um pacto. Valeu, pai.

SINAL VERDE.

```
biologia e vamos lá

DNA e trabalho.

Genética e força de vontade.

A vida é uma mistura.

Algumas pessoas têm a genética, mas não
a ética de trabalho ou a resiliência.

Outras se matam de trabalhar, mas nunca
tiveram a habilidade inata.

Outras têm as duas coisas, mas nunca
dependem da primeira.
```

Eu não tinha sequer um curta ou trabalho artístico para enviar como amostra do meu trabalho para entrar na faculdade de cinema, mas tinha médias altíssimas na faculdade de direito. E isso não só garantiu minha matrícula no curso como me colocou no programa de alunos de destaque.

Só que agora eu estava iniciando uma carreira em que minhas notas não faziam diferença, ao contrário do que acontecia no direito. Eu sabia que Hollywood e os artistas não estavam nem aí se eu tirava 0 ou 10, mas precisariam *ver* algo que considerassem digno de atenção. Eu precisava *fazer* alguma coisa – um filme, uma atuação. Eu precisava de um trabalho.

Assinei contrato com a Donna Adams Talent Agency, agência de talentos local, e comecei a fazer estágio numa agência de marketing quatro dias na semana, no intervalo entre as aulas. Eu vivia com um pager na calça e não pensava duas vezes antes de sair da sala de aula para ir a San Antonio ou Dallas fazer testes para clipes musicais ou anúncios de cerveja. Recebi um monte de nãos.

O primeiro trabalho que consegui foi como modelo de mãos. Ao me aceitar como cliente, Donna Adams tinha me dito que eu tinha "mãos bonitas" e que, se "parasse de roer as unhas", teria futuro como modelo de mãos. Ela estava certa. Desde então, nunca mais roí as unhas.

Beleza não põe a mesa, mas abre o apetite, e eu estava determinado a tirar vantagem de qualquer fome que fosse capaz de despertar. Dirigi curtas em preto e branco gravados em câmeras Bolex de 16 milímetros, editei e fui assistente de direção de filmes de outros colegas de turma, fui diretor de fotografia, roteirista e ator. Faltei a muitas aulas indo para San Antonio e Dallas.

Um dia, o reitor me chamou em sua sala.

– Matthew, você precisa frequentar as aulas para se formar, ainda mais estando no programa de alunos de destaque. Você não pode continuar faltando ou saindo no meio das aulas, como anda fazendo. Se isso não mudar, vai ter que repetir o semestre.

– Reitor – falei, olhando no fundo dos olhos dele –, nós dois sabemos que um diploma em Produção Cinematográfica não significa absolutamente nada para os executivos de cinema em Hollywood e Nova York. Não significa nada para as pessoas que trabalham com filmes. Elas querem ver um produto, seja um filme, uma atuação, qualquer coisa. Eu só estou ma-

tando aula pra me expor ao mundo e tentar fazer algo que interesse a essas pessoas. Estou indo atrás das coisas que a sala de aula me ensina a buscar.
– Então tive uma ideia: – Se eu prometer não perder nenhuma prova, o senhor pode me dar a nota mínima para passar?

Ele não respondeu.

Mesmo assim, segui firme na minha proposta. Continuei matando aula para ir aonde meu pager me levasse, mas comparecia às provas tão preparado quanto possível.

No fim do semestre, recebi a nota mínima para passar em todas as matérias em que estava inscrito, mas aprendi muito mais do que aprendia na época em que só tirava 10.

SINAL VERDE.

ACEITO UM POUCO DE BOM SENSO JUNTO COM ESSE CONHECIMENTO

De toda forma, eu era um estranho no ninho. O único aluno do curso de cinema que fazia parte de uma fraternidade. Usava botas. Blusas de botão engomadas e para dentro da calça. Bronzeado. Simpático. Sem neuroses.

Quase todos os outros alunos viviam de preto. Era uma gente pálida, gótica, que se reunia nos cantos.

Um professor nos deu a tarefa de ver filmes todo fim de semana e falar deles para a turma na segunda-feira. Eu sempre ia ao cinema local e assistia ao último grande lançamento. Certa segunda-feira, comecei:

– Ah, eu vi *Duro de matar* no fim de semana e...

– Não, esse filme é uma bosta, cara, é uma bosta, péssimo – interromperam meus colegas de classe antes mesmo de eu terminar a frase.

Todo mundo tinha ido assistir a uma reprise de um filme do Eisenstein.

Comecei a duvidar de mim mesmo. Pensava: *Você tem que fazer essas coisas para ser artista, McConaughey. Precisa ver filmes de arte no cinema de arte, e não os grandes lançamentos no cinema normal. Você não é independente o bastante, precisa ser mais excêntrico, menos simpático.*

Passei a andar com a camisa para fora da calça, mas mesmo assim fui ver o último lançamento no cinema. Na segunda seguinte, comecei a falar do filme a que havia assistido, e, de novo, o restante dos alunos começou a resmungar:

– Cara, isso é uma *merda* produzida por grandes estúdios... por um bando de engravatados vendidos.

Dessa vez, respondi:

– Calma aí. Me explica por que é uma *merda*. Por que é horrível. Do que vocês não gostaram?

Todos ficaram em silêncio, se entreolhando. Por fim, alguém disse:

– Bom... nós não *vimos* o filme. Só *sabemos* que é uma merda.

– Ah, vão se foder! Vão se foder com esse papo de que uma coisa é uma merda só porque é popular!

Depois desse dia parei de me incomodar com o fato de estudar cinema e fazer parte de uma fraternidade ao mesmo tempo.

E voltei a usar a camisa para dentro da calça.

∞

Fascinado com as diferenças entre pessoas e culturas, sempre gostei de procurar e encontrar o denominador comum dos valores que formam a base daquilo que nos distingue. Quando eu e meus colegas de faculdade saíamos para a farra, eles iam para os bares populares cheios de garotas, e eu ia ao Catfish Station, um bar frequentado por pessoas negras abafado que oferecia peixe frito, cerveja e blues. O lugar ficava lotado de gente em pé quando Kyle Turner se apresentava com seu saxofone, ou quando a banda Blue Mist, formada por cegos, subia ao palco. Eu ficava no meu cantinho, perto da geladeira de cervejas, apoiado nela, me servindo, deixando o ar frio secar meu suor. Laron era o gerente. Tammy era a garçonete negra e maravilhosa que parecia uma estrela do

TRIBOS

Queremos amores, amigos, recrutas, soldados e conhecidos que apoiem quem somos.

Pessoas, indivíduos, confiam em si, querem sobreviver, e, pelo menos num nível darwinista, querem mais de si mesmas.

No começo, essa é uma decisão visual.

Onde, o quê, quando e quem... do nosso porquê.

Numa análise mais minuciosa, que é o lado positivo da cultura politicamente correta do mundo atual, aprendemos a avaliar as pessoas pela competência dos valores *delas* que *nós* mais valorizamos.

Com isso, as políticas de gênero e raça e as difamações perdem força diante da importância dos valores que compartilhamos.

Quanto mais viajamos, mais entendemos como nossas necessidades humanas são semelhantes.

Queremos ser amados, ter uma família, uma comunidade, algo a aspirar.

Essas necessidades básicas estão presentes em todas as civilizações socioeconômicas e culturais.

Vi muitos povos nos desertos do norte da África que, com nove filhos e sem eletricidade, tinham mais alegria, amor, honra e risadas do que a maioria das pessoas mais ricas do ponto de vista material que conheci.

Temos a opção de amar, fazer amizade, recrutar, chamar às armas, conhecer e apoiar as pessoas em *quem* acreditamos e, mais importante, as pessoas que acreditamos que acreditam em nós.

Acho que é isso que todo mundo quer. Acreditar e ser acreditado.

Todos precisamos acreditar em nós mesmos primeiro para então acreditar uns nos outros.

Faça isso consigo mesmo, para depois fazer comigo, para *então* fazermos conosco.

As viagens e a humanidade foram meus grandes mestres.

Me ajudaram a compreender o denominador comum dos seres humanos. Os valores.

Interaja consigo mesmo antes de interagir com o mundo.

Os valores viajam.

E, às vezes, basta atravessarmos a rua para ganhar um carimbo no passaporte.

rock e fazia todos os caras ali acharem que tinham uma chance, só para darem mais gorjetas. Nenhum deles tinha chance, inclusive eu, mas dávamos mais gorjetas mesmo assim. Certa noite, perto da hora de fechar, enquanto eu pagava a Laron as seis garrafas de cerveja que tinha bebido, comentei com ele que queria trabalhar ali como garçom. Os trabalhos como modelo de mão eram raros, eu precisava de uma grana extra. Além do mais, eu gostava do blues. Laron riu. Eu sempre era a única pessoa branca dentro do bar.

– É sério, estou precisando de grana e gosto da música daqui – expliquei.

Laron deu outra risada, depois passou um minuto me encarando.

– Beleza, seu filho da mãe maluco – disse ele, pegando uma caneta e escrevendo numa folha de recibo. – Terça-feira, nove da manhã, aparece neste endereço e pede pra falar com o Homer. Ele é o dono. Vou avisar que você vai aparecer.

Compareci na hora marcada. O lugar ficava na mesma rua, mas era uma boate bem grande, ampla. O Catfish Station estava indo bem, e em breve o bar mudaria de endereço para ocupar um espaço maior – aquele. No meio do salão havia um homem negro com bem mais de 150 quilos, usando um uniforme branco de zelador e pingando suor no piso de concreto que limpava com um esfregão. Outro homem negro estava junto do bar, de costas para a entrada, mexendo numa papelada.

– Homer? – chamei alto.

O homem no bar não se mexeu. O outro seguiu esfregando o chão.

– Homer Hill! – chamei um pouco mais alto.

O homem no bar virou a cabeça como se tivesse sido interrompido.

– Sim, sou eu.

– Eu sou o Matthew, o Laron me disse pra vir falar com você. Quero trabalhar como garçom no Catfish Station.

Por cima do ombro, ele disse:

– Ah, verdade. Pega um esfregão e vai limpar o banheiro masculino com o Carl.

Carl começou a levar o esfregão e o balde d'água na direção dos banheiros. Sem se virar para mim, apontou para outro balde e um esfregão apoiado na parede dos fundos.

Não era o que eu estava esperando. Sorri. Homer, não. Então segui para o banheiro masculino e comecei a esfregar o chão como se estivesse tentando roubar o emprego de Carl.

Entre 10 e 15 minutos se passaram. Cabisbaixo, limpando uma cabine, escutei:

– Cara, deixa esse esfregão aí.

Me virei para trás e vi Homer.

– Você quer mesmo trabalhar como garçom?

– Quero, sim.

Homer balançou a cabeça e deu uma risadinha.

– Beleza, aparece no Station quinta às seis da noite. Você vai acompanhar a Tammy para aprender o trabalho.

Na quinta, cheguei ao Catfish Station às 17h45. Eu conhecia a Tammy das muitas noites em que tinha frequentado o bar como cliente, mas, agora que estava lá para aprender, ela não gostou muito da ideia. Tammy era a rainha – atendia todo mundo –, e eu estava invadindo seu território, roubando suas gorjetas. Ainda assim, ao longo das três noites seguintes, ela me ensinou o trabalho. Onde bater ponto, como usar a máquina registradora, como entregar os pedidos para o pessoal da cozinha, como calcular a gorjeta deles no fim da noite, quais mesas seriam minhas, para quais clientes generosos eu não deveria nem olhar.

Na noite da quinta seguinte, comecei a trabalhar de verdade. A clientela era 90% de homens negros e 10% de mulheres negras *com* esses homens negros. Oitenta por cento dos homens negros eram solteiros e, por mais que gostassem de blues, iam lá por causa da Tammy. Eles não gostaram quando descobriram que seriam atendidos por um jovem branco, e suas gorjetas deixaram isso bem claro. No fim da primeira noite, ganhei 32 dólares. Tammy ganhou 98.

Passei os dois anos seguintes trabalhando no Catfish Station de quinta a sábado. Muitos daqueles homens negros se tornaram meus amigos e até passaram a *escolher* se sentar na área que eu atendia. Muitos, mas não a maioria. Tammy e eu nos tornamos muito próximos, mas, como qualquer outro homem heterossexual no Station, ela nunca me deixou lhe dar nem sequer um beijo na bochecha. Nunca deixei de tentar. E também nunca consegui vencê-la nas gorjetas.

Eu e Homer continuamos amigos ao longo dos anos. Fomos assistir a um jogo dos Bois na temporada passada.

<u>SINAL VERDE.</u>

```
Não estamos aqui para tolerar diferenças,
estamos aqui para aceitá-las.
Não estamos aqui para celebrar semelhanças,
estamos aqui para comemorar distinções.
Não nascemos sob circunstâncias iguais
nem com habilidades iguais,
mas devemos ter oportunidades iguais.
Como indivíduos,
nos unimos em nossos valores.
Celebre isso.
```

O emprego no Catfish Station me rendia uma grana extra, mas não a ponto de eu recusar bebidas de graça. Uma noite, levei minha namorada, Tonia, ao bar no topo do Hyatt em que meu colega de turma Sam trabalhava, daí as bebidas de graça.

– Duas vodcas-tônicas, Sam.

Ele trouxe as bebidas e disse:

– Tem um cara no canto do bar que está na cidade produzindo um filme. Ele tem vindo aqui toda noite. Vou te apresentar.

Foi quando conheci o lendário Don Phillips.

Dei a ele boas-vindas a Austin. Éramos golfistas e tínhamos jogado nos mesmos campos. Ele também gostava de vodca-tônica, e muito.

Horas depois, Don estava de pé numa cadeira, contando uma de suas famosas histórias escandalosas, enquanto a gerência tentava acalmá-lo, sem sucesso. Quando ficou óbvio que Don não tinha interesse *algum* em se acalmar, tentaram expulsá-lo do bar.

Bebendo no mesmo ritmo, eu também não queria que Don se acalmasse, então acabamos sendo escoltados para fora do Hyatt de um jeito nada tranquilo. Já passavam das duas da manhã quando pegamos um táxi para o meu apartamento, e eu estava enrolando um baseado quando ele perguntou:

– Você já trabalhou como ator, Matthew?

Contei que tinha participado de um comercial da cerveja Miller Lite por um segundo e meio, e também do clipe de uma música da Trisha Yearwood.

– Bom, estou montando o elenco de um filme, e tem um papel pequeno que seria perfeito pra você. Aparece neste endereço amanhã, às nove e meia, pra pegar o roteiro, que eu peço para marcarem as três cenas com você.

O taxista me deixou no meu prédio, e me despedi de Don.

Na manhã seguinte, às nove e meia (na verdade, na mesma manhã, seis horas mais tarde), cheguei ao endereço, e havia um roteiro me esperando com um bilhete escrito por ele: "O roteiro é este, e o nome do personagem é Wooderson. Seu teste é daqui a duas semanas."

Com o passar dos anos passei a chamar as falas de um roteiro que poderiam me fazer decolar de "falas plataforma". O roteiro era do filme *Jovens, loucos e rebeldes*. Minha fala plataforma foi:

> ```
> "É isso que eu adoro nas garotas de
>    escola, cara. Eu envelheço, mas elas
>         continuam da mesma idade."
> ```

Wooderson tinha 22 anos, mas seguia andando com alunos do ensino médio. Essa fala abriu para mim o mundo do personagem, mostrou quem ele era, serviu como uma enciclopédia sobre sua mente e seu espírito. Pensei no meu irmão Pat quando ele estava no último ano do ensino médio e eu tinha 11 anos. Ele era mais velho, era meu herói. Um dia, o Z28 dele estava na oficina, então eu e minha mãe fomos buscá-lo na escola.

Percorrendo lentamente o campus na nossa perua modelo 1977 com painéis de madeira, minha mãe dirigia e eu olhava pela janela do banco traseiro procurando meu irmão. Pat não estava no lugar combinado.

– Cadê ele? – perguntou minha mãe.

Eu olhava de um lado para outro, à procura dele, até que em dado momento o vi a uns 100 metros de nós, apoiado numa parede de tijolos, à sombra na área de fumantes da escola, com um joelho dobrado, a sola da bota apoiada na fachada do prédio, tragando um Marlboro, mais descolado que o James Dean e meio metro mais alto.

– Olh…!! – comecei a berrar, mas me segurei porque me dei conta de que minha mãe não gostaria nada, nada de vê-lo fumando.

– Que foi? – perguntou ela.

– Nada, mãe, nada.

Aquela imagem do meu irmão mais velho, apoiado *naquela* parede, fumando casualmente *aquele* cigarro numa postura descontraída, vista através do olhar romântico do irmão caçula de 11 anos, foi o suprassumo do que é ser cool. Ele parecia ter três metros de altura. Essa imagem deixou uma marca no meu coração e na minha mente.

E, 11 anos depois, Wooderson nasceu *dessa* marca.

```
                                           cool
                    ser cool é uma lei natural.
                  se algo foi cool LÁ atrás,
              então vai ser cool TODAS as vezes.
             modas são só galhos da árvore do que
                              é ser cool,
          um modinha de 15 minutos que nunca perdura,
                        por mais que tente.
                       ser cool é atemporal.
                     porque o cool não tenta.
                     o cool simplesmente é.
```

Eu tinha 10 dias para me preparar para o teste e já conhecia Wooderson, *meu camarada*. Mas, levando em conta que aquilo tecnicamente seria uma entrevista de emprego, fiz a barba e usei minha melhor camisa de botão de manga comprida para dentro da calça. Quando cheguei lá e conheci o diretor, Richard Linklater, ele logo disse:

– Você não é esse cara de verdade, né?

– Não – respondi –, mas sei quem ele é.

Então me recostei na parede, semicerrei os olhos, segurei meu cigarro entre os dedos e mostrei meu Wooderson.

Consegui o papel.

Ele me disse para não fazer a barba.

A produção já estava rolando. Pouco tempo depois fui chamado para fazer um teste de "maquiagem e figurino", o que significava ir ao trailer de maquiagem e cabelo que já estava montado para os atores no set, provar meu figurino, então esperar o Rick aparecer num intervalo das gravações para aprovar ou fazer sugestões sobre meu visual.

Naquela noite eles estavam gravando a cena no drive-thru da hamburgueria Top Notch. Eu me lembro de sair do trailer de maquiagem com o figurino completo e pisar na calçada da Burnet Road, na zona norte de Austin, a uns 30 metros do set. Rick se aproximou, abriu um sorrisão, me analisando. Então abriu os braços daquele seu jeito amigável e me olhou de cima a baixo.

– A calça rosa-claro... a camisa com estampa de Ted Nugent... o penteado... o bigode... Isso no seu braço é a tatuagem de uma pantera negra?

– É, cara, o que achou?

– Curti. Achei ótimo, esse é o Wooderson.

Vale lembrar que eu não estava lá para atuar naquela noite. Wooderson não participava de nenhuma das cenas sendo gravadas. Eu só tinha ido para o Rick aprovar meu cabelo, maquiagem e figurino. Mas ali ele teve uma ideia, e começamos algo que até hoje fazemos: jogamos um "pingue-pongue verbal".

– Eu sei que o Wooderson provavelmente sai com as garotas tipicamente "gatas" da escola – disse ele –, líderes de torcida, dançarinas, meninas assim. Mas você acha que ele se interessaria pela ruiva CDF?

– Claro, cara, o Wooderson gosta de todas as garotas.

– É, né? Então: a Marissa Ribisi está interpretando a Cynthia, a ruiva CDF, e está ali no drive-thru com os amigos nerds no carro. Você acha que o Wooderson tentaria dar em cima dela?

– Me dá meia hora.

Fui dar uma volta sozinho.

Quem é o meu camarada?, perguntei para mim mesmo. *O que está acontecendo hoje à noite, nesta cena?*

É o último dia de escola, todo mundo quer se divertir. Eu teria alguma noção de espanhol.

Quando dei por mim, eu estava no meu carro (bom, no carro do Wooderson) no set, com o microfone preso.

– Então, quando eu gritar "ação", você chega de carro como o Wooderson faria e dá em cima dela – orientou Rick.

– Beleza, entendi.

Veja bem, não havia falas no roteiro, e aquela era minha primeira vez num set de filmagem. Eu nunca tinha feito aquilo. Ansioso, comecei a repassar *quem era aquele cara* na minha cabeça.

Quem é o meu camarada? Quem é o Wooderson? Do que eu gosto?

Adoro meu carro.

Bom, estou no meu Chevelle modelo 1970. Já resolvi uma coisa.

Adoro ficar doidão.

Bom, o Slater está no banco do passageiro, e ele sempre tem um baseado. Já resolvi a segunda coisa.

Adoro rock.

Bom, "Stranglehold", do Nugent, está no toca-fitas. Já resolvi a terceira coisa.

E foi então que escutei:

– Ação!

Olhei para o outro lado do estacionamento, para "Cynthia", a ruiva CDF, e falei para mim mesmo: *E adoro garotas.*

Enquanto eu ligava o carro e me aproximava devagar, pensei *Bom, resolvi três de quatro coisas, e estou indo cuidar da quarta*, então falei em voz alta:

```
beleza,
beleza,
beleza
```

Essas três palavras, essas três afirmações daquilo que *eu*, Wooderson, *tinha*, foram as três primeiras palavras que eu falei num filme. Um filme em que meu personagem só participava de três cenas no roteiro, um filme no qual acabei trabalhando por três semanas.

Hoje, 23 anos depois, essas palavras me seguem por todo canto. As pessoas as repetem, as roubam, as exibem em bonés e camisas, as tatuam nos braços e na parte interna das coxas. E eu adoro isso. É uma honra. Porque essas três palavras foram as primeiras que eu disse na primeiríssima noite de um trabalho que achei que seria apenas um hobby, mas que se transformou em uma carreira.

SINAL VERDE.

```
umatrásdooutro

Qualquer sucesso precisa ser um atrás
do outro.

Faça uma coisa bem, depois outra.

Uma vez, depois de novo.

Sem parar, até o fim,

e então será umatrásdooutro de novo.
```

∞

Cinco dias depois do começo das gravações, minha mãe me ligou por volta das sete da noite. Eu estava na cozinha.

– Seu pai morreu.

Meus joelhos fraquejaram. Eu não conseguia acreditar. Meu pai era o abominável homem das neves, uma força inabalável, um urso, com o sistema imunológico de um viking e a força de um touro. Impossível. Ele era meu pai. Nada nem ninguém poderia matá-lo.

Tirando a minha mãe.

Ele sempre dizia para mim e meus irmãos: "Garotos, quando eu partir, vou estar fazendo amor com sua mãe."

E foi o que aconteceu.

Ele havia acordado às seis e meia daquela manhã, todo se querendo, e fez amor com a mulher de quem tinha se divorciado duas vezes e com quem tinha se casado três. Sua esposa, *Kay*, minha mãe.

Quando chegou ao clímax, teve um infarto fulminante.

Pois é, bem que ele tinha falado.

Dias de prosperidade

Dias de prosperidade
nos fazem esquecer da
adversidade.

Bons momentos parecem
inalcançáveis durante
fases difíceis.

Ambos podem parecer um
destino final,

o somatório de nossos
dias.

Então o piadista
cósmico aparece pra
brincar,

E as condições de ontem
já não têm lugar.

Tudo vírgulas, nenhum
ponto-final, só pausas,
nunca permanências.

Os prazeres são alugados
- e a dor também.

⚭

Naquela noite entrei no carro e fui até Houston. Dois dias depois, fizemos um velório à irlandesa, no qual centenas de amigos se reuniram e contaram histórias sobre meu pai, tal como ele havia nos instruído sempre que falava sobre sua morte.

Assim como acontece com tanta gente, perder meu pai foi o meu rito de passagem mais marcante para a vida adulta. Eu perdi minha rede de segurança. Não havia mais ninguém acima da lei e do governo cuidando de mim. Estava na hora de eu crescer. De me despedir do garoto que tinha sido, construindo uma casa na árvore no meio da madrugada.

A ficha caiu. Entalhei as seguintes palavras em uma árvore:

> menos impressionado,
> mais envolvido.

homem suficiente

homem suficiente
homem suficiente pra admitir que estou com medo
homem suficiente pra saber disso
só homem suficiente

homem suficiente pra ser homem
homem suficiente pra agir como homem
homem suficiente pra ser eu mesmo
só homem suficiente

homem suficiente pra sentir amor
homem suficiente pra conhecer o amor
homem suficiente pra amar
só homem suficiente

homem suficiente pra querer estar lá
homem suficiente pra ir embora
homem suficiente pra estar num engarrafamento e saber que preciso pegar a estrada e viajar
só homem suficiente

homem suficiente pra ficar bêbado e sóbrio
homem suficiente pra ficar sóbrio e bêbado

homem suficiente pra sair do transe e entrar no sonho
só homem suficiente
homem suficiente pra liderar
homem suficiente pra seguir
homem suficiente pra me deitar ao lado de alguém
homem suficiente pra dormir sozinho
só homem suficiente

homem suficiente pra morrer pela vida
homem suficiente pra viver pela morte
só homem suficiente

homem suficiente pra ter heróis
homem suficiente pra me tornar meu próprio herói
só homem suficiente

homem suficiente pra não saber
homem suficiente pra descobrir
só homem suficiente

homem suficiente pra se desculpar
homem suficiente pra entender
só homem suficiente

Quanto mais cedo nos tornamos *menos impressionados* com a vida, as conquistas, a carreira, os relacionamentos, as perspectivas – quanto mais rápido nos tornamos menos impressionados e *mais envolvidos* com essas coisas –, mais rápido nos tornamos melhores nesses aspectos. Precisamos nos sentir mais do que apenas contentes por estar aqui.

Todas as coisas mortais que eu tinha *venerado* na vida, que eu *admirava*, de repente desceram do pedestal e ficaram *do meu nível*. Todas as coisas mortais que eu ignorava, desdenhava, de repente subiram e ficaram *do meu nível*.

Agora, o mundo estava diante de mim, olhando *no fundo* dos meus olhos.

Era hora de devolver *qualquer* carro esportivo vermelho que ainda tivesse.

Era hora de parar de sonhar e pôr os pés no chão.

Era hora de cuidar da minha mãe.

Era hora de cuidar de mim mesmo.

Era hora de me livrar das fantasias infantis.

Era hora de ser corajoso de verdade.

Era hora de virar homem.

⬭

Embora a equipe de produção tenha me liberado para ficar fora pelo tempo de que precisasse, minha família insistiu para eu voltar a Austin e terminar o trabalho que tinha começado. Quatro dias depois do velório, voltei de carro e cheguei ao set à noite.

Na mesma noite gravaríamos uma das últimas cenas do filme no campo de futebol americano. Mais uma vez, eu não tinha falas, mas Linklater queria que eu participasse. Caminhando ao redor do estádio ao pôr do sol antes do começo das gravações, eu e Rick conversamos sobre a vida, as perdas e *o sentido de tudo*.

– Acho que o sentido é viver, cara – falei. – Meu pai não está mais aqui em corpo, mas o espírito dele vai continuar vivo dentro de mim enquanto eu o mantiver vivo. Ainda posso conversar com meu pai, me esforçar para viver de acordo com os ensinamentos dele e mantê-lo vivo para sempre.

Imortalizei essa ideia na mesma noite, numa cena em que Randall "Pink" Floyd está tentando decidir se assina ou não o acordo de não usar drogas para seguir no time de futebol americano.

"Você precisa fazer o que o Randall 'Pink' Floyd quiser fazer, cara,

e vou te contar uma coisa, quanto mais velho você fica,

mais regras eles vão tentaaaar te convencer a seguir,

mas você só precisa continuar vivendo, cara, v-i-v-e-n-d-o."

continue* vivendo

2 de agosto de 1992**

As três semanas em que interpretei Wooderson em *Jovens, loucos e rebeldes* foram difíceis por causa da perda, mas incríveis por tudo que ganhei. No ano anterior, meu pai tinha me dado aprovação para ir atrás do que queria. Ele não *testemunharia* isso, mas *chegou a me ver* começar algo que eu levaria até o fim, um hobby que se tornaria uma carreira. De certa maneira, eu sentia que havia uma lógica casual e feliz ao pensar que o fim da vida do meu pai coincidiu com um novo começo na minha, nas telas e fora delas.

As três semanas de experiência no set de *Jovens, loucos e rebeldes* me tornaram um diretor muito mais competente quando voltei à faculdade para meu último ano. Dirigi um documentário sobre a cultura *lowrider* de

---

* continue vivendo é a tradução de just keep livin, nome da instituição fundada por Matthew e sua esposa, Camila. A expressão sempre aparece em minúscula, pois, segundo o autor, viver não é um nome próprio, e sim um verbo. (N.E.)
** A última foto tirada do meu pai. Ele está em Navarre Beach, Flórida, no lugar onde sonhava ter sua barraca de gumbo se e quando "ganhasse uma bolada" e se aposentasse.

carros rebaixados no sul dos Estados Unidos chamado *Chicano Chariots* [Carruagens mexicanas] que me deixou muito orgulhoso. Aceitei todos os trabalhos de atuação que me ofereceram, estrelando um episódio de *Mistérios sem solução* e outro clipe musical. Eu estava pronto para me formar e transformar "eu queria muito" em "eu quero e eu vou".

> se você não está no time titular
> mas acha que deveria estar,
> não permita que ninguém tenha voz
> nessa decisão.
> jogue tão bem que seja incontestável.

∞

Meu plano era, no dia seguinte à formatura, pegar o carro e ir direto a Hollywood, para ficar dormindo no sofá de Don Phillips até conseguir trabalho como ator ou produtor de algum filme. A gerente de produção de *Jovens*, Alma Kuttruff, tinha me prometido um trabalho de assistente de produção no filme dos irmãos Coen, *Na roda da fortuna*, que começaria a ser gravado em alguns meses.

Mas, primeiro, consegui um bico de um dia numa produção local em Austin, *O massacre da serra elétrica: o retorno*. Eu seria o "Romeu", e Renée Zellweger, a "Julieta". Meu papel era de um motoqueiro que usava roupa de couro preto e óculos escuros e misteriosamente passava pela escola dela no começo do filme, então voltava no final, após ela sobreviver a uma noite infernal. Ele a colocava na garupa e a levava para um final feliz. Acho que eu nem tinha falas.

Dois dias antes das filmagens no sábado, tive uma reunião com o diretor, Kim Henkel, que perguntou se eu conhecia algum ator que fosse bom para o papel de Vilmer, o assassino com perna mecânica que dirige um reboque. Passei o nome de dois atores que conhecia da Donna Adams Talent Agency.

Com um contêiner de mudança lotado preso à traseira da minha picape, que eu tinha batizado de "Longview do Surfe", passei na casinha que servia de escritório da produção para buscar o roteiro das duas cenas que gravaria no fim de semana. Na segunda-feira, seria hora de seguir para o oeste atrás dos meus sonhos em Hollywood.

Segurando as folhas com as duas cenas, saí da casa e segui pelo caminho de asfalto que atravessava o gramado até a calçada onde havia estacionado. Destranquei a picape, abri a porta do motorista e comecei a me sentar no banco quando um pensamento me ocorreu: *Por que não faço o teste para o papel de Vilmer?*

Antes de fechar a picape, voltei e entrei na casa sem bater à porta.

– Oi, Matthew, esqueceu alguma coisa? – perguntou Kim.

– Esqueci, sim. Quero fazer o teste pro papel de Vilmer.

Nitidamente surpreso, Kim disse:

– Ah, tudo bem, ótima ideia, quando quer tentar?

– Agora mesmo – respondi, sem pensar.

– Bem, não temos nenhuma atriz aqui. Somos só eu, você e a Michelle.

Olhei para Michelle, a secretária sentada à escrivaninha.

– Eu topo – disse ela.

– Tem problema se eu tentar te assustar pra cacete? – perguntei.

– Não, tranquilo, fica à vontade – disse ela, corajosa.

Fui até a cozinha e peguei uma colherona, voltei em silêncio para a sala *como* Vilmer, e, mancando por causa da perna mecânica, empurrei a mesa de Michelle para fora do caminho, a encurralei num canto e a fiz chorar de medo.

– O papel é seu, se quiser – disse Kim.

– É, foi ótimo, *muito* assustador – concordou Michelle.

Eu me arrisquei e consegui o papel. As gravações durariam quatro semanas.

Com todos os meus pertences já encaixotados e sem poder voltar para o apartamento que alugava, liguei para um amigo que tinha um sofá sobrando. Minha viagem para a Costa Oeste teria que esperar mais um mês, porque eu tinha conseguido meu segundo papel num filme. Eu interpretaria Vilmer, um assassino que dirigia um reboque e tinha uma perna mecânica, mas havia perdido o controle remoto para operá-la.

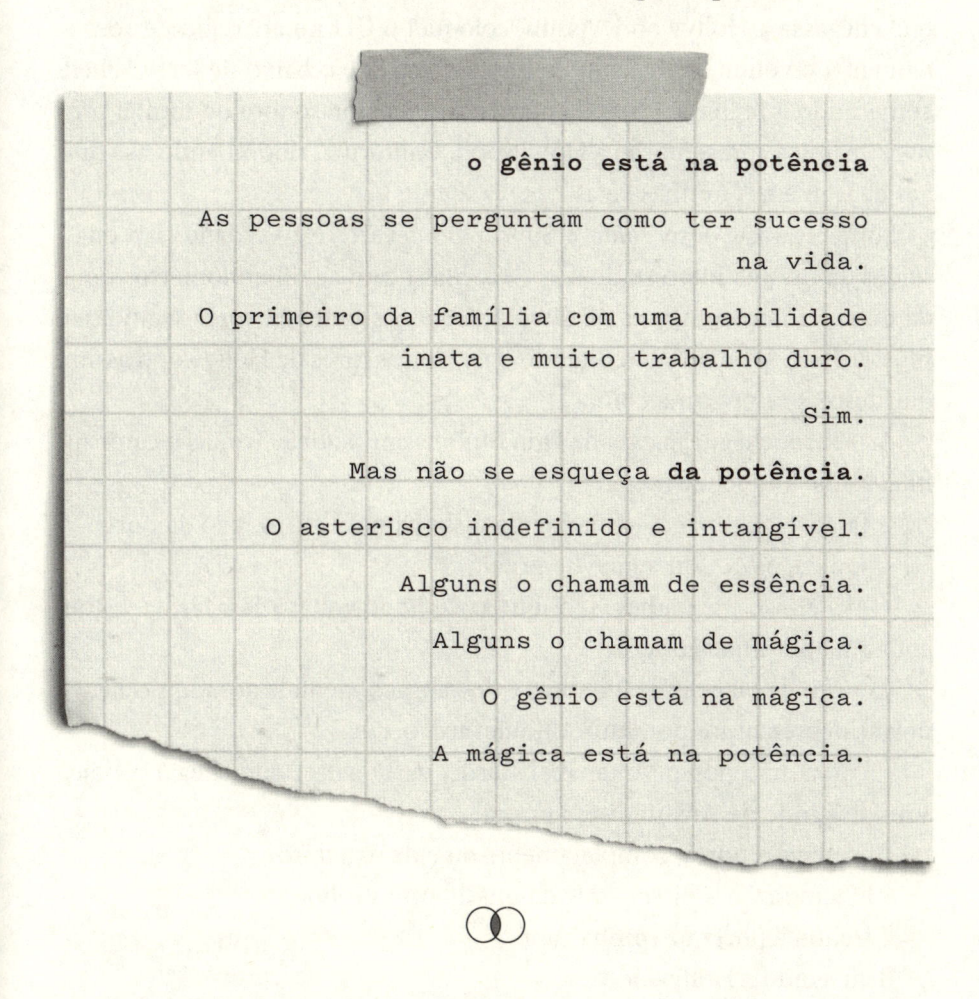

> **o gênio está na potência**
>
> As pessoas se perguntam como ter sucesso na vida.
>
> O primeiro da família com uma habilidade inata e muito trabalho duro.
>
> Sim.
>
> Mas não se esqueça **da potência.**
>
> O asterisco indefinido e intangível.
>
> Alguns o chamam de essência.
>
> Alguns o chamam de mágica.
>
> O gênio está na mágica.
>
> A mágica está na potência.

∞

Quatro semanas e quatro mil pratas depois, eu, Longview do Surfe e minhas caixas de mudança metemos o pé na estrada para começar a viagem de 24 horas até Hollywood.

Com a adrenalina a mil pela ansiedade da chegada, dirigi 20 horas seguidas até chegar a Indio, Califórnia. Foi então que vi a placa para uma saída que dizia Sunset Dr. Era isso mesmo? Não era Boulevard? *Que diferença faz? Essa só pode ser a saída para a grande e lendária* Sunset Boulevard. Eram oito da noite.

Caramba, cheguei rápido, pensei, pisando no acelerador.

Ainda em Austin, eu tinha feito planos de colocar para tocar o CD que estava no banco do carona, *L.A. Woman*, do The Doors, no momento em que chegasse a Hollywood. Assim, coloquei o CD no aparelho de som e aumentei o volume, o teclado de Ray Manzarek e o baixo de Jerry Scheff começando a preparar minha entrada. Era a trilha sonora da minha primeira e única apresentação a Hollywood, Califórnia, ribombando nas caixas de som e nas minhas veias.

Só que Sunset Drive *não* é Sunset Boulevard. Na verdade, são duas saídas da mesma interestadual, a I-10, mas ficam a 260 quilômetros uma da outra. Como eu não sabia disso na época, escutei 22 vezes seguidas a música "L.A. Woman", acreditando que veria as luzes de Hollywood assim que descesse a próxima colina.

Às 22h36, cheguei à casa de Don Phillips em Malibu. Toquei a campainha. Nada. Toquei de novo.

– Tá, tá, tá, quem é?! – finalmente disse Don do outro lado da porta.

– Sou eu, o McConaughey! – gritei.

– Ah, é! McConaughey, será que você pode voltar mais tarde? Estou com uma putinha agora.

Exausto da viagem de 24 horas e do cansaço mental causado pela empolgação prematura por Sunset Boulevard, berrei:

– Porra, não posso voltar mais tarde, eu te avisei que chegaria hoje. Vim dirigindo de Austin direto pra cá!

Don abriu a porta, completamente nu e de pau duro.

– É, tem razão – disse. – Me dá uns 20 minutinhos.

E fechou a porta na minha cara.

Bem-vindo a Hollywood.

SINAL VERDE.

◯◯

A vida na casa de Don era boa, e o sofá era confortável. Toda noite, ele preparava filé-mignon para nós, seguido por uma bola de sorvete de baunilha da Häagen-Dazs com uma geleia de morango que ele sempre anunciava, em seu melhor sotaque francês, como *"pi-èce de ré-sis-tance!"*.

E sempre havia uma garrafa de vodca Stolichnaya gelando no congelador. Mesmo assim, eu precisava de trabalho.

Fui informado de que a produção de *Na roda da fortuna* havia sido adiada para uma data indeterminada no mesmo ano, então o trabalho de assistente de produção com que eu contava foi por água abaixo. Comecei a ficar ansioso. Estava pronto para trabalhar, arrumar um agente, ler um roteiro, fazer qualquer teste ou, se necessário, conseguir outro trabalho como assistente de produção. Mas nada disso estava acontecendo, e Don era meu único contato na cidade.

Certa noite, enquanto comíamos um filé, falei como quem não queria nada:

– Don, será que você consegue me arrumar uma reunião com um agente, cara? Estou com pouca grana e *preciso* de trabalho.

```
HOLLYWOOD.

Você tem que querê-la, nunca precisar dela.

Se fizer isso terá uma chance, se não fizer,
não terá.

Sempre para alugar, nunca para comprar,
sempre cobiçada, a constante incógnita.

O búfalo branco inalcançável que desafia a
divindade a cada aparição ao luar.

Ela existe mesmo?

A resposta é o que precisamos, a pergunta é
o que queremos.

Você tem que querê-la, nunca precisar dela.

Assim talvez ela se entregue.
```

Don se irritou.

– Não começa com esse papinho de merda! Esta cidade sente *cheiro* de carência. Você vai se ferrar antes mesmo de começar, está me ouvindo??? Você *precisa* ser descolado. *Precisa* sair daqui! Sai desta cidade de merda, vai pra Europa, pra qualquer buraco, e só volta quando estiver pronto pra não *precisar* de nada! Aí a gente pode conversar sobre te arrumar um agente. Ouviu?

Ele estava falando sério, eu sabia e entendia o motivo. Não precisou repetir.

∞

Eu, Cole Hauser e Rory Cochrane tínhamos ficado amigos durante as gravações de *Jovens, loucos e rebeldes*, e, como eu tinha um tempo livre, nos juntamos e decidimos ir para a Europa, alugar umas motos e passar um mês viajando. Arrumamos as malas, juntamos uns trocados, compramos passagens de ida e volta para Amsterdã e partimos.

Quando chegamos, alugamos um carro e fomos para o sul, onde encontramos uma loja de motos de primeira linha em Rosenheim, na Alemanha. Usando camisetas e jeans surrados, compartilhamos nossos planos de viajar pela Europa de moto com o dono da loja, Johan.

– Vamos encontrar as melhores motos pra essa aventura – disse ele.

Cole escolheu uma Kawasaki 1000 enorme. Rory, uma Ducati Monster M900. Eu, a BMW 450 Enduro,* todas novinhas, zero bala. Perfeitas. Johan fez as contas e nos cobrou mais de 12 mil dólares.

– Não temos grana pra passar um mês com elas – falei.

– Bom, quanto vocês *têm*? – perguntou ele.

– O suficiente pra três dias – respondeu Rory.

Johan suspirou e nos encarou. Sua esposa, uma mulher de axilas cabeludas, estava parada no fundo da loja, descontente com o suspiro *e* o olhar do marido.

---

* Acaba que a Enduro 450 não é o veículo ideal para viajar por autoestradas na Europa. Se a sua moto só faz 170 por hora, você vai ser jogado para fora da estrada pelos caminhões e sedans com V12 que chegam a quase 300.

– Quando eu era jovem e tinha a idade de vocês, viajei de moto pela Europa com meus amigos. Abri esta loja pra pessoas como vocês poderem ter a mesma experiência. Vocês *precisam* levar essas motos. Precisam *andar* nelas – disse Johan, convicto.

– Mas não temos dinheiro, só podemos pagar 400 dólares por cada uma.

– Não confia neles – disse a esposa do sovaco cabeludo. – Vai que eles nunca mais voltam com elas.

– A gente vai voltar, sim – falei. – Podem ficar com as nossas passagens de avião de volta para os Estados Unidos como garantia, se quiserem.

A esposa dele sabia o rumo que aquela negociação estava tomando e não estava gostando nem um pouco. Balançou a cabeça, enfática.

– Se vocês me pagarem 400 por cada uma, o total vai sair 1.200. Vamos combinar esse valor mesmo, e vocês podem ir se divertir com as motos – concordou ele. – Não quero suas passagens como garantia. Podem ir, passeiem, se divirtam, tenham uma aventura e me contem suas histórias quando voltarem.

Não dava para acreditar na nossa sorte. Sorríamos um para o outro. Johan deu um abraço apertado em cada um de nós e disse:

– Diviiiirtam-se.

Começamos a empurrar nossas novas motos para fora da loja.

– Calma aí – interrompeu a sovaco cabeludo. – Eu fico com as passagens.

Entregamos as passagens e saímos com as motos. Johan nos observava orgulhoso e sereno enquanto a sovaco cabeludo reclamava em seu ouvido.

Cruzamos a Alemanha, a Áustria, os Alpes suíços, a Itália. Era um esplendor geográfico, e o testemunhamos da melhor maneira possível. Com uns 11 dias de viagem, estávamos chegando à cidade litorânea de Sestri Levante, na Itália, quando Rory virou a Ducati na saída de uma autoestrada a 200 por hora. De algum jeito, ele conseguiu escapar com apenas alguns cortes, hematomas, uma noite no hospital e uma calça de couro rasgada. Mas foi perda total na Ducati Monster M900 novinha em folha.

Rory ligou para Johan no dia seguinte para dar a notícia.

– Bati com a Ducati, Johan. Perda total.

– Calma aí, Rory, você bateu? – perguntou Johan. – Você está bem?

– Estou, mas foi perda total na moto. Sinto muito, cara.

– Se você está bem, não me importo com a moto.

– Estou.

– Beleza, e onde está a moto?

– Num campo logo depois da saída 74, em Sestri Levante.

– Beleza, um caminhão vai agora mesmo buscar a moto aí. Deve chegar amanhã à tarde. Se encontra com ele no local. Que bom que você está bem.

No dia seguinte, por volta das três da tarde, estávamos esperando no campo, ao lado da Ducati destruída, quando um caminhão de carga apareceu com Johan ao volante. Ele nos cumprimentou com carinho, deu uma olhada na Ducati destruída, então abriu a traseira do caminhão.

Antes de eu, Rory e Cole colocarmos a moto detonada no caminhão, Johan tirou *outra* Ducati Monster M900 novinha de dentro dela.

– Que bom que você está bem – disse. – Continuem a viagem.

Foi o que fizemos.

Milhares de quilômetros e três semanas depois, retornamos à loja de Johan em Rosenheim com as motos, agora não mais novinhas, porém inteiras.

Johan nos cumprimentou no estacionamento com abraços apertados.

– Entrem pra tomar um café e me contar suas aventuras – disse, sorrindo.

– Foi épico! – falei. – Aceleramos nas autoestradas, bebemos água dos rios austríacos, cruzamos os Alpes suíços, jantamos no esconderijo do Mussolini, caímos na farra em Rimini até o sol nascer.

– Obrigado, Johan, foi a melhor viagem que já fizemos – disse Cole.

Após algumas horas contando histórias, nosso carro alugado foi entregue no local. Hora de voltarmos a Amsterdã para pegar o voo para casa no dia seguinte. A esposa de Johan nos devolveu as passagens, emburrada.

Johan de Rosenheim. Que sujeito íntegro e incrível.

Eu tinha passado o mês inteiro sem pensar em arrumar agente ou trabalho. Voltei para Malibu com amigos para a vida toda e novas histórias incríveis para contar.

SINAL VERDE.

estradas de terra e autoestradas

A estrada menos percorrida pode não ser de terra batida; para algumas pessoas, pode ser a *autoestrada*.

Robert Frost tinha razão: seguir pela estrada menos percorrida pode fazer toda a diferença.

Mas não necessariamente essa estrada é a mais vazia.

Ela pode ser a estrada que nós, pessoalmente, percorremos menos.

O introvertido pode precisar sair de casa, interagir com o mundo, estar em público.

O extrovertido pode precisar ficar em casa e ler um livro.

Às vezes precisamos *sair*, às vezes precisamos *entrar*.

Há dias em que a estrada menos percorrida é um caminho de terra isolado.

E em outros é um metrô lotado.

parte quatro

A ARTE DE CORRER MORRO ABAIXO

JANEIRO DE 1994

Don adorou saber que eu tinha feito uma viagem de moto pela Europa com "seus garotos!", os três escolhidos por *ele* para o elenco de *Jovens, loucos e rebeldes*. Quando voltei para o sofá de sua casa, não dei um pio sobre reuniões com agentes. Nem pensei no assunto. Não *precisei*.

Certa noite, tomando Häagen-Dazs de baunilha com geleia de morango, Don disse:

– Você está pronto. Consegui uma reunião para amanhã de manhã com Brian Swardstrom e Beth Holden na única agência que topou falar com a gente, a William Morris Talent Agency. Diga que você também quer ser diretor, porque vai parecer ainda *menos* necessitado, eles vão babar.

Meu currículo era minha interpretação de Wooderson em *Jovens, loucos e rebeldes*, que havia tido um lançamento limitado a poucos cinemas meses antes. (*O massacre da serra elétrica: o retorno* ainda não tinha saído.)

Usando botas, calça jeans e blusa de botão para dentro da calça, troquei apertos de mão e me sentei para a entrevista de emprego. Eu me comportei como se quisesse fechar com eles, não como se precisasse disso. Swardstrom curtiu, Holden adorou. Fechei com eles no dia seguinte.

Veja bem, este costuma ser o momento da história em que o protagonista, o jovem aspirante a ator que acabou de chegar a Hollywood, implora, faz centenas de testes que quase dão certo, precisa arrumar um emprego qualquer e alguém tenta convencê-lo a chupar o pau de alguém para conseguir uma ponta num filme.

Bom, minha história não aconteceu assim.

Uma semana depois de assinar contrato com a William Morris, consegui meu primeiro teste em Hollywood com o diretor de elenco Hank McCann, para o papel de Abe Lincoln, o marido honesto de Drew Barrymore no filme *Somente elas*. Gostaram do meu teste e marcaram outro com o diretor, Herb Ross, seis semanas depois. Na semana seguinte a *esse* primeiro teste, fui chamado para outro, agora para um filme da Disney chamado *Os anjos entram em campo*, no papel de um "jogador de beisebol tipicamente americano chamado Ben Williams". Usei meu boné com a bandeira dos Estados Unidos e uma camisa branca para *essa* entrevista de emprego. Lote da Warner Bros., bangalô 22, térreo. Abri a porta com o sol da tarde me iluminando pelas costas.

– Uau! Olha só pra ele! A cara dos Estados Unidos! – retumbou uma voz do sofá de frente para a porta.

Parei sob o batente e encarei o homem que semicerrava os olhos ao falar comigo.

– Sim, senhor – respondi.

– Já jogou beisebol? – perguntou.

– Por 12 anos, dos 6 aos 18.

– Maravilha, o papel é seu, começamos a gravar em duas semanas!

Seriam 48.500 dólares para passar 10 semanas jogando beisebol em Oakland. *É sério mesmo?* E eu precisava da grana, só tinha 1.200 na conta bancária.

Liguei para meu irmão Pat para dar a notícia.

– Porra, é isso aí, irmãozinho. O Super Bowl está chegando, vamos comemorar em Las Vegas. É por minha conta!

SINAL VERDE.

Veja bem, eu gosto de fazer apostas. Principalmente em mim mesmo, mas às vezes em esportes: em futebol americano, para ser mais específico. Nunca apostei a ponto de mudar meu estilo de vida, ganhando ou perdendo, só o suficiente para *comprar um ingresso para o jogo*; isto é, o suficiente para me fazer assistir ao jogo com atenção e me importar com o resultado, o suficiente para dar um *barato*. Para mim, 50 dólares já bastam. Nunca recorri a qualquer serviço de apostadores profissionais, porque não vejo graça nenhuma nisso. Se eu perder, tento entender onde errei nos cálculos, mas a verdade é que gosto de escolher meus próprios vencedores porque, quando acerto, eu *sabiiiia*.

Quando acerto, é porque era uma escolha fácil, óbvia, mamão com açúcar. Sou capaz de prever o futuro, sou um Nostradamus, um mágico, tudo porque eu *sabiiiia*, porra. Para mim, essa é a graça de fazer apostas, e dou muito mais importância aos *eu sabiiiia* do que aos *que diabo aconteceu aqui?*, ou seja, não ligo tanto quando perco. Faço apostas para me divertir, pelo prazer que sinto quando eu *sabiiiia*.

Ao fazer apostas, gosto especificamente de levar em consideração questões intangíveis. A aposta *Os San Francisco 49ers vão jogar em casa e ganhar dos Baltimore Ravens porque os Ravens vão estar com jet lag depois de pegar um voo para atravessar o país*. A aposta *Escolho Brett Favre e os Packers na segunda à noite porque o pai dele faleceu na última terça*. A aposta *Qualquer time cujo astro tenha se tornado pai recentemente, porque agora ele não está jogando só por si mesmo*. A aposta *os Philadelphia Eagles vão perder porque essa vai ser sua primeira partida no estádio novo, e o Sylvester Stallone, também conhecido como Rocky Balboa, vai estar lá, então o time vai se distrair com coisas que estão acontecendo* FORA *do campo*. Quando acerto essas apostas com base em palpites psicológicos e sinais que não são científicos nem cogitados por profissionais, acredito que tenho um dom, que sou um mestre, um gênio maquiavélico, tudo porque eu *sabiiiia*.

⦿

Peguei um voo da Southwest Airlines para Las Vegas para a grande final, o segundo ano seguido em que os Dallas Cowboys e os Buffalo Bills jogariam a final do Super Bowl. Eu tinha agente, um trabalho que me pagaria

48.500 dólares, um fim de semana de jogatina, bebida e futebol americano com meu irmão Pat. A vida era maravilhosa.

Os Dallas Cowboys estavam imbatíveis naquela temporada: Troy Aikman, Emmitt Smith, Charles Haley, Michael Irvin. Eles tinham dado uma coça nos Buffalo Bills no Super Bowl anterior, e as apostas começaram com 10,5 pontos de vantagem para eles, número que aos poucos estava subindo, alcançando 12,5 – ou seja, a essa altura, Dallas teria que vencer por pelo menos 13 pontos para que quem apostou nele ganhasse.

Na noite de sábado antes do Super Bowl, eu e Pat passamos 11 horas seguidas à mesa de blackjack e saímos do cassino ao amanhecer. Eu tinha ganhado quase 2 mil pratas, e Pat, mais de 4 mil – uma fortuna para nós dois na época.

Acordamos por volta de meio-dia no domingo e começamos a montar as estratégias sobre em quem apostar e por quê.

– Acho que 10,5 pontos de vantagem é muita coisa, e já chegou a 13 no cassino do Hotel Aladdin – falei. – Talvez dessa vez os Bills se deem bem, vamos neles.

– Pooorra, acho que eles podem até ganhar essa final – disse Pat. – Vamos apostar tudo nos Bills.

Uma hora antes do começo do jogo, encontramos um cassino que oferecia astronômicos 14,5 pontos de vantagem para Buffalo e fizemos nossas apostas. Juntamos toda a grana, totalizando 6 mil, e apostamos nos Bills de todas as formas possíveis.

4 mil caso Dallas ganhasse por menos de 14,5 pontos de vantagem.
Mil caso os Bills vencessem a partida.
250 na probabilidade de 8 para 1 de Thurman Thomas conseguir mais jardas que Emmitt Smith.
250 na probabilidade de 12 para 1 de Andre Reed conseguir mais jardas que Michael Irvin.
250 na probabilidade de 6 para 1 de Jim Kelly passar para mais jardas que Troy Aikman.
100 na probabilidade de 18 para 1 de Bruce Smith ser eleito o melhor jogador da partida.
100 na probabilidade de 4 para 1 de Dallas ter mais de 1,5 perdas de posse de bola.

Deixamos só 50 dólares de sobra para a cerveja.

No intervalo, o placar estava 13 a 6 para os Bills. Eu e Pat dançávamos, cantávamos, bebíamos.

– Puta merda, a gente vai poder fazer um upgrade pra primeira classe no voo pra casa. Somos geniais. Dallas não vai ganhar por mais de 14,5 pontos! A gente *sabiiiia*.

Mas você já sabe o que aconteceu, né? Dallas fez 24 a 0 na segunda metade da partida e ganhou com uma vantagem superior a 14,5: foi 30 a 13.

Emmitt Smith conseguiu mais jardas que Thurman Thomas.
Michael Irvin conseguiu mais jardas que Andre Reed.
Jim Kelly não passou para mais jardas que Troy Aikman.
Bruce Smith não foi o melhor jogador, e Dallas só teve uma perda de
  posse de bola.

Perdemos todas as apostas que fizemos. Todas.

Desanimamos, e a euforia deu lugar à exaustão. Saímos do cassino e chamamos um táxi de volta para o hotel com apenas 20 dólares no bolso. Uma lata-velha empoeirada e com o para-choque traseiro arrastando no chão parou à nossa frente.

– Holiday Inn – dissemos ao entrar.

Atrás do volante estava um velho desgrenhado que não fazia a barba havia três meses e não tomava banho tinha uns três dias. Percebendo nossa linguagem corporal abatida, ele ajeitou o retrovisor para nos observar enquanto saía com o carro.

Eu e Pat olhávamos para o nada, em silêncio e estado de choque, nos perguntando que diabo tinha acontecido, quando uma voz cheia de sabedoria ecoou pelo carro.

– Apostaram nos Bills, né?! Se tivessem me perguntado, eu diria que era uma aposta idiota. Eu *sabiiiia* que os Cowboys iam acabar com a raça deles, seus perdedores do caralho!

Pat lançou um olhar fulminante para o sujeito pelo retrovisor, então explodiu.

– Ah, é, seu filho da puta?! Se você *sabiiiia* que os Cowboys iam ganhar, então por que está dirigindo um táxi, CARALHO?

Todo mundo gosta de saber o que vai acontecer. Mesmo quando perdemos duas vezes e acertamos uma, gostamos de acreditar mais nessa *uma* do que nas outras duas. Acreditamos que *a* vitória que escolhemos é produto de quem somos de verdade, de quando alcançamos nosso potencial e vimos o futuro, de quando fomos deuses. Por outro lado, as duas derrotas foram aberrações, erros de percurso, bugs em nossa mente genial, embora a matemática mostre que elas foram a maioria. Depois que o jogo termina, todo mundo *sabiiiia* quem seria o vencedor. Todo mundo está mentindo. Ninguém *saaaabe* quem vai ganhar, não existe nada *garantido*, por isso que é uma *aposta*. Existe um motivo para cassinos e casas de aposta continuarem ganhando dinheiro. Esses lugares *saaaabem* que nós, apostadores, adoramos acreditar que sabemos tudo. *Isso*, sim, é garantido.

> **NA MAIORIA DAS VEZES, NÃO FOI ROUBADO, ESTÁ ONDE VOCÊ DEIXOU.**

◯◯

Um mês após o começo das gravações de *Os anjos entram em campo*, o estúdio que estava produzindo *Somente elas* mandou uma passagem pedindo que eu voltasse a Hollywood para meu segundo teste, agora com o diretor Herbert Ross. Eu ensaiava para o papel toda noite após jogar beisebol e estava confiante de que conhecia *meu camarada*. Herbert gostou do meu teste e me ofereceu o papel.

Meu primeiríssimo teste em Hollywood tinha me levado a um segundo teste e me garantido o papel de quarto protagonista num filme importante estrelado por Drew Barrymore, Mary-Louise Parker e Whoopi Goldberg. E também me rendeu um generoso cheque de 150 mil dólares.

Assim que acabei de jogar beisebol em Oakland, fui para Tucson, Arizona, onde filmaríamos *Somente elas*. Em vez de ficar no hotel onde a maior parte da equipe estava hospedada, aluguei uma casinha pitoresca de adobe próxima ao Parque Nacional Saguaro, nos arredores da cidade. Fui ao abrigo local, adotei uma cadelinha preta que era mistura de labrador e chow-chow e a batizei de Srta. Hud, em homenagem ao personagem de Paul Newman em um dos meus filmes favoritos. O aluguel da casa incluía uma empregada. Eu nunca havia tido uma empregada na vida.

Numa sexta-feira depois do trabalho, uma amiga, Beth, foi jantar e beber lá em casa. Tal como uma criança no Natal, contei a ela tudo que me deixava feliz na minha nova residência – a arquitetura de tijolos de barro, o parque nacional que me servia de quintal, o fato de a casa ter uma empregada. Especialmente a empregada.

– Ela limpa tudo *depois* de eu sair pro trabalho, *lava* minhas roupas, *lava* a louça, deixa água fresca *do lado da cama*, *cozinha* pra mim... e *ela até passa minhas calças jeans*! – contei para Beth, mostrando minha calça Levi's com vinco.

Beth sorriu ao ver meu entusiasmo e então me disse algo que eu não tinha cogitado e que nunca mais esqueci:

– Isso é muito legal, Matthew, *se você quiser suas calças jeans passadas*.

Eu nunca havia usado calças jeans passadas antes.

Eu nunca havia tido ninguém para passar minhas calças jeans.

Eu nunca havia me perguntado *se* queria minhas calças jeans passadas, porque, pela primeira vez na vida, eu *podia* ter calças jeans passadas.

Agora que pela primeira vez na vida essa opção opulenta era uma realidade, *era óbvio* que eu queria calças jeans passadas.

Queria mesmo?

Na verdade, não. Não queria.

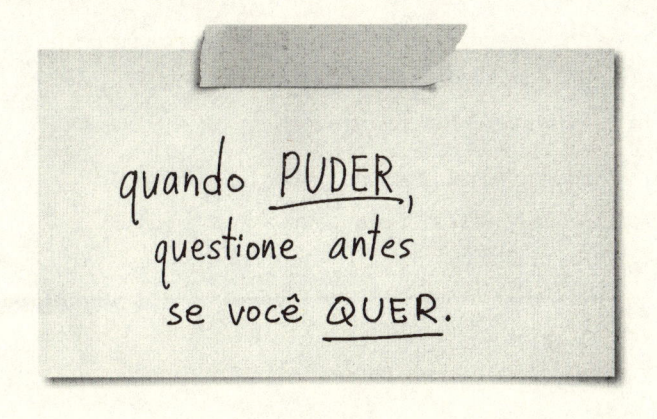

quando PUDER, questione antes se você QUER.

Após as gravações de *Somente elas*, voltei para Malibu, agora com meu próprio apartamento à beira da praia. Comecei a fazer aulas de atuação pela primeira vez, porque senti que era hora de *aprender* o ofício que havia praticamente caído no meu colo. No passado, eu havia seguido meus instintos, e tinha dado certo. Agora, estava de volta à escola, aprendendo *como* ler um roteiro, *o que* procurar, como me *preparar* para um papel, como *estudar*. Como ser um ator *profissional*.

Enquanto isso, com o fim das gravações de *Somente elas*, fazia seis meses que eu não trabalhava. Eu não conseguia nada desde que as aulas tinham começado. Fazia muitos testes, era chamado para retornar com frequência, mas ficava de mãos abanando. E estava me perguntando por quê. Percebi que tinha me tornado mais inibido, que não me arriscava nos testes tanto quanto antes. Estava tenso. Ansioso. Literal demais. Afoito. O novo exercício intelectual estava me atrapalhando.

> o INTELECTO
>
> Não deveria passar por cima daquilo que é aparente a ponto de escondê-lo ou torná-lo *mais* confuso.
>
> Deveria expor a verdade com *mais* clareza e revelar *mais* do óbvio, de *mais* linhas de visão.
>
> Deveria simplificar as coisas, não torná-las *mais* cerebrais.

◯◯

Finalmente, recebi uma proposta para fazer uma ponta num filme independente chamado *O senhor das drogas*. Eu só participaria de uma cena. Ofereceram 10 mil, e aceitei. Sem testes, gravações dali a duas semanas. Isso era tudo que eu sabia.

Decidi que era só isso que eu *queria* saber. Recebi o roteiro e não li nem uma página, nem uma palavra, nem a minha cena. Por quê? Porque tive uma ideia brilhante.

Como um exercício de criatividade, e para me livrar de toda a tensão teórica que eu carregava desde o último filme e de minhas aulas, resolvi *voltar* ao meu primeiro método, quando tinha interpretado um cara chamado David Wooderson, quando bastou ler uma fala do roteiro para entender completamente o personagem.

Foi fácil improvisar nas cenas sem roteiro de *Jovens, loucos e rebeldes* porque eu tinha certeza de que sabia quem era meu camarada, me sentia à vontade para *agir* como Wooderson em qualquer cena em que o diretor me colocasse. Foi puro instinto, um talento natural.

É isso que está faltando, falei para mim mesmo. *Chega dessas merdas acadêmicas, engessadas e ensinadas que estou fazendo. É hora de voltar às minhas raízes.*

Em *O senhor das drogas*, meu camarada era um "traficante americano no sul do Texas que se encontra com coiotes mexicanos que estão contrabandeando a carga dele para dentro dos Estados Unidos" e que então "volta atrás no acordo, não paga pelas drogas contrabandeadas, mata os caras e fica com a cocaína de graça".

Era só isso que eu precisava saber. Eu tinha que *ser* esse cara, *lidar* com a situação como *ele* faria, improvisar, fazer o que *meu camarada* faria. Moleza.

Duas semanas depois, eu estava no meu trailer no set.

Eu conheço meu camarada. Criei para ele a história de um traficante de nível médio-alto que trabalha para o cartel do lado americano, no Texas. Preciso da cocaína *e* do dinheiro, e fui para o encontro com uma pistola carregada, disposto a matar para sair vivo dali com as duas coisas.

Até minha aparência combinava com o papel: barba por fazer, cabelo sujo, botas pretas, jaqueta de couro. Quem precisa de roteiro? Eu sei quem sou. Vamos gravar. Sei o que estou fazendo.

Hora de ir para o set. Hora de gravar a cena. Beleza.

Chego dentro do personagem. Não falo com ninguém. Não me apresento para os outros atores na cena, porque *meu camarada não se importa com eles, e meu camarada vai matá-los na cena. Só quero meu pó de graça.*

Pouco antes de nos posicionarmos, um assistente de produção se aproxima de mim.

– Quer a consulta,* Sr. McConaughey?

Pego os papéis e os enfio no bolso sem olhar. Todos os atores se posicionam, se preparando para o "ação". Lá vamos nós.

Acho que perdi um pouco a coragem, porque resolvi que seria uma boa ideia, *naquele* momento, *segundos* antes de começar a gravar, dar uma olhada na cena e no diálogo. Meu raciocínio no momento foi: *se estiver bem escrito, imediatamente vou me lembrar das falas, porque é óbvio que seria isso que meu camarada diria. Se estiver mal-escrito, vou apenas incorporar meu camarada e agir como ele agiria.*

Abro a consulta e dou uma olhada.

Uma página.

Duas páginas.

Três páginas.

Quatro páginas…

De um monólogo…

Em espanhol.

Puta merda. Sinto uma gota de suor se formar na minha nuca. Meu coração dispara. *O que eu faço?* Minha boca fica seca. Tento manter a calma. Então levanto a cabeça sem olhar para ninguém em específico e anuncio para o set:

– Posso tirar 12 minutos, por favor?

Minha ideia idiota era que 12 minutos seriam: (1) o suficiente para decorar todo o texto em espanhol, porque *Ah, eu fiz um semestre de espanhol no ensino médio*, e (2) o suficiente para não incomodar toda a equipe.

---

* Uma versão em miniatura do roteiro da cena.

Saio para dar uma volta com o roteiro. Uma volta de 12 minutos, para ser mais exato. Quando volto para o set, guardo a consulta no bolso e me posiciono. O diretor grita "ação", e gravamos a cena.

Nunca assisti a O *senhor das drogas*.

Mas aprendi uma boa lição naquele dia.

Precisamos nos **preparar** para ter liberdade.

Precisamos ter **trabalho** para fazer o trabalho.

Precisamos nos preparar para o trabalho para ter **liberdade** para fazer o trabalho.

Conhecer meu camarada não significa que eu sei falar espanhol.

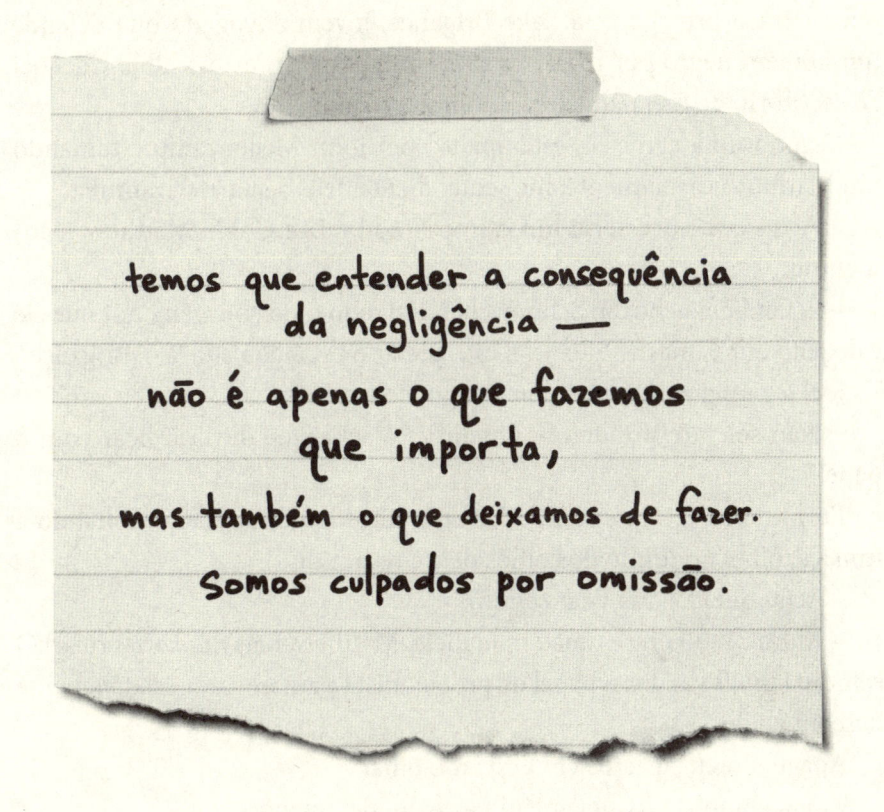

> temos que entender a consequência da negligência —
> não é apenas o que fazemos que importa,
> mas também o que deixamos de fazer.
> Somos culpados por omissão.

Meses depois, após largar as aulas de atuação – mas tendo aprendido uma valiosa lição –, eu estava de volta aos estúdios da Warner Bros., na sala do diretor Joel Schumacher, para conversar sobre um possível papel em seu filme seguinte, *Tempo de matar*, adaptado do livro de John Grisham.

A irresponsabilidade da ideia idiota de não me preparar para meu último papel teve seu valor. Fiquei envergonhado, a vergonha me deixou puto, e a raiva me tornou mais ousado.

Eu e Joel estávamos debatendo o papel de Freddie Lee Cobb, jovem líder da Ku Klux Klan numa cidadezinha do Mississippi. Eu *tinha* lido o roteiro dessa vez, tinha lido até o livro. Freddie Lee Cobb era um papel forte e empolgante, mas não o que eu queria. Não, o *camarada* que eu queria era o protagonista, Jake Brigance, jovem advogado que defende um homem negro por matar os caras que estupraram sua filha. Cheguei ao escritório de Joel naquele dia com um plano.

Usando uma camiseta estampada com John Mellencamp e fumando um Marlboro casualmente, me sentei diante dele, à sua escrivaninha.

– Acho que você seria um ótimo Freddie Lee Cobb, Matthew – comentou.

– É, também acho, Sr. Schumacher. Entendo o personagem, por que ele é do jeito que é, mas... quem vai interpretar o protagonista, Jake Brigance?

Joel fez uma pausa, inclinou um pouco a cabeça.

– Não sei – respondeu. – Quem *você* acha que deveria ficar com o papel?

Eu me recostei na cadeira, dei uma tragada demorada, e, soltando a fumaça, olhei no fundo dos olhos dele e respondi:

– Acho que deveria ficar *comigo*.

– Ahhh! Acho que é uma *ótima* ideia, Matthew, mas *nunca* vai rolar! O estúdio *jamais* vai dar o papel de protagonista para um ator relativamente desconhecido.

Apaguei meu cigarro sem desviar o olhar.

Tinha completado a primeira parte do meu plano.

quem dera

Significa que você queria algo mas não conseguiu.

Por algum motivo, seja por sua própria incompetência ou pela intervenção do mundo, não rolou.

Às vezes acaba aí mesmo e precisamos sair de cena com graciosidade.

No entanto, com mais frequência do que gostaríamos de admitir, não conseguimos o que queremos

porque desistimos cedo demais ou não corremos os riscos necessários para alcançar o sucesso.

Quanto mais chutarmos o traseiro dos nossos *quem dera*, mais conseguiremos o que queremos.

Não tente atravessar a corda bamba do *é tarde demais é cedo demais* enquanto não morrer.

⚭

O que aconteceu na sequência com certeza não fazia parte do meu plano, mas muitas das coisas que estavam fora do meu controle acabaram me beneficiando.

Sandra Bullock, que já tinha sido escalada como Ellen Roark em *Tempo de matar*, havia acabado de estrelar um filme chamado *Enquanto você dormia*, que faturara quase 10 milhões de dólares no fim de semana da estreia. E, desde que eu havia plantado a sementinha com Joel, *Enquanto você dormia* acumulara mais de 80 milhões de dólares só nos Estados Unidos. O filme era um grande sucesso, fazendo de Sandra a mais nova estrela "sinal verde" de Hollywood – ou seja, os estúdios acreditavam que ela era popular o bastante para protagonizar um filme. Com uma atriz popular no elenco como terceira coadjuvante de *Tempo de matar*, de uma hora para outra a Warner Bros. passou a poder cogitar um ator de menos apelo comercial para o papel de protagonista.

Mas isso significava que Joel Schumacher tinha começado a levar minha sugestão a sério? Pelo visto, não. Para o papel de Jake Brigance, eles estavam de olho em Woody Harrelson, hoje um grande amigo e irmão de vida.

Mas aí houve uma nova reviravolta. O autor do livro, John Grisham, também precisava aprovar o ator que interpretaria Jake Brigance, já que o personagem era baseado nele próprio. E, no dia 7 de março de 1995, um homem chamado Bill Savage foi assassinado no Mississippi. Os assassinos, um casal jovem, disseram ter se inspirado em Mickey e Mallory, personagens interpretados por Woody Harrelson e Juliette Lewis em *Assassinos por natureza*, de Oliver Stone. Bill Savage era amigo de John Grisham, e não havia *a menor possibilidade* de o cara que tinha interpretado Mickey *naquele* filme interpretar Jake Brigance *nesse*.

As gravações estavam marcadas para começar dali a seis ou oito semanas em Canton, no Mississippi. Todos os papéis tinham sido preenchidos. Menos o de Jake Brigance.

Duas semanas depois, eu estava no terraço de um restaurante mexicano em Los Angeles, tomando uma margarita às quatro da tarde com minha empresária, Beth Holden, quando meu telefone tocou.

– Quero que você venha fazer um teste de tela – disse Joel Schumacher do outro lado da linha, dois meses após eu ter plantado a sementinha. – É domingo que vem, num pequeno estúdio particular em Fairfax, pra ninguém saber, porque, mesmo que você seja ótimo, acho bem difícil que o estúdio aprove, e não quero que esse suposto *fracasso* fique no seu currículo. A cena do teste vai ser o argumento final do Jake.

Domingo chegou. Era Dia das Mães. Liguei para a minha assim que amanheceu.

– Não apareça lá como se você *quisesse* o papel, Matthew, e sim como se ele *já fosse* seu!

Era o que eu precisava ouvir.

– Valeu, mãe. Feliz Dia das Mães.

feitos para o momento

fomos feitos para todos os momentos
com que nos deparamos.

não importa se o momento nos cria
ou se nós criamos o momento.

não importa se somos impotentes
diante dele ou se o controlamos,

se somos predador ou presa.

fomos feitos para o momento.

◯◯

Um carro preto me buscou às onze da manhã e me levou para o estúdio em Fairfax. Lá, havia um maquiador, um figurinista, um diretor de fotografia e uma equipe com cerca de 30 pessoas. Perto de uma da tarde entrei no set, que era um tribunal com 12 atores sentados no banco dos jurados. Eu estava nervoso, mas preparado. Todos ficaram em silêncio e ocuparam seus lugares.

– Quando estiver pronto, Matthew – disse Joel.

Respirei fundo e comecei a fazer o discurso de encerramento da forma como tinha sido escrita no roteiro e terminei com a hoje clássica frase: "Agora, imaginem que ela é branca."

Fui bem, mas nada de outro mundo. Me lembrei de todas as falas, acertei o ritmo, fui com calma, contei bem a história. Mais do que aceitável, mas nada especial.

– Maravilha, Matthew – disse Joel. – Agora deixa o roteiro de lado e diz o que *você* diria.

E é aí que está a genialidade de Joel Schumacher. Seja você. Você é o personagem. Adorei *essa* orientação. O que *eu* diria e faria. Como *eu* me sinto sobre uma menina que foi estuprada por três homens nojentos?

O que eles mataram nela naquele dia? E se fosse *minha* irmã? E se fosse *minha* filha? Era Dia das Mães.

Joguei o roteiro fora e o tirei da cabeça. Comecei a andar lentamente, os olhos começaram a arder, a raiva crescendo dentro de mim. Enxerguei as imagens terríveis na minha mente, então dei voz ao que via. Eu ainda não era pai, *mas a única coisa que eu sempre soube que queria na vida era ser pai*, e imaginei *minha* filha sendo estuprada. Esqueci o teste. Esqueci o tempo. Falei e fiz coisas que um advogado jamais faria ou diria em um tribunal. Xinguei. Cuspi. Descrevi imagens terríveis da inocência perdida de uma criança com palavras sanguinolentas que poderiam ter me colocado na cadeia junto com aqueles que eu queria condenar. Fiquei agoniado. Fiquei violento. Suei.

Acertei em cheio.

Duas semanas depois, estava no set de *Lone Star: a estrela solitária*, em Eagle Pass, Texas, sob a lua cheia no deserto, quando me ligaram. Do outro lado da linha estavam Joel Schumacher e John Grisham.

– Você quer ser Jake Brigance?

– Com toda a certeza!

Saí correndo noite afora até estar a uns dois quilômetros de todo mundo. Então, com lágrimas nos olhos, caí de joelhos, encarei a lua cheia, estiquei a mão direita para ela e falei:

– Obrigado.

SINAL VERDE.

o teto é uma criação do ser humano

Dia 3 de janeiro de 1993. *Playoffs* da NFL. Houston Oilers contra Buffalo Bills. Os Oilers estavam ganhando por 28 a 3 no intervalo, 35 a 3 no começo do terceiro quarto. Frank Reich e os Bills conseguiram uma virada por 41 a 38 na prorrogação, numa das maiores viradas da história da NFL. Sim, os Bills venceram, mas no fundo não derrotaram os Oilers. Os Oilers perderam a partida, mas foram derrotados por eles mesmos.

Por quê? Porque, no intervalo, eles colocaram um teto, um limite na crença que tinham em si mesmos. Recuaram demais e tentaram ganhar tempo. Talvez tenham aproveitado o intervalo para começar a pensar no próximo oponente, jogaram de salto alto, perderam a vantagem mental durante toda a segunda metade da partida, e, *voilà*, perderam. Em metade de uma partida, o coordenador de defesa dos Oilers, Jim Eddy, deixou de ser chamado de coordenador de defesa do ano e "primeiro na fila para ser o técnico geral do time na próxima temporada" para ser um homem sem emprego na NFL… e até no futebol universitário no ano seguinte.

Você já meteu os pés pelas mãos? Você sabe do que estou falando: se atrapalhou na hora de fazer o gol, falou besteira enquanto tentava convidar uma garota para sair, teve um branco na hora da prova final para a qual estava completamente preparado, errou um buraco fácil para vencer o torneio de golfe, ou ficou paralisado pela sensação de "Ai, meu Deus, a vida está boa demais, será que eu realmente mereço isso?"

Eu já.

O que acontece quando temos esse sentimento? Ficamos travados, ofegantes, envergonhados. Temos experiências extracorpóreas em que nos vemos de fora, deixamos de estar presentes, *não* mais fazendo aquilo que estamos ali para fazer. Nos tornamos observadores do nosso momento porque permitimos que ele se torne maior que nós, e ao fazer isso ficamos *menos envolvidos* e *mais impressionados* com ele.

Por que isso acontece?

Porque, quando valorizamos mais uma pessoa, um lugar ou um momento do que a nós mesmos, criamos um teto falso, uma restrição, sobre as expectativas que temos sobre nosso desempenho. Ficamos tensos, focamos no resultado e não na atividade, e perdemos a *execução* do ato. Pensamos que o mundo depende do resultado ou que ele é *bom demais para ser verdade*. Mas não depende, e não é, e não cabe a nós acreditar que ele depende ou é.

Não crie limitações imaginárias. Um papel principal, um prêmio, uma pontuação vitoriosa, uma ótima ideia, o amor da nossa vida, uma euforia: quem somos nós para pensar que não merecemos esses presentes quando eles estão ao nosso alcance? Quem somos nós para pensar que não somos dignos deles?

Se permanecermos *no processo*, dentro de nós mesmos, na *alegria de fazer*, nunca meteremos os pés pelas mãos na linha de chegada. Por quê? Porque não estamos pensando na linha de chegada, não estamos olhando para o relógio, não estamos observando nosso desempenho num telão. Estamos agindo em tempo real, onde a abordagem é o destino, e não há linha de chegada, porque nunca chegamos ao fim.

Quando Bo Jackson fez o *touchdown*, ele atravessou a linha do gol, a *endzone* e entrou direto no túnel. Os maiores atiradores de elite do mundo não miram *no* alvo, e sim para além dele. Quando aceitamos o fato de que vamos morrer em algum momento, nos tornamos mais presentes neste.

Almeje mais do que está ao seu alcance, tenha objetivos imortais, transforme seus sinais vermelhos em verdes, porque o teto é uma criação do ser humano.

○○

No dia da estreia de *Tempo de matar*, fui à minha delicatéssen favorita na Third Street Promenade, em Santa Monica, Califórnia, comprar um sanduíche de atum no pão sourdough com picles extras e ketchup.

Para mim, foi como qualquer outro passeio pelo calçadão. Havia umas 400 pessoas perambulando por ali. Dessas, 396 ignoraram minha presença. Quatro me notaram: umas garotas que me acharam bonito e um cara que gostou dos meus sapatos.

Naquela noite, *Tempo de matar* estreou nos cinemas do país inteiro, arrecadando 15 milhões de dólares no primeiro fim de semana – um sucesso de bilheteria em 1996.

Na segunda seguinte, voltei ao calçadão para comprar outro sanduíche de atum no pão sourdough com picles extras e ketchup.

Para mim, *não* foi como qualquer outro passeio pelo calçadão. Havia umas 400 pessoas perambulando por ali. Dessas, 396 notaram minha presença. Quatro me ignoraram. Três bebês e um homem cego.

Chequei o zíper da calça e esfreguei o nariz para ver se tinha alguma meleca aparecendo.

Não tinha.

Que *porra* é essa?

Eu era famoso.

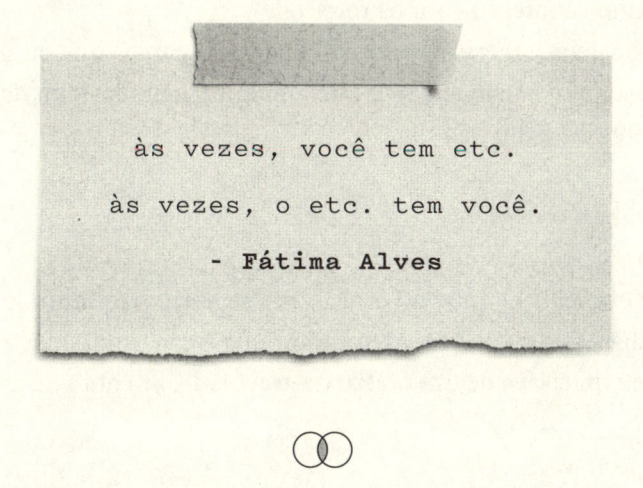

> às vezes, você tem etc.
> às vezes, o etc. tem você.
> - Fátima Alves

O hype pela minha "chegada" era estrondoso. Eu era alardeado como *o próximo grande sucesso*, e a capa de algumas revistas dizia "Matthew McConaughey salva o cinema". *Salva o cinema?* Cacete, eu nem *sabia* que ele precisava ser salvo, e, se precisava mesmo, eu tinha minhas dúvidas se era ou se queria ser o salvador. Eu só queria atuar, interpretar papéis que me interessassem em histórias que considerasse importantes.

Desse dia em diante, o mundo se tornou um espelho. Desconhecidos encostavam em mim e falavam comigo como se me conhecessem bem. Na verdade, não eram mais desconhecidos.

Pessoas que eu nunca tinha visto na vida me abordavam e diziam:
– Meu cachorro também está com câncer, sinto muito sobre a Srta. Hud…

Como você sabe que eu tenho uma cadela? Como sabe o nome dela? Como sabe que ela pode ter câncer? Ninguém mais se apresenta?

Todo mundo tinha uma biografia pronta sobre mim.

Primeiras impressões sinceras eram coisa do passado.

Meu mundo havia mudado. Nas palavras de James McMurtry: "Agora é de cabeça para baixo e para trás, o pé está no sapato errado."

Todo mundo me *amava* agora, e ninguém tinha vergonha de dizer isso em voz alta sempre que possível.

Eu só tinha dito isso para quatro pessoas na vida.

O anonimato havia se perdido para sempre.

O mesmo aconteceu com os roteiros.

Na sexta-feira *anterior* à estreia, havia 100 papéis que eu gostaria de fazer. Desses, ouvia não em 99 e um sim. E na segunda-feira *depois*?

Eram 99 sins e um não.

Uau.

Maravilha.

Merda.

O que era real? O que não era? O céu se abriu para mim, e era difícil sentir o chão sob meus pés. Meu motor engasgou, minha base espiritual sumiu, e eu precisava de um pouco de gravidade. Era hora de me ajoelhar.

Por que todo mundo precisa sair para dar uma volta

Relação sinal-ruído.

Mais do que nunca, somos bombardeados por estímulos artificiais constantes.

Precisamos buscar lugares com menos informações sensoriais para poder ouvir os sinais dos nossos processos psicológicos.

À medida que os ruídos forem diminuindo, os sinais se tornarão mais claros, e poderemos voltar a nos escutar e a nos reunir.

Só o tempo simplifica o coração.

As memórias nos alcançam, opiniões se formam.

Voltamos a encontrar a verdade, e ela nos ensina, encontrando pés firmes quando avançamos e quando recuamos, mostrando que não estamos solitários na nossa situação, apenas sozinhos.

Como a mente inconsciente *agora* tem espaço para se revelar, voltamos a enxergá-la.

Ela sonha, percebe e pensa em imagens que *agora* conseguimos observar.

Nessa solidão, começamos a *pensar* em imagens e concretizamos o que enxergamos.

Nossas almas voltam a ser anônimas,

e percebemos que estamos presos à única pessoa da qual jamais conseguiremos nos livrar: nós mesmos.

O diálogo socrático pode ser feio, doloroso, solitário, difícil, carregado de culpa, um pesadelo terrível que nos obriga a usar protetor bucal para não trincarmos nossas presas enquanto suamos frio em meio ao pânico febril.

Somos obrigados a nos confrontar.

E isso é bom.

Nós mais do que merecemos esse sofrimento - nós o conquistamos.

O travesseiro de um homem honesto é sua paz de espírito,

e dormimos com nós mesmos, não importa quem está na nossa cama a cada noite.

Ou perdoamos ou nos cansamos.

É aí que está a evolução.

Sem ter para onde correr e obrigados a lidar com aquilo que somos, vemos as coisas feias que suprimimos no dia a dia escaparem do zoológico e fazerem macacadas por aí,

e nos encontramos com elas no picadeiro, precisando decidir *se chega* ou *se é melhor deixar pra lá*.

Seja qual for o veredito, nós crescemos.

Somos nós e nós, nossa única e eterna companhia.

Cuidamos de nós mesmos e voltamos a cair nas nossas graças.

Então voltamos à civilização, prontos para cuidar melhor das nossas tendências.

Por quê? Porque saímos para dar uma volta.

⚭

O Mosteiro de Cristo no Deserto fica no meio do deserto, à margem do rio Chama, em Abiquiu, Novo México. A estrada de terra de 20 quilômetros que liga o mosteiro à rodovia costuma estar intransitável, então não dá para ir de carro. Thomas Merton adorava o lugar. Dizia que o mosteiro era um lugar onde as pessoas podiam ir para "reajustar suas perspectivas". Li sobre isso num livro e pensei: *É disso que preciso agora. Um realinhamento espiritual.* Minha cabeça estava uma bagunça. Perdido no excesso da fama e sofrendo com um complexo de não merecimento, minha existência, agora sem teto, não só me desnorteava, como pesava sobre mim. Como era possível um garoto de uma família humilde de Uvalde, Texas, merecer tamanha opulência e todos esses louvores? Eu não sabia lidar com a perdição do meu sucesso, quanto mais acreditar que podia aproveitá-lo. Eu não sabia em quem confiar e não confiava nem em mim. No livro, os irmãos do mosteiro diziam: "Se você conseguir chegar até nós, toque o sino, e o acolheremos."

Eu e um grande amigo pegamos um carro e fomos de Hollywood até o começo da estrada de terra, onde ele me deixou, e fiz a caminhada de mais de 20 quilômetros até o mosteiro. Cheguei uma hora após o pôr do sol e toquei o sino. Usando capuz e hábito, um homem baixo chamado irmão Andre me cumprimentou:

– Seja bem-vindo, irmão, aqui todos os viajantes têm lugar para ficar.

Tomei banho e fui para o jantar em grupo em que salmos eram lidos e conversas eram estritamente proibidas. Mais tarde, o irmão Andre me levou para um quarto simples e pequeno, com uma cama dobrável e um colchão fino no chão, e ali dormi.

No dia seguinte, falei para o irmão Andre:

– Preciso conversar sobre algumas coisas que estão acontecendo na minha vida e na minha mente. Sabe com quem posso falar sobre isso?

– Sim. O irmão Christian seria uma boa pessoa com quem debater essas questões.

Conheci o irmão Christian, e fizemos uma longa caminhada pelo deserto. Desabafei sobre meus sentimentos de culpa, os altos e baixos da minha mente, a perversidade dos meus pensamentos.

– Desde que fiquei famoso, venho tentando ser um homem bom, não mentir nem me enganar, ser mais puro de coração e espírito, mas estou cheio de luxúria, objetificando outras pessoas e a mim mesmo – confessei. – Não sinto uma conexão com meu passado nem enxergo o caminho para o futuro, estou perdido. Não me *sinto* eu mesmo.

Passei três horas e meia compartilhando os demônios da minha mente com o irmão Christian. Fiz uma autocrítica intensa. Ele não disse uma palavra. Nem. Uma. Apenas me escutou com paciência enquanto seguíamos lado a lado pelo deserto.

Na quarta hora, de volta à capela, sentados num banco, cheguei ao fim da minha confissão, chorando. Ficamos ali, em silêncio, e esperei o julgamento de Christian. Nada. Por fim, na inquietação da quietude, ergui o olhar. O irmão Christian, que não tinha dito uma palavra naquele tempo todo, me olhou no fundo dos olhos e, quase sussurrando, disse:

– *Eu também.*

Às vezes, não precisamos de conselhos. Às vezes, só precisamos ouvir que não somos os únicos.

SINAL VERDE.

Irmão Christian

duas verdades

Sou otimista por natureza, olho para a frente, tenho esperança, e o homem que desejo ser dorme na mesma cama que o homem que sou, em mente, coração, espírito e corpo. Nem sempre gosto da minha companhia, por causa do filho da puta do Grilo Falante, mas ao mesmo tempo quase nunca consigo tirá-lo do ombro. E por um bom motivo.

Mesmo quando desafino, me desalinho, não sinto tração ou viscosidade entre meu ser e meus atos; ou quando me perco tanto em mim mesmo que me distraio, minha melhor versão sempre está lá e começa o diálogo socrático antes de eu querer escutá-la e depois de a vontade passar, porque ela é insaciável.

Eu, é claro, sempre acabo escutando, mas então o desafio passa a ser o de ouvir. Quando faço isso e paro de contrapor o destino à responsabilidade, a verdade à ficção, os pecados a quem eu queria ser, o egoísmo ao altruísmo, a mortalidade à eternidade, eu aprendo, e a partir daí começo a ser quem sou e a fazer o que faço por mim - não por qualquer outra pessoa, mas por todo mundo ao mesmo tempo. Por mim e por Deus, juntos. Então percebo que sou responsável pelo destino, que a ficção é verdadeira, que sou santo e pecador, e também um egoísta utilitarista. Serei mortal para sempre.

Agora, cada passo tem o quadro geral em mente, sou o homem que quero ser, o Grilo Falante é um passarinho azul no meu ombro, e Sócrates tem apenas uma voz.

⊕

Não lidei mal com a fama recém-alcançada. Na verdade, não lidei com ela. Me sentia entorpecido, e vez ou outra fazia besteira, arrumava brigas bestas.

Se eu perdia o equilíbrio, em geral era porque me importava, porque queria entender o sentido de tudo. Passava a maior parte do tempo tentando dançar entre as gotas de chuva. Gostava de finalmente poder colocar gasolina aditivada na picape, pagar a conta toda quando saía com amigos, ter passe livre para os bastidores e trabalhar com tanta gente talentosa. Tentava sempre ser educado e aceitar o caviar, os vinhos finos e os "Eu te amos" com graciosidade, mas muito disso me fazia lembrar da empregada passando minhas calças jeans mesmo depois de eu dizer que ela não precisava fazer isso. Eu fazia questão de ligar para minha mãe todo domingo.

Só que não era mais para a minha mãe que eu ligava.

Não era minha mãe quem me escutava.

Não era minha mãe quem falava com seu filho.

Era uma mulher que estava mais encantada com minha fama do que eu.

Isso ficou óbvio na noite em que um amigo me ligou.

– Cara, você tá vendo? – pergunta ele.

– O quê?

– Coloca no canal sete, no programa *Hard Copy*.

Eu ligo a TV. Coloco no sete, e...

Lá está minha mãe, falando com a câmera que a segue pela casa em um tour guiado.

– E essa aqui é a cama onde ele perdeu a virgindade com a Melissa, acho que era o nome dela, mas não importa, não durou... E esse *aqui* é o banheiro dele, só tem um chuveiro, sem banheira, e vocês *sabem* o que já peguei ele fazendo *aqui*! Rá, rá, mas tudo bem, é bobagem, vi várias vezes.

Ah. Merda.

Ligo para minha mãe.

– Mãe, o que você aprontou?

– Como assim?

– *Hard Copy*.

– Que *Hard Copy*?

– Mãe, estou assistindo agora. *Você* também está, estou ouvindo o som da sua TV!

– Ah, *isso*...

– É, *isso*!

– Achei que você não fosse descobrir.

– Mãe. Está em rede nacional. Como eu não descobriria?

Infelizmente, meu relacionamento com minha mãe foi difícil durante os oito anos seguintes.

– Cuidado com a língua – repetia eu.

Ela tentava. Não adiantava, ela não conseguia se controlar. Ela queria um pouco da minha fama, e, enquanto eu ainda tentava encontrar o *meu* ponto de equilíbrio, não me sentia seguro suficiente para compartilhá-la com mais ninguém, sobretudo com minha própria mãe. Quanto mais ela tentava ganhar espaço, mais eu a limitava. Se meu pai estivesse vivo, adoraria meu sucesso, mas, ao contrário da minha mãe, ficaria na primeira fileira, sem tentar roubar meu protagonismo.

Ela parecia querer viver grudada em mim, então comecei a me afastar. Eu dava a mão e ela queria o braço, e quando ela não se contentava com o meio-termo, passei a caminhar duas vezes mais devagar, para ela ter que esperar o dobro do tempo. Deixei de compartilhar *tudo* que acontecia na minha vida e minhas experiências com ela. Perdi a confiança. Eu não precisava de uma amiga ou uma puxa-saco, precisava da minha *mãe*, mas infelizmente ela havia tirado *outro* tipo de "férias prolongadas".

Anos depois, com os pés mais firmes no chão e a carreira estabelecida, finalmente liguei o foda-se e a deixei fazer o que quisesse. Ela já tinha 70 e tantos anos. Concluí que poderia deixá-la se divertir, e ela faz isso até hoje. Adora tapetes vermelhos, dar entrevistas, dizer para o mundo que "sabe a quem eu puxei". A ela.

E é verdade.

```
a arte de correr morro abaixo

Não tropece enquanto corre morro abaixo.

Sabe a montanha que você quer escalar?

Está logo ali.

Não invente dramas.

Já bastam os que aparecem sozinhos.
```

∞

Fazia quatro meses desde o lançamento de *Tempo de matar*, e eu vinha sendo muito procurado. A Warner Bros., com quem tinha assinado um contrato de três filmes antes de fazer *Tempo de matar*, esperava ansiosamente pelo meu próximo papel. Dezenas de ofertas chegaram, e até fundei uma produtora para criar meu próprio material. Eu estava faminto por trabalho, só não sabia *o que* queria fazer. Uma das minhas qualidades sempre foi a capacidade de encontrar um lado bom em tudo, mas, agora, com a capacidade de *poder* fazer quase tudo, esse lado bom tinha se tornado um problema. Todos os projetos pareciam possíveis.

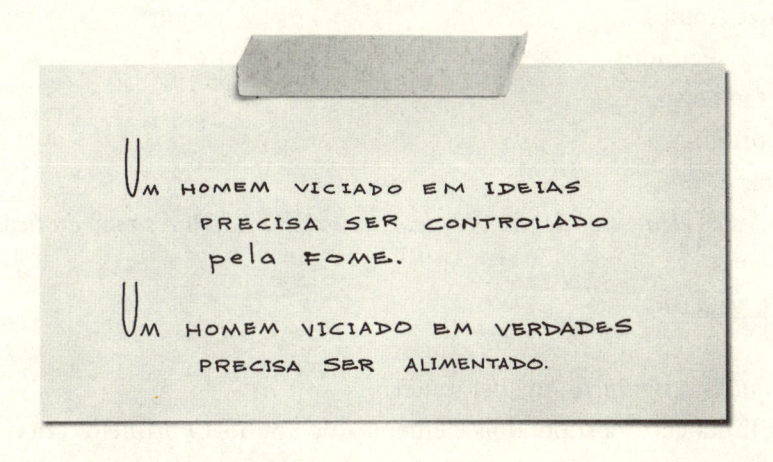

> UM HOMEM VICIADO EM IDEIAS
> PRECISA SER CONTROLADO
> pela FOME.
>
> UM HOMEM VICIADO EM VERDADES
> PRECISA SER ALIMENTADO.

Pressionado para tomar uma decisão sobre meu próximo filme, sufocado pelos afetos desmedidos da fama recente *e* tendo que lidar com uma mãe imprevisível, eu queria ir para um lugar onde ninguém soubesse meu nome. Precisava reafirmar que eu, Matthew, não minha *fama*, era a justificativa por trás de qualquer adulação que recebesse. Precisava ir a algum lugar onde os afetos que recebesse se baseassem apenas no homem que esses estranhos conhecessem *após* minha chegada, não antes. Precisava ouvir meus pensamentos – me desconectar para me reconectar – para me acostumar com minha nova posição de influência, avaliá-la, me deslumbrar menos com ela, ganhar discernimento e descobrir que tipo de papel, que tipo de filme *eu* queria fazer agora. Eu precisava sentir fome. E aí...

TIVE UM SONHO ERÓTICO.
Isso mesmo, a emissão involuntária de sêmen sem penetração e sem o envolvimento de mãos e bocas durante o sono. Raros porém bem-vindos, esses sonhos lúcidos *costumam* estar relacionados a atividades sexuais. Mas aquele não foi um sonho erótico normal.

Eu boiava de costas no rio Amazonas, enrolado em cobras e serpentes, cercado por crocodilos, piranhas e tubarões de água doce. Numa montanha à minha esquerda havia membros de povos africanos alinhados lado a lado, a perder de vista.

Eu estava em paz.
Onze frames.
Onze segundos.
Então gozei.
Acordei.
Eita.
Todos os elementos de um pesadelo, mas tinha sido um sonho erótico.

SINAL VERDE.

O que isso significa?, me perguntei.
Eu tinha certeza sobre dois elementos do sonho. O primeiro era o rio *Amazonas*, e o segundo era o povo *africano* na montanha. Me levantei da cama, peguei meu atlas e abri na África.

Comecei a procurar pela Amazônia.

Bom, como você deve saber, eu perderia um bom tempo procurando o rio Amazonas na África, porque não o encontraria. Passei duas horas em busca do rio até me dar conta de que...

Era o continente errado. A Amazônia fica na América do Sul.

Caramba, sonhos são confusos. Mesmo assim, era um sinal, exatamente o que eu estava procurando.

Era hora de ir atrás do meu sonho erótico.

> Só porque há lugares vazios não significa que estejam livres.
>
> Às vezes, a lista de convidados precisa incluir apenas **uma** pessoa.
>
> Você.

∞

Enchi a mochila com o mínimo possível de roupas, meu diário, a câmera, um kit de primeiros socorros, um comprimido de ecstasy e minha faixa de cabeça favorita, então embarquei sozinho numa viagem de 22 dias para o Peru, para encontrar o rio Amazonas e boiar nele. Sim, o que fica na América do Sul.

Fui para Lima, então para Cusco, onde encontrei um guia, e planejamos toda a minha jornada de três semanas até o rio Amazonas enquanto nos esbaldávamos com *anticuchos** e pisco. Fiz trilha pelos Andes, caminhei ao longo do rio Urubamba até chegar à cidade perdida de Machu Picchu ouvindo o álbum *Uh-Huh*,** de John Mellencamp, no meu walkman. Então, peguei um ônibus, um barco e um avião para chegar à maior cidade do mundo sem acesso por carro – Iquitos, a "capital peruana da Amazônia".

---

* Coração de boi grelhado: a primeira refeição perfeita em um país em desenvolvimento. Você já passa mal no começo da viagem para passar menos mal depois.
** Meu irmão Pat me apresentou o álbum *Uh-Huh* em 1983. Minha música favorita dele, "Pink Houses", sempre foi o melhor exemplo de uma típica canção americana para mim – fala sobre gerações, fé e sonhos perdidos e achados – e foi essencial para me tornar o tipo de patriota que fui e sou.

Era a 12ª noite da minha aventura de 22 dias, e eu estava me instalando no acampamento. A essa altura tinha andado mais de 130 quilômetros e no dia seguinte enfim encontraria as águas do meu sonho, o rio Amazonas. Até aquele momento da viagem, eu vinha tendo dificuldade em me fazer presente – de tão empolgado com o que a Amazônia significaria para mim, eu havia ignorado boa parte da beleza do caminho até ali. Ainda tinha problemas de identidade, sentia culpa pelos pecados do passado e estava solitário e enojado com minha própria companhia.

Na minha tenda, enfrentando meus demônios, eu não conseguia dormir, então parei de tentar. Resolvi tirar a roupa, junto com todos os emblemas, as marcas, as expectativas e as afiliações que carregava. Me livrei do boné americano que simbolizava meu patriotismo, do pingente com nó celta que simbolizava minha ascendência irlandesa, do amuleto com a bandeira do Texas que mostrava meu orgulho pelo estado, e de todos os outros mascotes inspiradores de aventuras passadas. Descartei até o anel de ouro que meu pai tinha me dado, feito com o ouro derretido dos anéis de formatura dele e da minha mãe, e de um dos dentes dela. Joguei fora cada imagem que já havia me oferecido conforto, segurança, orgulho ou confiança. Todas as parafernálias e representações, a embalagem em volta do meu produto, foram embora. Até dei uns socos na minha própria cara, só para garantir. Quem era eu, não só na *viagem*, mas na *vida*? Agora nu e reduzido a nada, eu era só um *filho de Deus*, nada mais. Ensopado em suor frio, vomitei até não restar mais bile em mim, depois desmaiei, exausto.

> Às vezes, precisamos deixar para trás aquilo que sabemos para descobrir o que sabemos.

∞

Horas depois, acordei na 13ª manhã com o sol nascendo. Surpreendentemente renovado e cheio de energia, me vesti, fiz um chá e fui dar uma volta. Não em direção ao meu destino ou com qualquer expectativa, só por andar mesmo, sem rumo. Eu me sentia maravilhoso – vivo, limpo, livre, alegre.

Seguindo por um caminho lamacento, virei uma curva e me deparei com uma miragem no meio da trilha, nos tons de rosa, azul e vermelho mais maravilhosos que eu já tinha visto. Elétrico, brilhante, vibrante, pairava pouco acima do chão da floresta, pulsando como se estivesse ligado numa usina de energia neon.

Parei. Olhei. Dei um passo para trás. Não havia como atravessar aquilo, e não era uma miragem. O chão da floresta era, na verdade, um caleidoscópio de milhares de borboletas. Era espetacular.

Passei um tempo ali, boquiaberto, fascinado. Deslumbrado, ouvi uma voz baixinha na minha cabeça dizer as seguintes palavras:

Tudo que eu quero é o que vejo,
tudo que vejo está bem à minha frente.

Já sem qualquer pressa para chegar a algum lugar ou ansiedade pelo que encontraria na próxima curva, no próximo instante, no próximo momento, o tempo passava mais devagar. Ergui o queixo para o céu e murmurei *obrigado*, fitei o caminho além da massa gigantesca de borboletas flutuantes e, pela primeira vez, vi o rio Amazonas.

A torre feita de todas as minhas ansiedades agora estava caída lateralmente diante de mim, tal qual o rio vagaroso que eu estava vendo, e pela primeira vez em meses me senti em paz.

A tradução dos textos das páginas 164-165 está nas páginas 314-315.

cont - yes, he plays a character, but the character is alw
personal P.O.V and forms all opinions w/out personal bias. -
of nature.. I am in the garden, and the freedom - song of ple
I dreamed of living here 1) for good 2) b/tween films 3) to
They dance for a lady at daybreak & nightfall only. -
==appreciate a place, a character, a time. I must think==
==goodness; God has such a colorful backyard ✸ I believe==
==he can see what he knows== - man must exit the com
the ears that listen, the pillows that he rests on - an
his mind has a thought, and his mouth goes to sp
and his God. In a time, in an America, when our
anywhere, with anyone, at anytime - by way of ph
comforts of home, they are so hard to leave, and Rig
==when we 'fear' leaving them, or 'not' having them==
==jeopardy of losing our 'self' and our God==. Technolo
it is man-made, not God-given — So, man <u>must</u> exit
His may be, and watch, listen, see a place ● where no
that has no 'choice' (Mother Nature) so he can have
survive, where he is, w/out luxuries, and survive where
==he needs, and we all know it is a necessary, to survive==
truths and the soul, that And the freedom that has c
luxuries (phone, friends, t.v.,) are so clear and pure, th
and mind. <u>One must leave home if he is to find</u> 'Ho
home. → So. Just like we stop praying & seeking when we
remember when there is unrest in our lives; man mus
              to leave
to solve a problem. Act, don't react - and yes, the co
so go away from what you know, to find out what you know
is a luxury. Go away to your breeding ground, return,
       luxurious
[A smile I like has crossed my path, a walk I like has
 colors I see are brighter than before - I won't say I f
 opened the doors of my home and let them in. - I
 want'. that I don't have here with me now.
==Beliefs== are better than ==conclusions== b/c you can drive th
The Model T on the showroom floor, there for all to ooh and

HIS P.O.V. whereas the chameleon disregards his
...derstanding pleasure. Watch closely & listen to the ways
... around me. Goodnight Mateo, I love you, dream sweetly
4) vacationing here. 4:45 AM. - up to watch Cock of Rocks
...ive here 1/2 the year realistically — <u>I believe to</u>
<u>place to live</u> permanently — find the likeness, the
... is a necessity of man to leave what he knows so
luxuries, the friendships, the advisors, the advice,
...imself "into a corner," <u>into a place</u> where, when
there is no one there to listen, but himself,
have b/come our necessities, when we can be
...sion, autos, planes, carphones, stereos ... oh, the
b/c I would not want to surrender mine, but
fear being able to survive, then we are in
...ically good; but we must respect it as a luxury, b/c
... as we know it, go to the garden, wherever
... anything for him but him 'self' — be in a place
but choice, he can do <u>nothing but choose</u> how to
turn, with the luxuries. <u>Every man must know what</u>
...ard to leave our place (home, U.S.A.) but the
path, without the interruptions I welcome as
... places that are 'home' in every man's heart
...lia, Peru.) — Women with wet eyes make me feel ol...
...s well (success, in the groove = luxuries) and only
...'s home' when, if <u>not before</u> it b/comes <u>necessary</u>
...ll come, as God's reminder of our mortality,
...t necessity bear your luxuries, b/c necessity
...t with pleasure; <u>create, appreciate, respect</u>. — I found
...y path, a necklace I like, is around my neck,
... own them now, b/c they found me, I simply
...t to possess anything, there is nothing I really
see, yes, and all I see, is in front of me: <u>To be present</u>
...d of just look at them. like Conclusions are
...le belief is the 81 228 on the highway —
    PRACTICALITY WINS OUT 11.8.96

Horas depois, voltei ao acampamento para buscar minhas coisas e seguir minha jornada. Quando cheguei, meu guia gritou para mim em espanhol:
– *Sois luz, Mateo, sois luz!* (Você é luz, Matthew, você é luz!)

Agora perdoado, eu tinha me libertado da culpa, deixado a confusão para trás, pagado minha penitência. Fiz as pazes comigo mesmo e apertei minha própria mão. Daquela manhã em diante, me tornei presente, aceitando *apenas o que via bem à minha frente*, dando a essas coisas o valor que mereciam. Ao longo das duas semanas seguintes fiz trilhas, andei de canoa e até abri caminho com um facão pela floresta amazônica sob efeito da minha única dose de ecstasy.

E sim: *boiei pelado de costas no rio Amazonas*, mas sem estar cercado por cobras, crocodilos, tubarões ou piranhas, como no sonho. Acho que os animais não tinham mais motivo para fazer isso. No último dia, tomando banho no rio, vi o que parecia ser a ponta da cauda de uma sereia entrando na água e seguindo com a corrente. Acenei de volta para ela.

Eu havia me deparado com uma verdade. Eu a encontrei? Não sei, acho que foi ela que me encontrou. Por quê? Porque me coloquei num lugar em que fui encontrado. Me posicionei para recebê-la.

Como sabemos quando nos deparamos com uma verdade ou quando uma verdade se depara com a gente?

Acredito que a verdade esteja o tempo todo ao nosso redor. Os anjos anônimos, as borboletas, as respostas, estão sempre presentes, mas nem sempre conseguimos identificá-los, alcançá-los, ouvi-los, vê-los ou acessá-los porque não estamos no lugar certo.

Precisamos bolar um plano.

SINAL VERDE.

> Deus, quando eu me deparar com uma verdade, me dê
>
> **percepção** para **recebê-la**
>
> **consciência** para **reconhecê-la**
>
> **presença** para **personalizá-la**
>
> **paciência** para **preservá-la**
>
> e **coragem** para **vivê-la**

Primeiro, devemos **nos posicionar no lugar certo** para receber a verdade. Vivemos num mundo barulhento, com compromissos, prazos, problemas, tarefas e expectativas, e tudo isso nos impede de ter clareza e paz de espírito, sendo famosos ou não. Então devemos nos posicionar deliberadamente para receber essa clareza. Seja por oração, meditação, caminhadas, estando na companhia certa, uma viagem de carro... Isso depende de cada pessoa.

Depois de nos posicionarmos para escutar a verdade e sua música, precisamos ter **percepção suficiente para recebê-la** e **consciência suficiente para reconhecê-la**. Ela chegará sem nome, porque é clara, onipresente, onisciente e infinita. Costuma pousar como uma borboleta, rápida e silenciosa. Quando a deixamos entrar, ela não precisa se apresentar.

Então a relação pode começar, e precisamos de **presença para personalizá-la**. É aqui que a verdade anônima se torna íntima e autônoma. Nos perguntamos o que ela significa, como ela é única para nós e por que está aqui agora.

Depois vem a parte mais difícil, ter **paciência para preservá-la** - levando-a do nosso intelecto para nosso interior, nossa alma e nossos instintos. Devemos dar atenção a ela, nos concentrar nela, mantê-la iluminada e evitar que escape. Isso exige comprometimento, tempo e cuidado.

Se chegarmos até *aqui* após nos posicionarmos para receber a verdade, reconhecê-la como tal, nos apropriar dela e preservá-la, então será hora do golpe de misericórdia...

Ter **coragem para vivê-la**. Para de fato sair *daquele lugar* onde ela nos encontrou, levá-la conosco para a arena barulhenta do dia a dia e praticá-la, torná-la uma parte ativa de quem somos.

Se conseguirmos fazer *isso*, estaremos a caminho do Céu na Terra.

Onde o que queremos é o que precisamos.

Onde o que precisamos é o que queremos.

◎

Voltei para Hollywood e logo decidi interpretar Palmer Joss em *Contato*, de Robert Zemeckis, junto com Jodie Foster. Após minha jornada espiritual na Amazônia, minha escolha de viver um homem que acreditava em Deus num mundo de ciência estava muito próxima da verdade naquele momento da minha vida e de onde eu queria passar meu tempo diante das câmeras. Jodie Foster era a protagonista, e as pessoas questionaram por que aceitei o "papel feminino", como descreveram na época, em vez de aceitar outros papéis *principais* que me ofereciam. Eu estava mais do que satisfeito com a minha decisão, tendo em vista que queria atuar em "papéis filantrópicos e histórias de autodescoberta", com grandes diretores.

Ao fim das gravações, segui andando de canoa por rios, mas agora estava pronto para remar pelas autoestradas dos Estados Unidos, então comprei uma van GMC Savana modelo 1996 e a adaptei de acordo com minhas preferências. Tirei tudo do interior, com exceção dos dois bancos confortáveis da frente, e instalei um console feito sob medida, com um cooler e um ralo escondidos, um sistema de autofalantes parecido com o que tinha na picape no ensino médio e um microfone Rode NT1-A com isolamento acústico em um suporte dobrável conectado a um gravador de fitas cassete, preso ao teto acima do banco do motorista, para fazer gravações de alta qualidade enquanto dirigia. Muitas foram transcritas e estão neste livro. Gastei 10 mil num amplificador Alpine, um equalizador Tancredi e caixas de som Focal ES para um sistema de som vintage top de linha, instalei um sofá-cama com estampa de leopardo na traseira e fiz um furo no chão para colocar um funil e poder fazer xixi sem precisar parar. Batizei a van de "Cosmo" e caí na estrada com a Srta. Hud.

```
        Nunca me importei muito com destinos.
    A ideia de chegar é finita demais para minha
              imaginação e meu senso musical.
     Só quero uma direção e uma estrada com 16 pistas,
  com espaço para dar guinadas e explorar os arredores.
       Como o jazz, prefiro encarar a vida como um rio.
```

○○

Após alguns meses viajando pelas estradas americanas e dormindo no sofá-cama ou em hotéis de beira de estrada, eu e a Srta. Hud resolvemos que estávamos prontos para ter uma vida de companheiros de estrada, então fizemos um upgrade: compramos um trailer Airstream de 8,5 metros, o prendemos na traseira de Cosmo e passamos a carregar nossa casa pela estrada.

Agora autossuficientes, eu e a Srta. Hud nos tornamos aquilo que o mundo dos trailers chama de "viajantes em tempo integral". Percorremos caminhos de Manitoba à Guatemala, fomos a 48 dos 49 Estados Unidos continentais. Nossa bússola era nossa vontade. Nosso cronograma era a hora que quiséssemos. Vai ter um jogo de beisebol bom em Nova York daqui a três dias e o trajeto de Albuquerque, Novo México, até lá leva três dias? Então vamos sair de manhã e chegar a tempo do jogo. Vai ter um show do The Cult em Detroit na noite seguinte? Perfeito, vamos direto do jogo para lá.

Eu também fazia reuniões com diretores na estrada. Por exemplo, se estivesse em Utah e seguisse para o leste, poderia marcar com meu convidado em Boulder, Colorado, na manhã seguinte e buscá-lo no aeroporto. Então passávamos as sete horas seguintes dirigindo e conversando sobre o projeto antes de eu deixá-lo no aeroporto de Lincoln, em Nebraska, para o voo de volta. Meu lugar favorito sempre foi atrás do volante, e as estradas americanas sempre foram meu escritório ideal.

Fomos gravar em Rhode Island, onde tive a oportunidade de trabalhar com Steven Spielberg em *Amistad*, filme sobre uma revolta de pessoas escravizadas a bordo de uma escuna espanhola em 1839 e sobre o caso que chegou à Suprema Corte e se tornou importante para o movimento abolicionista. Também participei de *Newton Boys: irmãos fora da lei* com meu velho amigo Richard Linklater, diretor que me dera minha primeira oportunidade diante das câmeras. O filme era sobre uma gangue de irmãos que foram os assaltantes de trem e banco mais bem-sucedidos da história. O homem que interpretei foi "Willis Newton", que era da minha cidade natal, Uvalde, Texas. Um dos criadores da lógica do fora da lei, ele preferia *dar um tiro no cadeado a usar uma chave.*

Eu e a Srta. Hud gostávamos da vida nos campings e estacionamentos de trailers, sobretudo por causa das pessoas que conhecíamos e observávamos pelo caminho. Para mim, aquilo era uma escola sobre como atuar e contar histórias, um assento na primeira fileira para conhecer personagens reais na vida real. Era ao vivo, não uma gravação; comportamentos, não aparências. Eu escrevia no meu diário e fazia gravações no microfone diariamente.

Estacionamentos de trailers são cheios de renegados, fugitivos, palhaços profissionais, guitarristas de bandas de rock, azarados, amantes da natureza, beberrões, leitores, casais aposentados, mães solo, pessoas que andam de monociclos, inventores, criadores de padrões, jardineiros, sonhadores, almas perdidas, hippies, motoqueiros, drogados, viajantes e trabalhadores que passam os próprios ternos às seis da manhã. Uma coisa que *todos* adoram é cuidar da própria vida, e que você cuide da sua.

"Se a porta está fechada, não bata" é uma das principais regras da vida em estacionamentos de trailers. É claro que várias vezes eu escutei "o Matthew McConaughey está morando aqui", porém, após alguns acenos e cumprimentos, todo mundo sempre respeitou minha privacidade, porque a maioria das pessoas seguia as regras locais. Quando alguém desviava, o restante do camping fazia questão de apontar.

Por outro lado, se você *quisesse conhecer pessoas*, nas palavras de Bobby "Lagartixa Magra" Robinson, do camping de trailers La-Z-Daze, em Quartzsite, Arizona, *é só abrir o capô da picape, que um monte de gente vai aparecer pra ajudar.*

Eu e a Srta. Hud seguimos sem pressa pela estrada, indo aonde queríamos, quando queríamos, *com o lado reluzente para cima, o lado da borracha para baixo, e se estiver com pressa é só ir embora mais cedo*, como nos disse Robby "Grilo" McKenzie quando estávamos indo embora do camping à beira do rio em Gadsden, Alabama.

> Bom senso é como dinheiro e saúde: quando você tem, precisa se esforçar para manter.

∞

Durante uma gravação, eu e a Srta. Hud ficamos num camping na reserva da Nação Indígena Squamish, ao sul da ponte Second Narrows, em Vancouver, Canadá. Em pouco tempo fiz amizade com o cacique da reserva, Mike Hunt (sim, esse era o nome dele). Morando à beira do rio, os squamish eram exímios pescadores, mas tinham se tornado especialmente eficientes na arte de pescar salmão-prateado. Em vez de se aventurarem em canoas com iscas e varas, eles entravam nos riachos rasos da região e construíam um muro de pedras que conduzia os peixes à abertura de um carrinho de compras abandonado de um supermercado local. Não era um bom esporte, na verdade nem esporte era, mas era um processo altamente confiável. Eu grelhava filés de costela na churrasqueira do meu trailer e trocava por salmões-prateados recém-pescados nos carrinhos de metal.

Um dia, um paparazzo chegou ao camping com o objetivo de me fotografar. O cacique Hunt e seus irmãos o procuraram para dizer que ele não era bem-vindo na reserva.

– Por quê? – perguntou o paparazzo.

– Porque você está incomodando um dos nossos irmãos.

– Ah, que pena – debochou o paparazzo. – Eu paguei o aluguel, e este é um país livre!

– Não *nesta* reserva.

O cacique Hunt e seus irmãos escoltaram o cara para fora da reserva naquela noite. Não só nunca mais o vi de novo, como ele não chegou a me ver lá – não conseguiu tirar uma foto sequer.

Seis semanas depois, ao final das gravações, quando eu estava me preparando para ir embora, o cacique Mike e seus irmãos me deram um presente de despedida, um remo entalhado à mão com o símbolo da Nação Squamish, um pássaro do trovão.

– O remo é o que dá à Nação Squamish sua direção na água – disse o cacique Hunt. – Que esta possa ser a *sua* bússola, para te proteger em suas viagens, irmão Matthew.

Desse dia em diante, passei a chamar carinhosamente meu trailer de "a Canoa".

SINAL VERDE.

> *LOCALIZE PARA PERSONALIZAR. ADAPTE PARA MODIFICAR. O HOMEM RENASCENTISTA ESTÁ EM CASA AONDE QUER QUE VÁ.*

◯◯

O sol tinha acabado de se pôr em algum lugar à margem do rio Clark Fork, no oeste de Montana.

Eu vinha dirigindo desde as oito da manhã, estava exausto e procurava um camping para esticar as pernas, descansar, assistir ao último jogo de futebol americano universitário na minha TV por satélite. Com a última cidade longe demais e a próxima a 80 quilômetros, eu estava no meio do nada quando vi a placa de camping iluminada pelos faróis à direita da pista. Diminuí a velocidade e peguei a estrada de terra que saía da rodovia.

Fui até o fim do caminho completamente escuro e ladeado por pinheiros. Parei, olhei ao redor – ninguém, nenhuma construção, nada. Eu e a Srta. Hud saímos do Cosmo para avaliar a situação e procurar pistas. Nada. Então, no meio do pinheiral, uns 40 metros mata adentro, vi o pequeno brilho alaranjado oscilante da brasa de um cigarro sendo fumado. Desliguei o motor, tranquei as portas, e, com a Srta. Hud a meu lado, segui na direção do brilho.

Ao me aproximar, vi um sujeito usando um uniforme branco de chef de cozinha, fumando, apoiado numa parede, a perna esquerda esticada, o joelho direito dobrado, me lembrando meu irmão Pat no ensino médio. Quando me aproximei, o sujeito perguntou:

– Procurando vaga?

– Sim, a céu aberto na direção sul, pra minha antena pegar.

Sem mudar de posição nem pausar a tragada, ele apontou a cabeça para a direita.

– Fala com o Ed no bar, ele dá um jeito.

Eu e a Srta. Hud seguimos em frente e encontramos uma grande porta de madeira na estrutura imensa, semelhante a um celeiro, onde o chef estava apoiado. Quando abri a porta, uma onda de luz, música e diversão escapou de dentro. Era uma taverna, e era sábado à noite. Com paredes grossas o suficiente para você só perceber ao *entrar*, o lugar estava lotado, agitado.

Entramos e começamos a procurar o bar quando os grandes olhos castanhos e simpáticos de uma garçonete do povo Cheyenne nos encontraram.

– Oi, meu nome é Asha – apresentou-se ela. – Posso te ajudar?

– Pode. Estou procurando o Ed.

Ela apontou com a cabeça para o outro lado do salão.

– É aquele ali, atrás do bar.

Olhei na direção e vi o bar lotado e uma cabeça grisalha com cabelo comprido e começando a ficar calva.

– Valeu, Asha.

– De nada, me avisa se precisar de mais alguma coisa – disse ela com uma piscadela, desaparecendo na multidão.

– Ei, Ed?! – falei alto, tentando chamar a atenção dele em meio à barulheira.

– O que você quer?! – berrou Ed enquanto servia um chope, mal olhando por cima do ombro.

Ocupado com os pedidos da clientela local, Ed não estava interessado em *novos* clientes naquela noite. Seguiu no comando da chopeira.

Ed tinha um tique epiléptico – seu rosto se contorcia e sua língua saía da boca involuntariamente –, mas era nítido que a condição não abalava em nada sua posição de concierge do salão.

– Uma vaga pro meu trailer a céu aberto na direção sul! – berrei do outro lado do bar.

– Com o que no céu?! – rebateu ele, finalmente se virando para ver quem era aquele visitante indesejado pedindo coisas que não faziam parte do cardápio.

– Uma vaga a céu aberto na direção sul – falei, apontando –, pra minha antena conseguir pegar o sinal pro jogo de futebol americano das nove.

Indo entregar o chope que tinha acabado de servir, ele olhou na minha direção e disse:

– Não.

– Ei, você é o Matthew McConaughey? – perguntou uma voz alcoolizada à minha esquerda.

Num tom bem firme para não parecer uma presa fácil e me tornar a diversão da noite,* respondi de um jeito meio babaca:

– Há 29 anos. Por quê?

Bêbado demais para notar minha grosseria, o sujeito abriu um sorriso de orelha a orelha e disse:

– Porraaa, eu *sabia*!

Ele pegou minha mão e a apertou.

– Eu me chamo Sam, senta aqui e deixa eu te pagar uma bebida, quero te apresentar ao meu tio Dave. Ele foi no cagódromo, mas já, já volta.

Concluí que aquele lugar parecia mais divertido do que uma partida de futebol americano, e, como eu não conseguiria mesmo meu céu aberto na direção sul, cedi.

– Vou só levar minha cadela pra passear e estacionar meu trailer, volto em meia hora.

Quando me afastei do bar ouvi uma voz berrar de trás da bancada:

– São 11 pratas! Pega a vaga que quiser, estão todas livres.

Era o Ed.

Meia hora depois, voltei e me apoiei no bar entre Sam e seu tio Dave.

– Vai beber o quê, Matthew?

– Uma dose dupla de tequila com gelo – falei, alto o suficiente para Ed me ouvir, mas ele não escutou.

– Vem cá, princesa – disse Sam para Asha, que passava por nós –, traz uma dose tripla de Cuervo com gelo pro meu grande amigo Matthew, tá bom, linda?

---

* Às vezes, preciso determinar limites imediatos, senão as pessoas tiram vantagem do meu tempo – pedindo autógrafos, fotos, telefonemas para a babá da tia de segundo grau que é "muito fã" minha. Naquela situação específica, todo mundo estava alegre, e era eu quem estava no território alheio, então preferi deixar logo claro que não estava ali para ser uma atração. Se eu tivesse respondido com um simpático "Sou, como você sabia?", acabaria sendo tratado como um palhaço de circo. Ao dar uma resposta curta e grossa, mostrei de cara para o Sam e para todos ao redor que não estava ali para divertir ninguém. Precisei mostrar um pequeno sinal amarelo para conseguir meu sinal **verde**.

– Tá bom, Sam, e você sabe que meu nome é Asha, então não precisa ter medo de me chamar assim – disse ela, piscando.

Olhei ao redor. Todo mundo sorria, paquerava, comia, bebia, dançava, brincava nas máquinas de caça-níquel. Parecia que ninguém estava ali pela primeira vez e que alguns frequentavam o lugar havia anos, sobretudo Sam.

– Ei, querida, pega outra rodada pra gente? – flertou ele mais tarde com outra garçonete. – Mais três aqui, princesa! – disse ele para outra na vez seguinte.

Notei que, sempre que Sam as chamava por um termo carinhoso, todas pediam que ele usasse o nome delas. As garotas não se sentiam ameaçadas e pareciam tratá-lo com afeto.

Entre a quarta e a quinta rodadas, Sam se levantou para ir ao banheiro, então me virei para seu tio Dave, que tinha passado a noite inteira sentado a meu lado em silêncio, e perguntei:

– Por que o Sam chama todas as garçonetes de "gata", "linda", "querida" ou "princesa", e elas pedem pra ele chamá-las pelo nome?

Tio Dave tomou uma golada antes de olhar no fundo dos meus olhos e responder:

– O Sam perdeu sua primeira e única esposa duas semanas depois de se casarem, há seis anos, e, após seis anos vindo aqui seis vezes por semana, ainda não consegue se lembrar do nome de nenhuma garçonete. Ele não lembra ou não consegue dizer o nome de *nenhuma* mulher desde que aconteceu. É incapaz.

Por volta das três da manhã, com o bar mais vazio mas a festa ainda longe de acabar, eu estava jogando dados com mais de dez clientes. Josie, a gerente do hotel da taverna, tinha 35 anos, dentes tortos, cabelo ralo, uma calça social uns 20 centímetros mais larga que sua cintura presa com um cinto de couro, um leal labrador preto a seu lado e um filho de um ano dormindo num carrinho de bebê ao seu lado – tudo graças a uma noite pouco mais de dois anos antes, quando estava de passagem por ali, assim como eu, e conheceu um cara chamado Jack no mesmo bar. Os dois foram para o quarto dele no hotel e transaram. Quando ela acordou no dia seguinte, Jack tinha sumido, mas o labrador preto dele continuava ali, então ela seguiu "esperando por um tempo", até que uns dois meses depois descobriu que estava grávida. Naquela noite, Josie estava "jogando dados para comprar pneus novos, porque no mês passado dirigi por 12 quilômetros com um pneu furado e estraguei os outros três".

Ali também estava Donnie, que cultivava cogumelos orgânicos e morava num chalé com Donna. Quanto mais bêbado ele ficava, mais sentimental e preocupado se tornava com a possibilidade de o pessoal "achar que ele está dormindo com a Donna". "D e D", dizia todo mundo, provocando os dois. A questão era que Donna era casada, mas fazia um ano que seu marido estava no Alasca, trabalhando numa empresa petrolífera. Ela admitia que já tinha pensado em *transar* com Donnie, porque:

– Ele é um homem, e eu sou uma mulher. – Mas continuou: – Só quero ajudar, porque ele não tem onde ficar, e eu tenho um quarto sobrando. – Donna tinha dois mestrados, mas: – Diplomas não servem para nada em Montana. Trabalho o dia todo na Humane Society a 80 quilômetros daqui, em Missoula, e de garçonete aqui à noite. – Então me mostrou os pelos que estava deixando crescer nas pernas e axilas desde agosto. – Pra me preparar pro inverno – explicou.

Bill e Susie eram casados havia 22 anos e tinham um bar a menos de 25 quilômetros dali, mas o estabelecimento vivia no vermelho e eles resolveram se aposentar. Susie jurava que ser mãe dos dois filhos adolescentes do casamento anterior de Bill era *bem mais difícil do que manter o bar aberto*. Bill disse que a maior exportação de Montana eram seus jovens. A educação básica do estado era excelente, e no geral os pais criavam bem os filhos, porém, como era difícil ganhar a vida ali, os jovens iam embora procurar trabalho.

– Mas, quando ganham dinheiro, *todos* voltam pra casa, porque não existe nada igual a Montana.

Ainda bem que eles não tinham vaga a céu aberto na direção sul.

<u>SINAL VERDE.</u>

⊕

Uma das maiores liberdades de viver em um trailer é poder juntar suas coisas, ir embora e encontrar um novo quintal *quando* quiser. Ir a eventos esportivos, shows, dormir no deserto, se deparar com um urso na sua janela ao acordar à beira de um rio em Idaho, fazer trilhas pelo vale Antelope em Utah, conhecer gente como eu fiz em Montana ou ser escoltado pela autoridade portuária pela Times Square em Nova York. Tudo isso é maravilhoso, mas também é preciso ter um lugar para receber correspondência. Eu gostava especialmente dos verões em Golden, Colorado, e dos outonos em Austin, Texas, então arrumei caixas postais em campings nos dois lugares. Esses lugares eram minhas "bases", endereços em que eu e a Srta. Hud passávamos mais tempo, onde eu lia minha correspondência, usava o sistema de luz e esgoto das cidades, passava tempo com velhos amigos e planejava as próximas aventuras.

Orações de executivos

Você já esteve em uma igreja batista no sul dos Estados Unidos?

Eles têm orações de verdade.

Oram por coisas de que *precisam*.

Deus, se eu estiver doente, me dê um médico.

Deus, se eu for processado, me dê um advogado.

Deus, se eu estiver com frio, me dê um cobertor.

Deus, se eu estiver com fome, me dê um pouco de comida.

Orações de trabalhadores.

Mas também existem os fiéis privilegiados.

Eles fazem orações falsas.

Oram por coisas que *desejam*.

Deus, me ajude a ganhar este jogo.

Deus, faça minha mãe comprar este vestido para mim.

Deus, me ajude a ser indicado ao Oscar.

Deus, me permita conseguir este iate.

Orações de executivos.

Precisamos parar de pedir a Deus para atender a *esse* tipo de oração.

Ele está ocupado

tentando arranjar pneus novos.

parte cinco

VIRE A PÁGINA

23 DE OUTUBRO DE 1999

Após mais de três anos na estrada, eu e a Srta. Hud começamos a querer mais vida doméstica. Lençóis mais limpos, uma cozinha completa e um chuveiro com mais pressão pareciam o paraíso. Assim, resolvi alugar uma casa de dois quartos no tranquilo bairro de Tarrytown, no coração de Austin, Texas. Além dos outonos e de ter feito faculdade lá, eu gostava de Austin porque era uma cidade onde eu sempre podia ser eu mesmo. Este é o segredo que torna Austin tão legal. Ali você só precisa ser *você mesmo*, e Austin gosta de quem faz isso. Ela nunca precisou que eu provasse que fazia filmes, sempre ficou apenas feliz de me ver.

Tarrytown era o tipo de bairro em que cachorros andavam sem coleira, crianças jogavam bola na rua sem se preocupar com carros e avós viviam na mesma casa em que tinham nascido. Eu tinha um jardim para cuidar, um baseado para fumar antes disso *e* a temporada de futebol americano da minha faculdade para assistir. Ao vivo.

No fim de uma tarde de sábado, eu estava no estádio Darrell K Royal Memorial quando meu time, Texas Longhorns, que estava na 18ª posição do ranking nacional, venceu por 24 a 20 os Nebraska Cornhuskers, até então invictos e na terceira posição. A cidade estava em polvorosa, e eu também. Era hora de comemorar.

Varei a noite na farra, então varei domingo também, sem dormir nada.

> **SE VOCÊ ESTIVER CHAPADO O SUFICIENTE, O SOL SEMPRE ESTARÁ BRILHANDO.**

◎

Às duas e meia da madrugada daquela segunda-feira, enfim decidi diminuir o ritmo. Estava na hora de apagar as luzes, tirar a roupa, abrir a janela, deixar o cheiro de jasmim do quintal entrar em casa. Estava na hora de fumar no bong e escutar as batidas africanas melódicas de Henri Dikongué nas caixas de som. Estava na hora de pegar meus tambores cerimoniais afro-cubanos favoritos e acompanhar o ritmo do blues falando em línguas.

Para mim, congas, bongôs e djembês sempre foram os instrumentos mais puros e instintivos. Não usam baquetas, eletricidade, equalizadores, cordas, ferramentas ou apetrechos, só pele contra pele com a linguagem, a oração e a dança mais analógicas do mundo – a percussão. A raiz da música das raízes da música, a África. Estava na hora de me perder naquilo, de voar no barato, de mergulhar no sonho. Estava na hora de uma *jam session*.

O que eu não sabia era que, enquanto me acabava de bater tambor, dois policiais de Austin também achavam que *estava na hora* de invadir minha casa sem anunciar sua presença, me derrubarem no chão, me algemarem e me imobilizarem.

– Ahhh, olha só quem temos aqui – disse o policial bombado com cabelo raspado dos lados que *estava com cara* de ser torcedor dos Nebraska Cornhuskers, ao pegar minha carteira de motorista na mesinha de centro. Em seguida, pegou o bong. – E olha só o que temos aqui. Sr. McConaughey, o senhor está preso por perturbação da paz, posse de maconha e resistência à prisão – anunciou ele, todo orgulhoso, com o joelho nas minhas costas.

– Vai tomar no cu, seu filho da puta! Vocês invadiram a minha casa! É claro que eu resisti, caralho!

– Já chega! – grunhiu ele, me puxando para que eu ficasse de pé. – Vamos te levar pra delegacia.

O outro policial, que era mais educado, pegou uma manta no sofá e fez menção de cobrir meu corpo.

– Ahhh, não! – bradei. – Não vou colocar essa *merda*! Minha bunda é *prova* de que eu estava cuidando da minha vida!

Os dois me escoltaram para fora de casa, passando pelo pátio da frente a caminho da rua. Ainda pelado e não querendo admitir a inevitabilidade da minha situação, relativizei e concluí que seria brilhante *escalar as paredes* da passagem que dava para o portão e *dar um salto mortal para trás*, passando por cima do policial bombado que estava atrás de mim. Meu raciocínio foi que, em pleno ar, de cabeça para baixo, eu *me dobraria, passaria os pulsos algemados por baixo da bunda e por trás das pernas* e aterrissaria *atrás* do bombado com as mãos presas à frente. No hora, imaginei que os policiais ficariam tão impressionados com a façanha acrobática que desistiriam de me prender e me liberariam. Eu sei, era uma idiotice, mas tenha em mente que eu estava comemorando havia mais de 32 horas seguidas.

Jamais vou saber se meu plano era fisicamente possível ou não, porque ele não foi concretizado: *antes de eu subir três passos na parede*, o bombado me derrubou de volta no caminho de tijolos.

Enquanto isso, a notícia da minha prisão provavelmente se espalhou pelo rádio da polícia, porque quando olhei para a rua vi seis viaturas com sirenes ligadas e uns 40 vizinhos.

– Tem certeza de que não quer se cobrir? – perguntou de novo o policial educado.

– Sem chance, isto é PROVA da minha inocência!! – berrei, para que todo mundo no quarteirão e mais além pudesse ouvir.

Eles baixaram minha cabeça, me colocaram no banco traseiro da viatura e me levaram para a delegacia. Quando chegamos, recusei o cobertor pela terceira vez e subimos a escada para a entrada da delegacia.

Logo na entrada fui cumprimentado por um detento todo tatuado de uns 2 metros e 130 quilos que prestava serviço na delegacia. Ele segurava uma calça de uniforme laranja. Antes que ele dissesse uma palavra, anunciei:

– Prova da minha inocência, cara.

Ele simplesmente me encarou, parecendo entender, mas mantendo o bom senso.

– Todos nós somos inocentes, cara – disse. – Confia em mim, é *melhor* você se vestir.

Não sei se foi seu olhar honesto, o fato de ele ser um criminoso como eu ou a súbita compreensão de que é melhor escutar quando um presidiário de 2 metros e 130 quilos, que parece uma muralha, lhe diz que *É melhor vestir uma calça antes de entrar no xadrez*, mas o fato é que finalmente cedi.

– Beleza.

Ele se ajoelhou, enfiou minhas pernas na calça e a puxou para cima até chegar na altura da cintura. Então fui para o xilindró.

∞

Às nove e meia, com meu barato de mais de 30 horas transformado em ressaca, eu estava sentado no canto da cela quando duas pessoas apareceram do outro lado da grade.

– Sr. McConaughey, sou a juíza Penny Wilkov, e este é o advogado criminal Joe Turner. – Um carcereiro abriu a porta da cela. – Não sei como uma reclamação de perturbação da paz se transformou num delito maior de resistência à prisão e posse de 50 gramas de maconha, nem por que dois de nossos policiais arrombaram sua casa sem anunciar a presença antes. Vou rejeitar as acusações de perturbação da paz e posse, e te dar liberdade provisória mediante pagamento de fiança por resistir à prisão. Não entendo nem concordo com a maneira como a situação se agravou.

– Bom, juíza Penny, não sei direito o que *nada* disso significa, mas também não concordo – respondi.

Joe Turner, mesmo advogado que tinha defendido Willie Nelson com sucesso em um caso de posse de drogas anos antes, falou:

– Excelência, todos nós concordamos que a situação saiu de controle muito rápido, mas a senhora também precisa entender que os policiais literalmente invadiram a casa deste homem enquanto ele tocava tambor como veio ao mundo! Resistir à prisão foi um ato de autodefesa! Sugiro que a senhora rejeite também essa acusação e que meu cliente se declare culpado de perturbação da paz, já que de fato estava tocando tambor bem alto às 2h36 da madrugada.

– Combinado, caso encerrado – disse a juíza.

– O que *isso* significa? – perguntei.

Joe pegou a carteira, tirou uma nota de 50 pratas, a balançou na minha cara, me encarou e disse:

– Significa que vou pagar a taxa pra te liberar e você me deve 50 pratas, mas pode ir embora. Tem um carro te esperando nos fundos, ou você pode ir falar com a imprensa na frente da delegacia, porque tem um monte de gente lá fora. Toma esta bolsa com roupas limpas que seu vizinho deixou aqui.

Agradeci aos dois, me vesti no banheiro, lavei o rosto com água fria, respirei fundo para tentar amenizar a tristeza que começava a se instaurar em mim. Por que tristeza?, talvez você se pergunte. Bem, é óbvio que eu tive sorte, saí da cadeia só 50 pratas mais pobre – isso não acontece com todo mundo que é preso por resistência à prisão e posse de maconha. O problema era que, como já falei, na minha família, não éramos castigados por *cometer* crimes, **e sim quando não conseguíamos nos safar deles**. Eu não tinha sido criado para ser preso, por qualquer coisa ou *qualquer* período de tempo, e embora aquele fosse um delito que já havia cometido e voltaria a cometer muitas vezes, eu não tinha conseguido me safar, e, por isso, me sentia culpado. A lógica do fora da lei.

Em busca de consolo, resolvi ligar para minha mãe antes de decidir por qual saída escapar da minha primeira prisão. Talvez por ter certeza de que ela não teria compaixão comigo, mas também por saber que ela brindaria à maneira como eu tinha me enfiado na situação. Seria *ela* quem atenderia o telefone ou minha nova fã? Eu não sabia. No fim das contas, foram as duas.

– O que *foi* que eles fizeram, Matthew?! Invadiram sua casa?! Mas que filhos da puta, não abaixa a cabeça pra essa gente – disse ela. – Não tem *nada* de errado em fumar um bagulhinho e tocar tambor pelado dentro da sua própria casa. Quem eles pensam que são, entrando na sua casa desse jeito?!

Justamente do que eu precisava. Desliguei e decidi enfrentar a multidão de jornalistas na frente da delegacia, em vez de fugir pelos fundos.

SINAL VERDE.

⊗

Dois dias depois, havia camisas estampadas com TAMBOR PELADO por toda Austin.

Emoldurei a multa por "violar a lei do silêncio".

O "bombado" acabou sendo exonerado da polícia.

Joe Turner conseguir remover a acusação de resistência à prisão da minha ficha criminal, e voltei a ser virgem, dando a volta por cima na vida de criminoso.

Mas minha comemoração de dois dias teve outras consequências.

Com a ajuda do editor de um jornal local, que teve a insensatez de publicar uma foto da minha casa *com* o endereço na primeira página da seção de notícias locais, em pouco tempo minha casa em Tarrytown se tornou atração turística, até para a população do bairro. Pessoas bem-intencionadas deixavam engradados de cerveja, tambores de diferentes tipos e muita maconha. Era divertido e gentil, mas minha ruazinha tranquila acabou se transformando numa avenida agitada de centro da cidade. Não havia mais cachorros sem coleira nem crianças correndo atrás de bolas sem prestar atenção nos carros.

A fama pode mudar as pessoas, mas nesse caso mudou um lugar. Eu tinha perdido meu anonimato outra vez, e não era justo comigo nem com meus vizinhos que eu continuasse ali, já que a paz que eu havia encontrado na Meadowbrook Drive tinha sido perdida. Todos protestaram muito contra a minha partida, mas não tive escolha. Estava na hora de nos despedirmos para sempre. Eu e a Srta. Hud fizemos as malas, quebramos o contrato de aluguel e voltamos para o Oeste.

```
As pessoas não se ferram pelo
que fazem

só se ferram quando são pegas.

A arte está em conseguir escapulir.

O criminoso não vive à margem da
sociedade, ele vive no centro,

no meio da multidão.
```

∞

Janeiro de 2000. Com uma greve de atores à espreita e poucos filmes desde meu último sucesso de bilheteria, eu precisava voltar para Hollywood e botar a mão na massa. Precisava entrar na mira do mercado, interagir com a cidade, marcar reuniões, conviver com as pessoas criativas que tomavam decisões.

Nem o desempenho de bilheteria de *The Newton Boys: irmãos fora da lei, Contato, Amistad, EDtv* e *U-571: a batalha do Atlântico,* nem minhas atuações nesses filmes atenderam ou elevaram as altíssimas expectativas sobre *Matthew McConaughey* na indústria cinematográfica desde *Tempo de matar.* As ofertas dramáticas de primeira classe que eu queria não apareciam mais. Eu ainda era um astro de grande apelo comercial, mas meu brilho havia diminuído, eu tinha perdido um pouco do *fogo,* como diz o mercado, e meu cabelo estava caindo.

Com a greve prestes a começar e Hollywood se desdobrando para iniciar o máximo de produções possíveis antes da interrupção dos trabalhos, consegui uma oferta *com valor acima do meu mercado* para interpretar o protagonista masculino de *O casamento dos meus sonhos,* com Jennifer Lopez. Li o roteiro, parecia divertido, o pagamento era generoso, e eu estava pronto para trabalhar. As gravações começariam em duas semanas no centro de Hollywood. Topei, e eu e a Srta. Hud nos acomodamos em nosso novo endereço no lendário Chateau Marmont, no centro de Los Angeles. Sim, onde John Bonham, do Led Zeppelin, andou de moto pelo saguão, e John Belushi teve uma overdose de cocaína no Bangalô 3.

Pronto para botar para quebrar, com as congas a tiracolo, descontei o cheque polpudo do estúdio, comprei uma calça de couro e uma moto Triumph Thunderbird, paguei 120 mil adiantados ao Chateau e peguei minha chave para o quarto que seria meu pelo tempo que quisesse.

Atuar em uma comédia romântica era diferente de tudo que eu já tinha feito antes. É um gênero concebido para ser *leve*, não bobo, e para divertir, e aprendi a gostar de ficar saltando de trabalho em trabalho conforme o necessário para manter o equilíbrio desse tipo de filme. Logo percebi que, ao contrário da atuação dramática, comédias românticas não permitem que você *se fie tanto na sua humanidade*, porque, do contrário, o navio afunda. Eu gostava desse tipo de trabalho – eram só **sinais verdes**, como um *personagem de sábado* numa história que era apenas uma série de sábados.

No Chateau, era sempre sábado, uma vida fácil, e eu estava com *tudo* de novo, comprometido com *meu camarada*. Ansioso por dançar com meus demônios, em vez de brigar com eles, eu queria encarar o abismo, fazer um acordo com o descontrole e ver se conseguia sair ileso.

Meus dias de "seria falta de educação recusar" e "não sou obrigado a fazer, então vou aceitar" levaram a muitas manhãs de "não sei" e "melhor não lembrar". Sabe como é: quando você está disposto a tudo, nada de bom acontece.

∞

Solteiro, saudável, honesto e ótimo partido, aproveitei a transitoriedade de um hotel de alta classe que estimulava a farra: transações; encontros amorosos; casos românticos; vida sem compromisso. Usei calça de couro. Andei na Thunderbird. Tomei muitos banhos durante o dia, raramente sozinho. Aproveitei.

Eu me joguei na diversão, na fama, nas noites sem hora para voltar para casa. Quando não estava trabalhando, estava lendo roteiros, tomando sol na piscina, escrevendo poesia, almoçando com amigos, levando a Srta. Hud para passear, correndo, depois me arrumando para me divertir sob as luzes de Hollywood. Com minha vida estava projetada para ser prática, essas aventuras noturnas podiam ser feitas *a pé*, o que era uma grande vantagem, levando em conta que eu adorava beber com liberdade. Eu saía com amigos para jantar e acabava voltando ao Chateau para farras tardias com música, dança e, vez ou outra, luta livre. No meu eterno desejo por customização e adaptação, também consegui uma chave da cozinha do hotel, que convenientemente usava para preparar filés às três da manhã.

beije o fogo e vá embora assobiando
Tomo vitaminas com cerveja,
mastigo mais fumo do que deveria,
rastejo por aí e persigo a lua,
e durmo com mulheres que voam em vassouras.
Só para conseguir beijar o fogo e ir embora assobiando.

Então recebi a oferta de interpretar Denton van Zan no filme *Reino de fogo*. Van Zan era um matador de dragões apocalíptico fodão que mastigava charutos, comia o coração dos dragões que matava e carregava um anão no ombro. A parte do *anão no ombro* acabou sendo retirada do roteiro, mas sempre a adorei. Imediatamente entendi e senti necessidade de um personagem como Van Zan. Um homem diferenciado, sozinho, que não estava fazendo o necessário para sobreviver, e sim para evitar a morte. Um homem que era uma ilha, cuja liberdade era seu isolamento.

Talvez tenha sido meu tour hedonista de 18 meses no Chateau – as bebidas, as mulheres, a gula. Talvez tenha sido um desejo agressivo de me distanciar das falsidades esfuziantes da emasculação que eu tinha vivido nas comédias românticas. Talvez tenham sido as duas coisas e várias outras. De toda forma, senti que estava na hora de voltar a fazer por merecer meus sábados. Eu precisava de alguns sinais amarelos.

Desde que me entendia por gente eu questionava minha existência e buscava sentido na vida, mas agora, pela primeira vez, também questionava a existência de Deus. Uma crise existencial? Não, eu chamaria de um desafio existencial, e estava disposto a encará-lo. Na verdade eu não parei de *acreditar em Deus*, mas me sentia autossuficiente e convicto do meu livre-arbítrio. Estava cansado das desculpas que o destino nos proporciona e pronto para mandar em mim mesmo, para arcar com a culpa *e* o perdão. Precisava aceitar que eram as *minhas* mãos que estavam no volante.

Cansado de me eximir de responsabilidade pela vida fácil, eu não queria mais saber de perdões não merecidos, de compaixão fingida, do protocolo de boas maneiras e delicadezas, de sentimentos autoindulgentes. Me parecia tolice viver pelo amanhã, se estamos todos indo a mil em direção ao sinal vermelho. Corajoso o bastante para admitir nas minhas orações que só podia contar comigo mesmo, mas medroso o bastante para seguir rezando, passei a crer que *tudo podia ser em vão*, e desisti de *fazer as coisas com um propósito*.

– Deus, se você estiver aí, espero que goste de um homem que sua a camisa para alcançar a autodeterminação – orava eu. – Espero que recompense um homem que decidiu parar de se esconder atrás da crença cega e fatal de que tudo está nas Suas mãos.

Van Zan se encaixava em mim. Eu estava pronto para incorporá-lo.

> Para os agnósticos:
>
> Só porque diz que é anônimo não quer dizer que não tenha autor.

∞

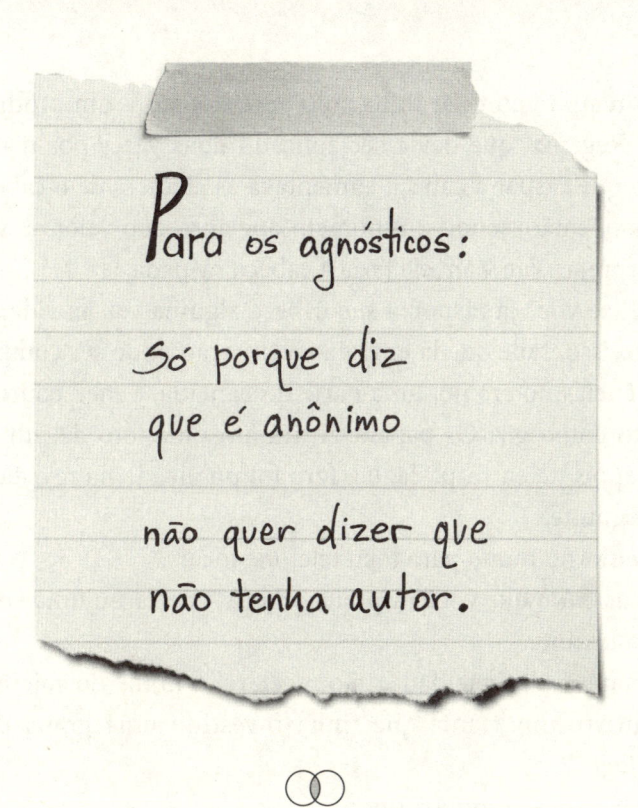

Aceitei o papel e imediatamente raspei a cabeça. Por quê? Bem, eu podia dizer que foi por causa da minha *visão* para o personagem, ou porque sabia que isso irritaria o estúdio e estava louco para arrumar briga, mas a verdade é que foi porque, como já mencionei, meu cabelo estava caindo.

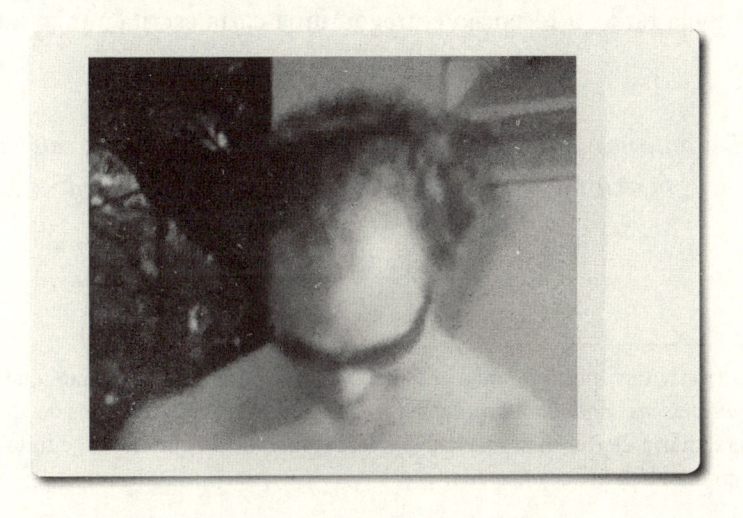

Pouco tempo antes, eu tinha sido apresentado a um produto capilar chamado Regenix, que devia ser aplicado duas vezes por dia. Também tinha lido que raspar a cabeça aumentava as chances de o cabelo crescer mais grosso, então, sendo um homem que aprecia o valor da vaidade, se eu ia interpretar Van Zan, ele teria a cabeça raspada.*

Não sei se você já raspou a *sua* cabeça alguma vez na vida, mas, caso tenha feito isso, sabe que lá embaixo a situação pode ser complicada. Eu tinha saliências no crânio, uma parte descamada, e meu couro cabeludo era branco como giz. Os paparazzi tiraram uma foto da minha caixola um dia depois de eu raspá-la, e a foto foi publicada na revista *People* na semana seguinte.

Não demorou muito para meu telefone tocar.

– Não *acredito* que você raspou a cabeça – declarou uma voz ameaçadora e sussurrante.

Para manter a privacidade, não revelarei o nome do sujeito, mas era um executivo importante que tinha investido uma grana pesada em *Reino de fogo*.

– Raspei, sim – respondi, direto.

– Você não fez isso, me recuso a acreditar numa coisa dessas, Matthew. Você estava usando uma touca pra pregar uma peça. – Mais uma vez, era uma *afirmação*, não uma pergunta.

– Não... eu *raspei* a cabeça.

Ele desligou.

Naquela tarde, a recepção entregou uma carta escrita à mão no meu quarto.

Durante nossa conversa esta manhã, Sr. McConaughey, o senhor se recusou a admitir que não tinha raspado a cabeça.

---

* Após trocar um aperto de mão aborígene com um amigo que garante que *aquilo que duas pessoas combinam acontece se ambas acreditarem* e dois anos de aplicação assídua e diária de Regenix, meu cabelo voltou melhor do que nunca, e tudo começou com uma bela cabeça raspada.

Caso o senhor esteja em negação sobre esse fato, peço, por gentileza, que conte a verdade para continuarmos nossa jornada de produção do filme juntos.

Caso seja verdade que o senhor raspou a cabeça, isso seria uma tragédia, um erro grave, e um ato que pode lhe trazer um **péssimo carma**.

Sim, ele sublinhou e escreveu "**péssimo carma**" em destaque.

Eu devia dar uma surra nesse cara por meter essa de carma, pensei, *mas a cabeça raspada talvez vire um problema*. Eu tinha encontrado a briga que estava procurando.

Ao longo dos anos eu havia aprendido algumas coisas sobre trabalhar em Hollywood. Para começo de conversa, é melhor você jogar seu jogo no negócio de Hollywood do que fazer negócios enquanto joga o jogo de Hollywood. É preciso *entender a piada*, e a piada é não levar nada para o lado pessoal. Dos *eu te amo*s às ligações ignoradas quando seu último filme foi um fracasso, eles vão mandar uma limusine te buscar, mas talvez você tenha que pegar um táxi de volta para casa. Não é pessoal, são só negócios.

Mas me ameaçar com péssimo carma? Não era pessoal, mas era *arrogante*, desdenhoso, de muito mau gosto. Estava na hora de pagar com a mesma moeda.

superstições

Outro dia, entrei numa lojinha de beira de estrada

e comprei um chocolate e uma cerveja.

O total no caixa deu 6,66,

então foi o que paguei ao caixa.

E deixei um centavo no pires de doações.

Uma grande festa da indústria cinematográfica aconteceria no fim de semana seguinte. Todos os executivos importantes e figurões estariam lá, e o Sr. Péssimo Carma provavelmente apareceria.

Comprei um terno azul de três peças da Gucci, feito sob medida, que combinava com meus olhos. Durante cinco dias, passei quatro horas bronzeando minha cabeça pálida na piscina, então besuntei meu belo couro cabeludo com óleo – não de visom – até ele ficar tão brilhante que deixaria Dwayne Johnson com inveja. E fui para a festa.

Não me deparei com Péssimo Carma. Nem precisei. As pessoas repararam em mim, sobretudo as mulheres. E as pessoas repararam que estavam reparando em mim.

No dia seguinte, meu telefone tocou de novo. Era Péssimo Carma.

– Você me deu um susto no começo, mas mudei de ideia, Matthew. *Adorei* a cabeça raspada! Ficou original. E tão bonito! Curti.

Coloquei um centavo no pires.

SINAL VERDE.

Algumas pessoas querem ar-condicionado na academia para não suar.

Eu uso gorro no verão só para suar.

◯◯

Tive dois meses para me preparar e treinar para me transformar no *meu camarada*, Van Zan. Precisava me isolar, então decidi ir para o rancho do meu irmão, LocaPelotas, no oeste do Texas, a 30 quilômetros da cidade mais próxima, que tem 518 habitantes. Um lugar muito isolado, 6 mil hectares, quente que nem o inferno no meio do verão – ou seja, perfeito para eu me preparar para caçar dragões. Em seguida comecei a planejar minha rotina diária para treinar a mente, o corpo e o espírito de um caçador de dragões. O que um caçador de dragões faria? Como seria seu treino?

Bolei um plano, que seria executado no calor de 42 graus do meio do verão:

1) **TOMAR UMA DOSE DUPLA DE TEQUILA TODA MANHÃ AO NASCER DO SOL, ANTES DE SAIR DA CAMA.** É o que um caçador de dragões faria. Ele teria hálito de fogo para derrotar um dragão que cospe fogo e começaria o dia com as entranhas ardendo. Para vencer um dragão, seja um dragão. Perfeito.

2) **CORRER OITO QUILÔMETROS PELO DESERTO TODO DIA, DESCALÇO. QUATRO QUILÔMETROS NA IDA, QUATRO NA VOLTA.** Para engrossar a sola dos pés. Meus pés são delicados, eu uso sapato. Preciso que as solas fiquem grossas. Além do mais, dragões têm pele grossa, e preciso me tornar mais parecido com minha presa. Um caçador de dragões como Van Zan teria solas grossas para evitar infecções. Genial.

3) **MANTER OS BATIMENTOS CARDÍACOS ABAIXO DE 60 AO FICAR NA BEIRA DO TELHADO DO CELEIRO, OLHANDO PARA O CHÃO DE CONCRETO 10 METROS**

ABAIXO DE MIM. Eu tenho medo de altura, mas Van Zan não teria. Vou fazer isso todo dia até conseguir ficar apoiado só nos calcanhares, com os pés para fora do telhado, mantendo os batimentos cardíacos abaixo de 60. Vou fazer isso mesmo. Do caralho.

4) **ME METER NO PASTO À MEIA-NOITE E DERRUBAR BOIS E VACAS QUE ESTIVEREM DORMINDO.** É isso, vou me atracar com o gado, derrubá-lo no chão e ficar musculoso, parrudo, forte. É isso que um caçador de dragões faria. É isso que o Van Zan faria. Fechado.

Então, como foi?

Na sexta manhã, vomitei a dose dupla de tequila que esperava por mim na mesa de cabeceira ao nascer do sol. Na sétima manhã o resultado foi o mesmo. Péssima ideia. Chega.

À meia-noite do nono dia, tentei derrubar um touro enorme, mas ele me deu uma cabeçada e me causou uma concussão. Ops.*

Após onze dias correndo oito quilômetros descalço pelo deserto quente e pedregoso sob um calor de 42 graus, bolhas do tamanho de ostras se formaram nas solas dos meus pés. Ficaram tão grandes e cheias de líquido que eu não conseguia nem andar, quanto mais correr. Ihhh...

E, após dois meses de tentativas, nunca consegui chegar a menos de um metro da beira do telhado do celeiro, e minha frequência cardíaca jamais ficou abaixo de 125. Pelo menos eu tentei.

Meu *plano de treinamento de caçador de dragões* tinha sido um fracasso absoluto, mas o lado positivo era que eu havia sofrido bastante, uma experiência comum a todos os bons caçadores de dragões.

---

* Uma noite, o administrador do rancho, um mexicano de 70 anos, escutou as vacas mugindo assustadas e saiu de casa para ver o que estava acontecendo. Ele se deparou comigo, completamente nu, no meio delas. Foi assim que o rancho recebeu o nome LocaPelotas, que significa "bagos loucos" em espanhol.

⊗

Ao fim do meu treinamento de 60 dias para virar caçador de dragões, viajei para a Irlanda para gravar o filme. Foi maravilhoso interpretar Van Zan – um guerreiro sem nacionalidade, careca e que carregava um machado. Sinto saudade dele. Grandes personagens ganham meu respeito, e Van Zan não chegou a *acabar* com a minha loucura, mas me ajudou a aceitá-la. Aumentou minhas expectativas sobre o que é necessário para sobreviver e me lembrou de que deveres são mais importantes do que vaidades. O machado dele segue pendurado na parede do meu escritório até hoje.

Após encerrar as gravações no chuvoso e frio inverno irlandês, eu estava exausto nos sentidos físico e mental da palavra e fiquei feliz por finalmente poder descansar e me recuperar. Espiritualmente, eu me sentia forte; a ideia de questionar minha confiança na existência de Deus para conseguir confiar mais em mim mesmo estava se mostrando valiosa. Tal como na época em que meu pai morreu, tentei me tornar *menos impressionado, mais envolvido*.

Três dias após o fim das gravações, eu estava colocando o sono em dia no Morrison Hotel, no lado norte do rio Liffey, em Dublin, Irlanda, quando...

TIVE UM SONHO ERÓTICO.

Eu boiava de costas no rio Amazonas, enrolado em cobras e serpentes, cercado por crocodilos, piranhas e tubarões de água doce. Numa montanha à minha esquerda havia membros de povos africanos alinhados lado a lado, a perder de vista.

Eu estava em paz.

Onze frames.

Onze segundos.

Então gozei.

De novo.

Sim, o mesmíssimo sonho erótico que eu tivera *cinco* anos antes.

Eu tinha certeza de dois elementos do sonho. O primeiro era o rio *Amazonas*, e o segundo era o povo *africano* na montanha.

Era um sinal.

Como já havia visitado a Amazônia e visto com meus próprios olhos que, na verdade, ela ficava na América do Sul, eu sabia que estava na hora de ir para a África. Mas onde no continente?

Duas noites depois, pesquisando mapas, me perguntando para onde o sonho erótico estava me mandando naquele continente imenso, eu escutava um dos meus músicos favoritos, Ali Farka Touré.

Foi quando a ficha caiu. Ali era conhecido como o *bluesman africano*.

De onde ele é? Me levantei do sofá com um pulo para pegar a caixa do CD. "Niafunké, Mali", cidade ao norte de Mopti, à margem do rio Níger.

– Vou atrás *dele* – falei.

Estava na hora de encontrar a outra metade do meu sonho.

> Às vezes, a escolha que fazemos não é tão importante quanto FAZER uma escolha e se COMPROMETER com ela.

∞

Comprei uma passagem só de ida para Bamaco, capital do Mali. De lá peguei carona por nove horas até a cidade portuária de Mopti, onde conheci um guia chamado Issa, que tinha um barco. Me apresentei como David para manter o anonimato e falei que queria ir até Ali Farka. No dia seguinte começamos a subir o rio rumo a Niafunké.

Após uma viagem de quatro dias subindo o rio Níger numa canoa com motor externo de quatro cavalos chamada piroga, cheguei à pequena cidade de Niafunké, onde, após cinco horas de busca, encontrei Ali na casa de sua segunda esposa. Ele não tinha a menor ideia de quem eu era, só sabia que eu era um viajante americano fã de seu trabalho. Sua segunda esposa preparou o almoço para nós, e comemos seguindo a tradição do país – sentados no chão, em um círculo, ao redor de uma tigela comunitária com arroz temperado, nos servindo com a mão direita, jamais com a esquerda.*

Ali Farka era um dos meus heróis musicais, mas também, sem que ele soubesse, a única escala da minha jornada pelo segundo maior continente do planeta, a única coordenada geográfica que decidi encontrar a partir do meu sonho: 15° 55' 55,92" N, 3° 59' 26,16" O (a latitude e a longitude de Niafunké).

---

* Na religião muçulmana, a mão esquerda é usada para limpar o traseiro.

Que sinal minha parada ali poderia me oferecer sobre o sentido do meu *sonho erótico com membros de povos africanos ao longo de uma montanha à esquerda do rio Amazonas*? Nós comemos, ele tocou algumas músicas, e Issa traduziu minha paixão por seu trabalho para o dialeto local, bambara. Mais tarde, perguntei a ele:

– Por que você só se apresenta na África Ocidental e na França? Por que não faz turnê por outros países, como os Estados Unidos?

Sua resposta foi solene:

*– Porque lá eu seria merda seca; nem eu
nem meu cheiro grudariam em você.*

*Aqui, eu sou merda úmida; tanto eu
quanto meu cheiro grudam em você.*

No fim do dia, nos despedimos com um abraço, então eu e Issa voltamos para a piroga, sem destino. *E agora? Aonde o sonho quer que eu vá?*, pensei. Sem que eu dissesse nada, Issa começou a falar:

– Existe um povo mágico no Mali, os dogons. Eles transmitem conhecimento extraterrestre de fatos cosmológicos sobre as estrelas, aprendidos muito antes do desenvolvimento da astronomia moderna. Mais de mil anos atrás, eles fugiram para um lugar chamado falésias de Bandiagara para escapar da invasão muçulmana e hoje vivem em vilarejos às margens do rio. Acho que seria um bom lugar para você ir, Daouda ("David" em bambara), um lugar do qual você vai se *lembrar* – disse ele.

Outra sugestão celestial.

Não esqueça, pensei, *é melhor ser fedido e ser lembrado do que ser cheiroso e esquecido.* É isso. *Merda úmida.*

– Beleza, vamos pra lá – respondi.

Colocamos nossas coisas na piroga e seguimos pelo rio Níger numa jornada de cinco dias, primeiro para o norte, depois para o sul, em busca do restante do meu sonho erótico.

∞

No caminho para Bandiagara, paramos na lendária cidade de Tombuctu, um centro de arte e conhecimento com um povo tranquilo ao norte do rio Níger, sul do deserto do Saara.

Certa noite, após passar a tarde participando de corridas de camelo no Saara, eu, Issa e dois de seus amigos cultos, Ali (não o Farka Touré) e Amadou, estávamos acabando de jantar na varanda do restaurante do hotel quando uma moça bonita de uns 25 anos passou por nós lançando *olhares* solícitos para todas as mesas de homens. Ficou nítido que era uma mulher da vida atrás de trabalho.

– Ah, não, isso não é bom – disse Ali. – Ela é uma mulher muçulmana, e o costume muçulmano *não* é esse. Não vendemos nosso corpo. Que desgraça! Ela *não* devia estar fazendo isso.

– Bem, não cabe a nós julgar o que alguém deve ou *não* fazer – rebateu Amadou. – Não sabemos como é a vida dela. O que ela *faz* ou *deixa* de fazer não é da nossa conta.

Os dois seguiram discutindo com argumentos cada vez mais acalorados, agitados e escandalosos. Concluí que estava no meio de uma briga. Resolvi interferir na primeira pausa que surgiu.

– Concordo com o Ali. Ela *não* devia estar fazendo isso. Ela é jovem e saudável, devia estar se esforçando mais para conseguir um emprego respeitável em vez de escolher a prostituição, sendo tão nova e capaz de fazer outras coisas. O Ali está certo, acho que...

Foi então que Ali, *com quem eu estava concordando*, se virou para mim com rispidez e disse:

> – *Não é questão de certo ou errado. É uma questão de "Você entende?!".*

Meio surpreso, me recostei na cadeira, envergonhado, enquanto Ali me encarava com uma indignação séria.

Por fim, Amadou, *de quem eu estava discordando*, olhou para mim e perguntou num tom gentil:

– Você entendeu *isso*?

Eu tinha entendido.

– Sim – respondi. – Entendi, desculpa.

Ao que Amadou respondeu, num tom áspero, e sem tirar os olhos de mim:

> – *Você tem que mudar de comportamento, não pedir desculpas.*

Ele tinha acabado de recitar uma versão do que eu dissera para mim mesmo na Austrália, quando me recusara a chamar os Dooley de *mãe* e *pai*. Uma dose dupla de provérbios africanos: eles não estão tentando vencer uma briga de quem está certo ou errado. Eles estão tentando se entender. São duas coisas diferentes. (Ei, Estados Unidos, essa é uma lição que poderíamos aprender.) Na manhã seguinte, seguimos rumo às falésias de Bandiagara.

EDUQUE ANTES DE ACUSAR

∞

Os vilarejos do povo dogon em Bandiagara são pequenos conjuntos de cabanas de barro. Cada povoado fica a uma distância de 10 a 20 quilômetros um do outro, ao longo das margens do rio. Quando visitantes chegam, o chefe os recebe na fronteira do assentamento, olha nos olhos deles e só permite a entrada se gostar do que vir. Do contrário, eles precisam ir embora. Minha entrada sempre foi permitida.

Eu tinha acabado de filmar *Reino de fogo*, portanto estava forte, barbudo e de cabeça raspada. Ao chegar ao Mali, tinha dito a Issa e a qualquer um que me perguntasse que era escritor e boxeador. Como Bandiagara não tinha eletricidade, ninguém me reconhecia dos filmes, e ninguém se interessou pelo fato de eu ser *escritor*. No entanto, a parte do *boxeador* chamava *bastante* atenção.

A notícia da minha presença chegava aos lugares antes de mim: "*Um homem branco forte chamado Daouda está por estas bandas.*" Um dia, depois de eu chegar a um belo vilarejo chamado Begnemato, exausto da trilha de 22 quilômetros até lá, me deitei no chão para esticar as pernas. Logo em seguida dois rapazes se agigantaram sobre meu corpo e começaram a falar *de* mim, não *comigo*, num tom desafiador. Uma multidão começou a se juntar.

– O que eles estão falando? – perguntei a Issa, que estava sentado ali perto.

– Estão dizendo que são os lutadores campeões do vilarejo e querem desafiar *o homem branco forte chamado Daouda* para uma luta.

Continuei esticado no mesmo lugar, pensando na situação, quando, de repente, os dois rapazes saíram correndo em direções opostas e a multidão pareceu se agitar. Ergui o olhar, e agora, parado sobre mim, estava um homem imenso sem camisa, bem mais corpulento do que os outros dois, com um saco de estopa amarrado na cintura. Ele apontou para o meu peito, depois para o próprio peito, e então para a direita. A multidão se alvoroçou ainda mais. Olhei para a direção que o homem indicava e encontrei *mais* aldeões empolgados, todos ao redor de um Grande. Fosso. De. Terra.

Então olhei para Issa.

Ele sorriu.

– Esse é o Michel. Ele é o *verdadeeeiro* lutador campeão do vilarejo.

Meu coração disparou, a multidão urrou. Foi quando escutei minha própria voz sussurrar ao meu ouvido: *Se você não aceitar o desafio, vai se arrepender pelo resto da vida, por não saber o que aconteceria. Deixe seu cheiro.* Lentamente, me levantei. Agora olhando nos olhos de Michel, ergui o braço direito e apontei para o peito *dele*, então para o *meu*. Aí me virei e segui para o Grande. Fosso. De. Terra. O aldeões foram à loucura.

> **Algumas pessoas procuram desculpas para FAZER.**
> **Outras procuram desculpas para NÃO fazer.**

⊙⊙

Sempre adorei luta livre. Assistia às competições da WWF quando garoto e, por ser o caçula de três irmãos, sabia me defender, mas aquilo era diferente. Eu estava no interior do Mali, a 160 quilômetros do telefone mais próximo, em um Grande. Fosso. De. Terra., encarando um nativo forte que usava um saco de estopa como calça. Quais eram as regras? A gente podia *bater, morder, lutar até um dos dois cair*? Eu não sabia, mas estava prestes a descobrir.

Eu e Michel ficamos cara a cara, com o chefe do vilarejo andando ao nosso redor. Uma gota de suor escorreu pela minha nuca quando Michel esticou o braço direito, segurou meu short no lado esquerdo, me olhou nos olhos e assentiu com a cabeça. Entendi que devia fazer o mesmo e segurei firme a corda na sua cintura. Então ele agarrou o lado direito do meu short na altura da cintura, e fiz o mesmo. Nossos rostos estavam a centímetros de distância. Os decibéis voltaram a aumentar na multidão, Michel encaixou a testa entre meu pescoço e minha clavícula, e fiz o mesmo. Com nossos braços presos à cintura um do outro, as testas no ombro um do outro, orelha com orelha, começamos a *afastar* os pés para trás até nossos troncos ficarem na horizontal, firmando-os na areia para termos apoio. Eu só conseguia enxergar duas coxas que mais pareciam troncos de árvore se contraindo diante de mim, prontas para o ataque. O chefe do vilarejo tocou em nossa cabeça como em um batismo, então levantou as mãos rapidamente, berrando:

– Taht!

Interpretei corretamente que esse era o soar do gongo.

Primeiro round. Cabeça com cabeça, giramos em círculos, avaliando a força um do outro, até que Michel me ergueu e me puxou, meu peito contra seu rosto, depois me atirou no chão, me deixando sem fôlego. Ponto para ele. A multidão berrava, e ele rapidamente se jogou em cima de mim para tentar me imobilizar. Com as costas no chão, rolei o corpo rapidamente e me posicionei atrás dele, então ergui o quadril, passei a perna em volta de seu pescoço e o puxei para baixo, fazendo-o cair de costas e bater a cabeça no chão. Ponto para mim. Ficamos circulando, desviando e jogando um ao outro no chão por uns três ou quatro minutos, sem que um conseguisse imobilizar o outro. Por fim, o chefe do vilarejo interveio e interrompeu a briga. Pingando de suor e ofegante, ergui as mãos e tentei recuperar o fôlego. Sangue escorria pelo meu pescoço e pela barba, feridos pela fricção. Meus joelhos e tornozelos também sangravam. Michel, que mal estava suado, se manteve ereto, me olhando do alto, nada feliz. Foi então que o chefe do vilarejo ergueu dois dedos, e a multidão alcançou um novo nível de histeria.

Novamente cara a cara no meio do ringue, nos posicionamos. Mãos no quadril, cabeças acomodadas, orelha com orelha, nos firmamos e esperamos pelo novo batismo.

– Taht!

Segundo round. Quando eu brigava no Texas, minhas maiores qualidades sempre foram as pernas e a bunda fortes. Ali, no Grande. Fosso.

De. Terra, no meio da África, enfrentando Michel, ficou bem óbvio que eu não estava mais no Texas. Ele começou o segundo round mais agressivo e me atacou de imediato. Escapei do primeiro golpe e o joguei de cara no chão. Montei nas suas costas e usei um dos meus golpes favoritos da época de garoto vendo luta livre na TV, o Boston Crab,* só que ao contrário.

Quando achei que Michel estava prestes a desistir, ele deu um jeito de me tirar de cima das suas costas, e quando dei por mim estava arfando, com uma perna presa entre os dois troncos de árvore dele. Prestes a desmaiar, me esforcei para girar o quadril e forçá-lo a descruzar os tornozelos. Com as pernas de Michel ainda presas ao redor da minha cintura, consegui ficar

---

* O Boston Crab (Caranguejo de Boston) é uma imobilização em que o lutador prende o oponente com o rosto para o chão e puxa suas pernas para cima, de forma que as costas e as pernas dele fiquem arqueadas para trás, na direção da cabeça. No meu caso, puxei a cabeça de Michel para trás, com as costas e cabeça arqueadas na direção das pernas. Um Caranguejo de Boston ao contrário, como na imagem.

de pé, com ele apoiando os braços no chão. Me retorci até sentir uma das pernas suadas dele perder a firmeza e deslizar da minha barriga. *Aquela* era minha chance. Agora que seu aperto da morte tinha perdido a força, empurrei suas pernas para baixo, escapei da imobilização e me atirei em cima dele, passando o braço esquerdo ao redor do seu pescoço e tentando segurá-lo. Incapaz de imobilizá-lo, mas ainda mantendo a vantagem, fiquei rolando com ele no chão de terra até estarmos exaustos, num impasse. Foi quando o chefe do vilarejo interveio e encerrou a luta. Lentamente, nos levantamos, e o chefe nos levou para o centro do Grande. Fosso. De. Terra, onde *ergueu as mãos de nós dois*, em um sinal de vitória. A multidão uivava.

Nós dois estávamos suados e cansados, mas só eu sangrava. Michel e eu nos encarávamos em uma admiração pós-luta quando ele baixou os olhos e de repente saiu correndo do ringue e do vilarejo. A multidão, que a essa altura incluía o vilarejo *inteiro*, me cercou com gritos de "Daouda! Daouda! Daouda!".

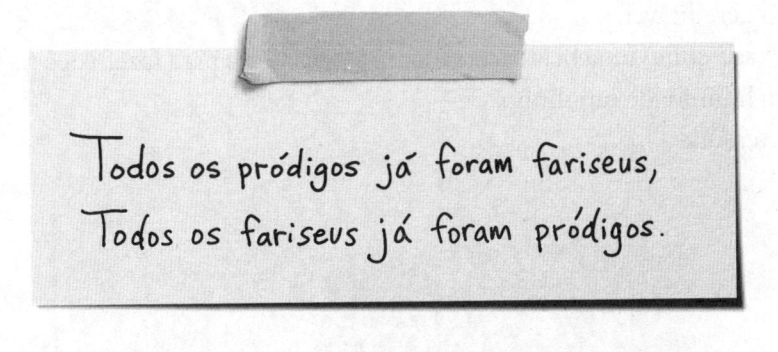

> Todos os pródigos já foram fariseus,
> Todos os fariseus já foram pródigos.

Naquela noite, sozinho em um colchão de palha, deitado no telhado de uma cabana de barro no vilarejo dogon de Begnemato, no meio do Mali, na África, fiquei encarando o céu e contei 29 estrelas cadentes. Sonhando com os olhos abertos, observei a constelação do Cruzeiro do Sul se revelar para mim pela primeira vez. Tal como o grupo luminescente de borboletas que eu tinha visto na trilha peruana no meio da Amazônia, agora eu me encontrava no berço de outra verdade. Era uma Intervenção Divina, uma *transmissão extraterrestre de fatos cosmológicos*. Seria uma *sugestão celestial*? Estava mais para uma ordem direta de Deus, e eu era o escolhido de sua igreja. *Lembre-se disso*, prometi.

Tudo porque eu tinha *ido atrás de um sonho erótico*.

SINAL VERDE.

Me sentindo uma santidade, eu estava tentando pegar no sono serenamente quando minha respiração tranquila foi interrompida por uma passagem nasal bloqueada. Me sentei e puxei uma boa quantidade de catarro na boca, então me preparei para cuspir uma grande massa de muco.

Ptuuu!

O catarro não subiu mais de 10 centímetros, voltando como um bumerangue e se espatifando na minha cara.

Eu tinha me esquecido da rede de mosquitos que havia pendurado mais cedo.

Inacreditável.

Nada como uma bela escarrada na própria cara para fazer você recuperar a humildade rapidinho.

Acredite.

i·na·cre·di·tá·vel [inakredit'avew]

adjetivo

que não merece crédito; improvável de ser verdade: **tão** exagerado ou extremo que é difícil imaginar; extraordinário

Inconcebível.

Que palavra sem sentido. Uma palavra grosseira e desrespeitosa. Gostamos de usá-la como um elogio ou mérito: "Que jogada inacreditável." "Que filme inacreditável." "Que coragem inacreditável." "Que sorte inacreditável."

Por que definimos coisas que são maravilhosas, coisas que, na verdade, nos fazem *acreditar* mais nelas, com esse pilar da antonímia? Algo espetacular, fenomenal, excepcional e excelentíssimo com certeza não é *inacreditável*.

Inspirador, magnífico, prodigioso e extraordinário? Sim. Algo que acabou de acontecer, que você acabou de ver, de fazer, algo em que *acredita*. *Inacreditável?* É o oposto. É preciso dar mais crédito ao maravilhoso.

Um homem lança um avião suicida contra o World Trade Center, o coronavírus aparece, furacões causam estragos, incêndios queimam tudo que veem pela frente, a Enron era uma fraude, o governo mente para a gente, nosso melhor amigo mente para a gente, nós mentimos para nós mesmos, nossa noiva diz "sim", nosso filho diz as primeiras palavras, encontramos uma cura para o câncer, morremos em paz. *Inacreditável?* Não. Acabou de acontecer, você acabou de ver, de fazer, você acredita nisso.

Reconheça a existência das coisas maravilhosas e dos fenômenos, da excelência e dos acontecimentos extraordinários, dos prazeres e dos sofrimentos. Identifique-os como entidades reais, lindas e horríveis ao mesmo tempo, tragédias e dádivas. Não seja ingênuo perante atos inspiradores de bondade ou sorte nem crédulo quanto à capacidade humana de fazer o mal. Não ignore a credibilidade das belezas e dos desastres naturais. Nada que Deus e a Mãe Natureza fazem é *inacreditável, e, se tem uma coisa que sempre podemos esperar das pessoas, é que elas se comportem como pessoas.*

Não se faça de surpreso. O inacreditável acontece o tempo todo. Às vezes é divino, às vezes é uma escarrada na cara. Não o rejeite. Conte com ele, espere que aconteça.

Acredite.

- MDM on Austin Statesman movie critic ~~Chris Taylor~~ "a cynical deconstructionalist who uses big words and careless innuendo to impress himself. Because he has no point of view, he has trouble recognizing one, so he chooses to stroke himself into dorkdom."

* how about 2 camels on Locopolotus?

† RELIGION: to bind together again... (the true Latin definition. "re"-again, "ligare"-bind

§ don't act like one, be one... on acting, travelling

† the capacity for paradox is the measure of spiritual strength and the surest sign of maturity. (R. Johnson "Own Shadow" p. 78). both are true.

† while contradiction is static and unproductive, paradox makes room for grace and mystery... j.k. livin, 8 lane highways, maxims as bookends. (no "g" on livin)

‡ we are the inheritors of two myths that surfaced in the 12th century.
  1) The Grail Myth - the relationship of individuality and the spiritual quest.
     (MDM on experiences and autonomy.)
  2) Tristan & Iseult - the power of romantic love. (R. Johnson)

✠ language rich in verbs are most powerful. (the mandorla, motion, the river, life
  language built on nouns is weak. (secular, polar, self-righteous
  if you rely on adjectives and adverbs you have lost your way (luxury, semantics
  THE VERB IS THE HOLY GROUND, THE PLACE OF THE MANDORLA (R. Johnson)

⊙ ← "mandorla" - it unifies opposites... binds together... religion. where light and dark touch
  - the middle... peacemaking..

⊖ - heaven ⎫
  - earth   ⎭ poetry that "this" is "that"... heaven is earth.

• Norby has a mandorla on his ass before he knew what to call it.
• MATTHEW 6:22 "if thy eye be single, thy whole body shall be filled with light."
• i am vain, already thinking how to use these truths autonomously.. to tatoo, to impress, to activate... before i have slept on their enlightenment or even turned the page. but i like it.

• mandorlas have no place for remorse or guilt. It asks for conscious work not self-indulgence.
• guilt is a cheap substitute for paradox.
• guilt is arrogant. It means we have taken sides and are sure we are right.
• to lose the power of confrontation is to lose one's chance at unity. To miss the mandorla

- the blackmarket is what i deal with.. just get in with the best MAVERICKS ~ the gov't does not work "with" these people. The wealth is not shared with the common folk. So individuals must be entrepreneurs and you get "offered" everything... at dinner, at every tour, # exchange, ferry ride, everywhere... it is the "wild wild east" ~ salesmen at every turn. it is part of the fun.

- CD - "Adama Yalomba" ~ new Malian band.

- TIPS for travel ~ season, outskirts, guide

- the MANDORLA is not the greyness of neutrality and compromise; it is the place of the peacock's tail and rainbows. (R. Johnson)
  grace, mystery

- the mandorla experience is brief. (signs, serendipity, epiphany, deja vu, truth....) and joyful. it is only a momentary glimpse... then we quickly return to the world of ego-shadow confrontation. (there is no cultural utopia to return to... There is only a religious mandorla to try and maintain on the inside... why it takes work... daily... and work to become the truths that are revealed from the travels alone and solitude.

- in Djenne at Issa's newly married friend's house. All the guys are hanging out from 8:00AM to 8pm for one week after the marriage. One guy is in charge of the married guy and one girlfriend for the lady. A week to relax and have fun, celebrate the marriage and happiness so that if/when at later date when there is a hard time and unhappiness, the friends will be there to remind the couple of the happy time.

- in the middle of all the socializing, smokin, cardplayin, tea makin good time, if somebody wants to kneel on the mat and pray, all they have to do is "wave off" whoever may be on the mat. The others carry on just as enthusiastically as before

∞

Na manhã seguinte, arrumei a mochila e me despedi de meus novos amigos antes de seguir na trilha de 25 quilômetros até o próximo vilarejo. Nos limites de Begnemato, um homem me esperava – era Michel. Sem falar nada, ele gentilmente segurou minha mão e me acompanhou os 25 quilômetros até o outro vilarejo, sempre de mãos dadas. Ao chegarmos, ele me soltou, deu meia-volta em silêncio e caminhou os 25 quilômetros de volta para Begnemato sozinho.

Naquela noite, falei para Issa:

– A gente precisa conversar sobre a luta de ontem. Como eu me saí? Acho que não passei vergonha.

Issa riu e disse:

– Não, não, não, Daouda. Você foi *muito* bem. Todo mundo achava que o Michel derrubaria o homem branco forte chamado Daouda em menos de *10* segundos!

– Sério?

– Sério. O Michel não é campeão só *daquele* vilarejo, ele é campeão *daquele* vilarejo e de outros *três*!

– Rá! Então eu ganhei? Foi por isso que o vilarejo inteiro ficou gritando meu nome depois?

– Não é questão de ganhar ou perder,
mas de você ter aceitado o desafio.

Issa sorriu ao me dizer isso.

– Você venceu só por aceitar a luta – prosseguiu. – Se você voltar aqui, Daouda, vamos ganhar *dinheiro*.

Eu voltei mesmo. Cinco anos depois. A essa altura Michel tinha quatro filhos e um quadril ferrado, então não tivemos uma revanche, mas mesmo assim ele segurou minha mão e me acompanhou pelos 25 quilômetros até

A tradução do texto das páginas 212-213 está nas páginas 316-317.

o próximo vilarejo no dia seguinte. Eu era merda úmida: tinha deixado meu cheiro.*

SINAL VERDE.

```
           o valor que merece
  Para apreciar um lugar por completo, um homem
     precisa saber que é capaz de morar nele.
  Quando todos os seus desconfortos desaparecem,
     e ele se permite ser dominado pelo lugar.
    Ele precisa customizar, personalizar o
              lugar que visita,
     a ponto de saber que poderia morar ali
                para sempre.
  Então, e só então, se torna aceitável ir embora.
   Seja lá onde você estiver, dê a esse lugar o
              valor que ele merece.
```

⊚⊚

Mais uma vez voltei para Los Angeles como um novo homem. Me sentia mais sereno e prático do que nunca. Dei ao meu sonho erótico *e* às pessoas a que ele me levou o valor que *eles* mereciam e fui muitíssimo recompensado.

---

* Em 2015, Issa veio aos Estados Unidos pela primeira vez e passou três semanas com a gente. Viajamos para a Grécia no ano passado.

Foi mais um período de 22 dias em que pouco conversei em inglês – em geral, me comuniquei por mímica –, mas no qual me senti mais à vontade do que nunca, e isso me fez recuperar o brilho no olhar. Minha tolerância para verborragias vaidosas era quase nula, e eu sabia que voltar para a vida acelerada e privilegiada de Hollywood seria um desafio. Eu tinha perdido o interesse pela rotina de frivolidades passageiras e pela vida na cidade grande, e estava pronto para deixar o Chateau. Mas, antes de encontrar um novo lar, recebi um telefonema. Era Pat, como sempre, com outra oferta esplêndida que certamente renderia algumas boas e tradicionais trapalhadas.

∞

– Irmãozinho, a gente vai jogar num campo de golfe em Palm Springs, no La Quinta Resort. Reservei um quarto por duas noites pra gente. Posso passar aí pra te buscar na quinta à tarde, a gente joga sexta e sábado, e te deixo de volta em Los Angeles no domingo, *por minha conta*.

Fazia uns meses que Pat vinha pagando um agente de apostas para escolher os vencedores em partidas de futebol americano universitário, e estava sendo um bom investimento. O agente tinha ganhado uma bolada em apostas difíceis, e Pat estava aproveitando a maré de sorte. Eu sempre ficava feliz quando Pat se dava bem em qualquer coisa, porque, no geral, ele era muito azarado em comparação a mim e ao nosso irmão Rooster. Em 1988, havia perdido sua primeira e única esposa, Lori, num acidente de carro bizarro, e passou os 27 anos seguintes sem se permitir amar ou ser amado por ninguém mais do sexo feminino além de suas cadelas, Neiman e Mollie.* Como Rooster diz: "Se não fosse pelo Pat, não entenderíamos como é passar por dificuldades e teríamos bem menos compaixão com as pessoas que vivem momentos ruins."

Pat nos ensinou sobre o perdão. Por isso ele é meu amuleto da sorte.

Com as janelas abertas e "More Than a Feeling", da banda Boston, berrando nas caixas de som, entramos com a picape Ramcharger 6x6 de Pat, suja e amassada, no La Quinta Resort às oito da noite da quinta, pouco

---

* Até o dia 27 de setembro de 2015, quando Emerie James McConaughey nasceu. Agora, Pat tem uma filha e alguém para amar tanto quanto amou Lori.

depois do pôr do sol. O porteiro e o gerente, usando terno e gravata, estavam lá para nos receber.

– Boa noite, senhores, sejam bem-vindos ao La Quinta Hotel and Resort. Como foi sua viagem?

Usando faixa de cabelo, camiseta e chinelos, saí pela porta do carona e falei:

– A viagem foi ótima. Como vocês estão?

O latido de um cachorro grande ecoou pelo pátio.

Os olhos do gerente procuraram a origem do som. Na caçamba da picape de Pat estava sua cadela, uma labradora preta muito animada chamada Neiman, que pesava mais de 60 quilos e andava de um lado para o outro sem parar, doida para ir ao banheiro.

– Hum, muito bem, senhor... muito bem – disseram eles.

Enquanto eu seguia como quem não queria nada para a caçamba da picape para pegar as malas e os tacos, o gerente e o porteiro permaneceram onde estavam.

– Só por curiosidade, o cachorro ficaria com os senhores? – perguntou o gerente.

– Sim – respondi.

– Bom, senhor... Nós, hum... não permitimos cachorros no resort.

– Ah, mas esse é o cão-guia do meu irmão – soltei, sem pestanejar.

Falei alto o suficiente para Pat, que estava saindo do banco do motorista, escutar. Como se tivesse ensaiado, Pat ergueu o braço esquerdo e pareceu buscar a lateral da picape antes de se segurar nela para se levantar.

– Calma aí, Pat, está tudo bem? – perguntei.

Pat, com os olhos semicerrados, levou a outra mão à lateral da picape, só para garantir.

– Beleza, tudo certo. Chegamos?

O gerente ficou nitidamente envergonhado, sem sequer cogitar como era implausível *meu irmão cego estar dirigindo a picape*. Percebendo que meu truque funcionou, prendi Neiman na coleira, tirei-a da caçamba e a entreguei para Pat.

– A Neiman está com *você*, Pat – falei, e Pat encenou perfeitamente um cego relaxando porque agora tinha seu fiel cão-guia para orientá-lo. – Tudo bem? – perguntei.

Pat então deu uma de Dustin Hoffman em *Rain Man* e disse:

– Pat bem, Neiman na coleira.

Não fez muito sentido para mim, porque ele estava fingindo ser uma pessoa cega, não uma pessoa com autismo, mas fui na onda.

O gerente e o porteiro levaram nossas malas.

– Por aqui, Sr. McConaughey – disseram, e nos levaram para a suíte.

Neiman não interpretou seu papel tão bem quanto eu e meu irmão. Em vez de *guiar* Pat, ela o *puxava* de um lado para o outro, mijando em todos os arbustos e pneus de carro que encontrava.

– Quarenta passos para a frente – falei para Pat.

– Quarenta passos, sim, quarenta passos – respondeu ele para ninguém específico.

O gerente e o porteiro, agora muito prestativos e um pouco constrangidos por terem questionado o cão-*guia*, nos levaram até nosso quarto, abriram a porta, deixaram as malas e, com educação excessiva, garantiram que Neiman e Pat entrassem em segurança. Neiman imediatamente começou a esbarrar nos móveis, pular na cama e babar nas janelas.

– Chegamos, Pat! Vamos passar os próximos dois dias aqui! – exclamei, falando alto, como se Pat também tivesse dificuldade para escutar.

– Que bom, que bom, vamos ficar aqui! – respondeu Pat igualmente alto, ainda com os olhos semicerrados e balançando a cabeça de um lado para o outro como se fosse o Stevie Wonder.

O gerente e o porteiro começaram a andar de costas em direção à porta.

– Esperamos que os senhores gostem do quarto! Obrigado por se hospedarem com a gente! – exclamou o gerente, também falando alto.

– Esperamos que tenham uma ótima estadia, e, por favor, nos avisem se precisarem de *qualquer coisa*!

– Valeu. Pat, agradece aos moços gentis!

Pat concordou com a cabeça.

– Obrigado, moços gentis, obrigado – insistiu ele em sua imitação de Raymond Babbitt.

Quando os dois fecharam a porta, eu e Pat nos escangalhamos de rir.

– Valeu, Neiman, você quase estragou tudo!

Na manhã seguinte, estávamos na área de saída às 8h09 da manhã, nosso horário marcado. Dei minha tacada primeiro, depois foi a vez do meu *irmão cego* dar uma paulada de 300 metros. Com Pat ao volante, entramos no carrinho e começamos a sair para aproveitar o dia no campo, quando de repente o gerente apareceu com um segurança.

Certo de que havia nos pego no flagra, mas se esforçando para manter o profissionalismo, o gerente disse:

– Bom dia, senhores, hum... Sobre o cachorro...

Ele olhou para mim, depois para Pat. Nós o encaramos de volta como se estivéssemos esperando ele continuar.

– Sim... – falei.

– Achei que os senhores tinham *diiito* que ele era um cão-*guia*.

Ah, merda, pensei. *Ferrou.*

Foi então que Pat, inabalável, sem pestanejar, rebateu num tom quase pesaroso:

– Pois é, eu só tenho cegueira *noturna*.

O gerente ficou boquiaberto e o segurança olhou para baixo, sem saber onde enfiar a cara. Pisamos no acelerador e fomos embora para passar o fim de semana jogando golfe.

Após um grande fim de semana de golfe, e agora com a visão recuperada, Pat me deixou de volta no Chateau.

Minha viagem para Mali tinha me sintonizado com a Mãe Natureza, então troquei a calça de couro, as botas e a moto Thunderbird por bermudas, chinelos e uma prancha de surfe. Estava na hora de aproveitar o verão num novo endereço e passar a ter o oceano Pacífico como meu quintal, em vez da Sunset Boulevard.

A partir daí, passei a praticamente morar na praia.

Corria na praia, jogava frisbee para a Srta. Hud na praia. Nadava no Pacífico, aprendi a surfar.

Raramente usava camisa.

Trabalhei em mais filmes: *Como perder um homem em 10 dias, Na ponta dos pés, Sahara, Tudo por dinheiro, Armações do amor, Somos Marshall.*

As comédias românticas seguiram sendo meus únicos sucessos de bilheteria consistentes, por isso eram as únicas ofertas que eu recebia com consistência. Com orçamentos modestos e a química certa entre os protagonistas, davam lucro. Eu particularmente gostava de poder oferecer às pessoas uma fuga romântica despretensiosa de 90 minutos do estresse de suas vidas, um momento em que não precisavam pensar em *nada*, só ver o cara tentar conquistar a garota, quebrar a cara, dar a volta por cima e ter um final feliz. Eu tinha herdado o trono de Hugh Grant e aproveitei a oportunidade.

Para os tabloides, a indústria cinematográfica e a opinião pública, eu virei o cara sem camisa na praia que fazia comédias românticas. Foi uma *sensação*. Além de tudo, eu estava em ótima forma.

A escala de treino

"da cama ao triatlo"

ACORDAR - Para algumas pessoas, isso basta.

BEBER UM COPO DE ÁGUA - A hidratação é importante para a saúde.

SOLTAR UM BARRO - Movimentos peristálticos diminuem as dores nas costas e deixam seus olhos mais azuis. Do que mais você precisa?

LAVAR A LOUÇA - É trabalho manual, já conta para alguma coisa.

FAZER PLANOS - Você não precisa malhar *de verdade*, só planejar fazer isso, e já basta.

MASTURBAÇÃO - Também é trabalho manual, *além* de limpar a tubulação e clarear a mente.

CORTAR O CABELO - É quase como uma terapia de compras. Passa a impressão de estarmos mais bonitos e, assim, mais em forma.

COMPRAR UM ESPELHO QUE EMAGRECE - Tipo o das lojas caras. É uma ilusão, mas, veja, quando *parecemos* mais magros no espelho, *agimos* como se fôssemos mais magros na vida.

PEGAR UM BRONZE - Na mesma linha do corte de cabelo e do espelho que emagrece, mas diminui uns três quilos *de verdade*.

CORTAR A MAIONESE - "Sem maionese, por favor, estou de dieta."

NADA DE BATATAS FRITAS - Assim como a maionese, essa pode ser uma missão difícil. "Quero um Big Mac e uma Coca grande, mas sem batatas, estou de dieta."

UMA CERVEJA A MENOS - "Só tomei 18 cervejas hoje, querida, costumo beber um engradado inteiro. Não quero engordar."

SAUNA - O método sedentário para suar.

TROCAR TALHERES POR HASHIS - Você comerá porções menores, o que é melhor para a digestão e gera saciedade mais rápido.

SEXO - O exercício físico original. Faz suar por *dentro*, melhora os relacionamentos e faz a outra pessoa nos ver sob uma luz mais lisonjeira, o que fisiologicamente nos causa uma impressão melhor sobre nossa aparência.

INJEÇÕES E PLIOMETRIA - Por que ir à academia quando você pode tomar esteroides e fazer pliometria no volante enquanto vai e volta do trabalho?*

CUIDAR DAS CRIANÇAS - Você nunca consegue sentar, vive correndo atrás das crianças, principalmente se for mais de uma.

ANDAR DE ESCADA - Chega de elevadores.

DANÇAR - Provavelmente meu item favorito da lista. Cárdio, flexibilidade e diversão. Queria que mais pessoas dançassem.

CAMINHAR - Abandone o carro.

PILATES - Baixa intensidade, excelente para aumentar a flexibilidade e fortalecer o core.

IOGA - Intenso e relaxante. Também é uma meditação.

CORRIDA LEVE - Baixa frequência cardíaca, mas bom para queimar gordura depois de certa distância.

CORRIDA INTENSA - Alta intensidade, alta frequência cardíaca.

ACADEMIA - A solução geral para o corpo inteiro, além de ter espelhos que emagrecem.

PERSONAL - Agora a coisa está ficando séria. Arrume um carrasco para não ficar enrolando.

MARATONA - Alta intensidade, longa distância, uma boa parte do dia dedicada a isso.

TRIATLO - Correr, pedalar, nadar. Para força, velocidade e agilidade, esse é o exercício mais completo.

Eu era um corredor que todo dia acordava, soltava um barro, me bronzeava enquanto fazia ioga na praia, bebia muita água e passava a noite dançando.

E você?

---

* Um amigo meu, James K., é engenheiro químico e vive bombado, mas nunca vai à academia nem levanta pesos. Em vez disso, ele prepara o próprio "suco", injeta no corpo e faz exercícios de pliometria no volante enquanto vai e volta do trabalho todos os dias. Segundo ele, "moro a 50 quilômetros do escritório para conseguir me exercitar bastante".

Nunca liguei muito para críticas que desmereciam a mim ou ao meu trabalho. Eu gostava de fazer comédias românticas e usava o dinheiro para pagar o aluguel das casas de frente para as praias em que corria sem camisa. Ao relativizar *essa* inevitabilidade, eu, um cara do interior que vinha de uma família humilde, jamais viraria a cara para as oportunidades que recebia, por mais estereotipadas que fossem.

Dito isso, embora eu gostasse da minha vida projetada para ser *tranquila*, algumas coisas estavam me deixando *menos* tranquilo. A primeira era que as comédias românticas não me desafiavam mais. Eu era capaz de ler um roteiro hoje e interpretar o papel amanhã. A segunda era que eu estava começando a me sentir uma espécie de animador, não um ator. *E o que há de errado com isso?*, eu me perguntava. Eu tinha um bom ritmo para comédia, era a cara do *humor afirmativo* e do *otimismo iludido*, conseguia manter tanta masculinidade quanto possível no homem emasculado das comédias românticas e sabia dar ao público aquilo que ele queria ver.

Ainda assim, eu me sentia posando em vez de agindo, *interpretando um papel* em vez de ser mais eu mesmo. Aquilo que havia começado 15 verões antes como uma expressão pessoal criativa alimentava cada vez menos meu espírito. Eu sentia que a atuação era um meio para atingir um objetivo que eu não sabia qual era, e se *isso* era tudo que a atuação significava para mim, talvez eu não quisesse mais ser ator.

SOU BOM NO QUE AMO, NÃO AMO TUDO EM QUE SOU BOM.

Eu alcançava muito mais desenvolvimento pessoal nas viagens do que na carreira. Adorava comércio, educação, música e esportes. Cogitei mudar de profissão, talvez passar a escrever contos e relatos de viagens, fazer marketing ou me tornar professor, músico, técnico de futebol americano. Não sabia o que fazer.

```
             o vigarista

você se dizia artista      meu cachorro sentiria
eu digo que é um           o cheiro do seu golpe
vigarista
                           seus truques não são
se você fosse Picasso      bons o bastante, cara
podia ter me roubado
                           você achou que me
mas você mostrou a         botaria pra dormir
que veio                   com uma meditação,
                           mas puxou o gatilho
sem perceber               e se mijou

um fanfarrão teria         porque não engatilhou
escapado                   a arma.

mas um mentiroso como
você é incapaz disso
```

Mais uma vez eu estava inquieto, e precisava evoluir. Precisava nadar *contra* a corrente, mudar de faixa, sentir uma subida no meu trajeto. Mas como? Decidi me mudar outra vez. Comprei uma casa em Hollywood Hills com um quintal grande para voltar a pôr as mãos na terra e quartos suficientes para uma família de cinco pessoas.

Vire a Página

Darrell Royal, o finado e grande treinador de futebol da Universidade do Texas, era meu amigo e um bom amigo de muitas pessoas. Muita gente o admirava. Um desses admiradores era um músico, que aqui vou chamar de Larry. Larry estava no auge de sua carreira no country, tinha sucessos no topo das paradas e sua vida ia de vento em popa. Em algum momento ele começou a cheirar, e, numa festa particular, após uma *visita ao banheiro*, Larry foi até seu mentor Darrell e começou a lhe contar uma história. O treinador ouviu com atenção, como sempre, mas, quando viu que Larry tinha encerrado o monólogo e estava prestes a ir embora, pôs a mão no ombro dele e disse:

– Larry, seu nariz está sujo, cara.

Larry saiu correndo para o espelho do banheiro e viu um restinho de pó branco. Morreu de vergonha. Em parte porque aquilo parecia falta de respeito com o treinador, mas também porque ele obviamente estava usando a droga com tanta naturalidade que não conseguia mais esconder tão bem quanto deveria.

No dia seguinte, Larry foi à casa do treinador e tocou a campainha. O treinador atendeu, e Larry disse:

– Treinador, eu queria conversar com o senhor.

Darrell o convidou para entrar.

Larry contou tudo. Confessou seus pecados. Disse que estava envergonhado, que tinha *se perdido* em meio à fama e à fortuna. Depois de uma hora, Larry, aos prantos, perguntou:

– O que o senhor acha que eu deveria fazer?

O treinador era um homem de poucas palavras e respondeu apenas:

– Larry, **nunca tive dificuldade em virar a página do livro da minha vida.**

Larry abandonou as drogas no mesmo dia e permanece longe delas há 46 anos.

GRANDES LÍDERES NEM SEMPRE ESTÃO NA FRENTE NO CAMPO DE BATALHA. ELES TAMBÉM SABEM QUEM DEVEM SEGUIR.

Você já se sentiu empacado numa rotina? Preso no carrossel de um mau hábito? Eu já. Todos nós cometemos erros. Quando isso acontecer, reconheça-os, corrija-os e siga em frente. A culpa e o arrependimento matam muita gente antes da hora. Saia do carrossel. Você é o autor do livro da sua vida. Vire a página.

parte seis

A FLECHA NÃO
PROCURA O ALVO,
O ALVO É QUE ATRAI
A FLECHA

MARÇO DE 2006

A essa altura eu tinha conhecido e namorado sério algumas mulheres maravilhosas, muitas das quais ainda são minhas amigas, mas até ali todas tinham sido apenas pausas, não pontos-finais. Com 30 e poucos anos, eu queria um amor para a vida toda, uma mulher companheira, a futura mãe dos meus filhos. Eu queria mais. Eu queria *a mulher da minha vida*. Estava atrás *dela*.

Então tive outro sonho. Sim, erótico.

Não, não *aquele* sonho erótico, um diferente.

De novo, eu estava tranquilo, dessa vez sentado na varanda da frente da minha casa de madeira no interior, numa cadeira de balanço. O caminho de terra batida se alargava diante dos três degraus da varanda. À minha frente eu via um gramado verde infinito, saudável e comprido. A entrada do terreno estava distante, cercada de árvores, e de lá vinham SUVs que se aproximavam da casa numa procissão cerimonial. Atrás do volante de cada carro havia uma mulher e, no banco traseiro, quatro crianças pequenas, todas acenando empolgadas para mim enquanto os veículos estacionavam com dois pneus no gramado e dois na terra. Todas as mulheres estavam serenas e contentes. Todas as crianças sorriam, gargalhavam, tinham saúde para dar e vender. Todos nós nos conhecíamos muito bem.

Vinte e dois veículos.

Vinte e duas mulheres.

Oitenta e oito crianças.

As mulheres não estavam ali para ver um homem com quem tinham se casado, e sim para ver o pai de seus filhos, o homem que amavam. As crianças estavam ali para ver o pai.

Eu.

Todos estavam lá para comemorar meu aniversário de 88 anos, uma criança para cada ano de vida.

Todos estavam alegres, animados para comemorar meu nascimento e para se encontrarem. Eu e cada uma das mães compartilhamos uma memória feliz, com as crianças empoleiradas no meu colo. Trocamos beijos e abraços, gargalhamos, contamos piadas, choramos lágrimas de felicidade. Todos se reuniram ao meu redor na varanda para tirar uma foto de família. Olhamos para a grande câmera quadrada sobre um tripé colocada no caminho de terra. *Três! Dois! Um!*

Então eu gozei.

No sonho, eu não era casado. Era um solteirão de 88 anos. E *essa* ideia, por toda a minha vida até aquele momento, teria sido um pesadelo.

Mas não no sonho. No sonho, foi maravilhoso. Ele me disse que ficaria tudo bem. Que *eu* estava bem.

O sonho me lembrou que *a única coisa que eu sempre soube que queria era ser pai* e me mostrou que, se eu não conhecesse *a mulher da minha vida* e me casasse, *também* não haveria problema.

Eu podia ter filhos.

Eu podia ser pai.

Eu podia me tornar um solteirão de 88 anos, cercado por 22 mães sorridentes e 88 filhos felizes, acenando, saudáveis e empolgados – pessoas que eu amava e que me amavam também.

A possibilidade de passar a vida inteira solteiro – um sinal vermelho – tinha surgido para mim em um sonho erótico de **sinal verde**. Era um sinal espiritual, uma mensagem para que eu desistisse, parasse de *tentar* encontrar a mulher perfeita com tanto afinco e apenas me entregasse ao processo de seleção natural para encontrá-la, para ser encontrado.

Ou não.

Assim, parei de procurar por *ela*.
E aí ela apareceu.

> **a flecha não procura o alvo, o alvo é que atrai a flecha**
>
> Devemos ter consciência daquilo que atraímos na vida, porque não é por acidente nem por coincidência.
>
> A aranha espera o jantar se aproximar da teia.
>
> Sim, devemos ir atrás dos nossos desejos, buscá-los, nos esforçar para alcançá-los,
>
> mas às vezes não precisamos *fazer* as coisas acontecerem.
>
> Nossas almas são infinitamente magnéticas.

⊗

Era fim de 2006, e eu era o centro das atenções à cabeceira da mesa no Hyde Club, na Sunset Boulevard, preparando as melhores margaritas no mundo, quando a vi.

Um vestido fino e macio de seda azul-turquesa sobre ombros marrom-claros, atravessando da direita para a esquerda a penumbra da sala enevoada e mal-iluminada por lâmpadas de néon.

Ela não estava *entregando* nada.
Ela não estava *indo* a lugar algum.

Ela desafiava a gravidade, e eu queria ir atrás dela. Sua cabeça não balançava. Seus pés estavam mesmo *tocando* o chão? Eu tinha dúvidas. Como falei, o salão estava enevoado e mal-iluminado.

Ela causou uma impressão *e* uma definição:

Impetuosa e vital.

Jovem mas experiente.

Caseira e viajada.

Inocente e astuta.

Doce e afiada.

Guerreira e rainha.

Não era virgem, mas não estava disponível.

Uma futura mãe.

Ela não estava oferecendo *nada*. Nem precisava. Ela sabia *o que* era, *quem* era, e estava à vontade. Uma lei natural. Um substantivo próprio. Inevitável.

O que... é... aquilo?, me perguntei ao me levantar, puxado pela gravidade daquela mulher. Fiquei observando enquanto ela se acomodava numa *chaise longue* de veludo vermelho com outras duas mulheres. Sem conseguir encontrar seu olhar, ergui o braço direito e comecei a acenar, tentando chamar sua atenção, e foi então que escutei uma voz no ouvido esquerdo.

Esse não é o tipo de mulher que você chama com um aceno do outro lado do bar, filho. Toma uma atitude, se apresenta pra ela. Era a voz da minha mãe. Hora de relativizar.

Eu me aproximei. Ela parou de conversar com as amigas e olhou para cima.

– Oi, eu sou o Matthew – falei, esticando o braço para cumprimentá-la com um aperto de mão respeitável.

Notei que ela me reconheceu, mas permaneceu sentada, não parecendo disponível ou impressionada.

– Camila – respondeu, erguendo o braço direito e apertando minha mão com um ar seguro, mas casual.

Prendi a respiração.

– Você... e suas amigas querem vir pra nossa mesa? Garanto que faço uma margarita maravilhosa pra vocês.

Ela olhou para as amigas.

– Com licença – disse ela, então se levantou sozinha e permitiu que eu a levasse até minha mesa.

Embora tenha ido sozinha, percebi de imediato que ela nunca teria aceitado meu convite se eu não tivesse sido cavalheiro e convidado todas.

Preparei a melhor margarita da minha vida. Falei espanhol melhor do que nunca.

Ela falava português. Nunca entendi português tão bem quanto naquela noite, e nunca mais desde então.

Os ritmos dos idiomas latinos pareciam se encaixar. Vinte minutos tinham se passado, e estávamos na ponta da mesa, falando com a boca encostada na orelha um do outro, tendo nossa primeira conversa, quando...

– McConaughey! O carro está lá na frente, vamos embora! – berrou meu amigo por cima da música.

Eram duas da manhã, e o bar ia fechar.

– Me dá cinco minutos! – falei, esticando a palma da mão aberta na frente da cara do meu amigo, sem tirar meus olhos dos dela. – Quer ir tomar um drinque na minha casa? – perguntei. – O pessoal vai tomar a saideira lá.

– Não, obrigada, não hoje, mas obrigada – disse ela num tom gentil.

Merda.

Eu a acompanhei até seu carro, que, para a surpresa dela, não estava mais lá.

– Eu estacionei bem aqui! – exclamou ela, parada na vaga vazia no posto de gasolina ao lado do bar.

– Está procurando um Aviator branco? – perguntou um atendente do posto.

– Isso.

– Foi guinchado, a vaga é só pra clientes do posto – explicou ele.

– Vamos, só um drinque na minha casa – falei. – Depois eu peço pro motorista te deixar em casa.

– Tá, tudo bem – respondeu ela por fim.

Entramos no SUV que nos esperava, e meus dois amigos passaram para o banco de trás.

∞

Três e meia da manhã. Minha casa.

– Bem, obrigada pelo drinque, é melhor eu ir andando – disse ela.

Eu a acompanhei até o motorista que esperava na frente da casa, mas, por *algum* motivo, ele não estava lá.

Fingi estar preocupado.

– Como assim? Onde ele se meteu? – falei. – Inacreditável, vou chamar um táxi pra você, desculpa.

Quase não havia sinal de celular naquela região de Hollywood Hills, mas eu tinha um telefone fixo. Liguei para três cooperativas de táxi, e adivinha? *Nenhuma* atendeu ou tinha um taxista disponível.

– Você pode ficar no quarto de hóspedes lá em cima.

A essa altura, como já passava das quatro da manhã e *não havia transporte disponível*, ela cedeu.

Naquela noite entrei no quarto de hóspedes duas vezes para ver como ela estava.

Fui expulso nas duas.

Na manhã seguinte, acordei por volta das 11. Ao descer a escada em espiral para o corredor que levava à cozinha, escutei pessoas conversando e rindo. Elas falavam ao mesmo tempo, como pessoas à vontade umas com as outras, que se conheciam havia anos.

Quando cheguei à cozinha, lá estava ela, de costas para mim, sentada no banco do meio na ilha, usando o mesmo vestido azul-turquesa sobre os mesmos ombros reluzentes. Era o centro das atenções. Minha empregada servia panquecas para ela e para dois amigos meus sem camisa, que faziam piadas de duplo sentido sobre uma história que ela havia contado pouco antes.

Eles não apenas *falavam* como velhos amigos, como *pareciam* velhos amigos. Ela não demonstrava qualquer falsa modéstia juvenil para fugir dali na surdina, como se fosse uma vergonha. Tampouco parecia ter pressa para sair de uma casa onde nem pretendia passar a noite. Apenas esbanjava confiança e uma graciosidade bem-humorada.

Liguei para o posto de gasolina onde seu carro tinha sido guinchado e descobri para onde o veículo havia sido levado. O pátio ficava a uma hora de distância. Insisti em levá-la até lá. No caminho, coloquei um dos meus CDs favoritos para tocar, de um cantor de reggae chamado Mishka, cujo álbum eu estava produzindo na época.*

Eu dirigi. Fomos escutando música. Duas, três canções seguidas tocavam sem que nenhum de nós falasse nada. Nenhum de nós *sentia* necessidade de falar nada. Nenhum de nós estava ansioso para evitar os momentos de silêncio. A quietude não era desconfortável, e sim preciosa.

Chegamos ao pátio, ambos desejando que ele ficasse na Flórida. Antes de nos despedirmos, pedi o telefone dela. Ela enfiou a mão na bolsa, pegou um pedaço amassado de papel de caderno espiralado e anotou o número.

Tentei dar um beijo de despedida. Ela virou o rosto, mas consegui tocar o canto esquerdo dos seus lábios.

Perguntei se ela queria sair comigo naquela noite.

– Sim – disse ela. – Mas não posso. É aniversário do meu pai.

– E amanhã à noite?

– Me liga.

Aquela sereia que eu havia vislumbrado na Amazônia 10 anos antes *tinha* me visto. Então desceu o Atlântico, deu a volta no cabo Horn, subiu o Pacífico, desembarcou em Hollywood e por fim entrou num bar na Sunset Boulevard, onde reconheci seu corpo azul-turquesa e seus ombros macios atravessando o salão, me conquistando.

Catorze anos depois, ela continua sendo a única mulher com quem já quis sair, dormir ou acordar.

SINAL VERDE.

---

* Ouvi Mishka pela primeira vez na Jamaica, na virada do milênio, e me apaixonei pelo som na hora. Me encontrei com ele cinco anos depois, no Caribe, e decidimos fazer músicas juntos. Então abri a j.k. livin Records e produzi dois álbuns com ele.

oh, dama da boa esperança

Oh meu amor, como está você?

Vê-la, não fazê-la, feliz

É uma das minhas atividades favoritas

Minha irmã, minha amada, minha companheira, meu clone

Mergulhando de cabeça nestes dias

Seguimos em frente sozinhos

E agora chegamos ao ponto

De espiar pela beira do abismo

"Vai *você* primeiro; não, vai *você*."

E se pulássemos juntos de mãos dadas?

A queda é tão longa,

e nisso concordamos.

"Ainda bem", digo.

Você responde: "O quê?"

"Só quero voar com você."

◯◯

Fazia cerca de um ano que eu e Camila estávamos juntos quando aceitei um trabalho na Austrália, para filmar *Um amor de tesouro*. Até então, eu sempre tinha ido trabalhar sozinho e tinha uma vida solitária nas locações, mas aquela mulher era algo, alguém, diferente na minha vida. Eu queria que ela ficasse comigo na Austrália durante os três meses de gravações, que vivesse comigo na casa de praia de dois quartos que eu alugaria em Port Douglas. Não gostava da ideia de ficar longe dela por tanto tempo. Gostava da ideia de estar *com* ela. Fiz o convite.

– Tem certeza? – perguntou ela.
– Tenho, sim.
– Você. Tem. Certeza?
– Tenho, sim.
– Bom, para aceitar vou precisar de algumas coisas. Preciso ter um quarto só meu, um banheiro só meu e uma chave da casa.
– Combinado.

Ela foi comigo. Ficou na casa. Não dormiu no quarto que pediu, raramente usou o outro banheiro, quase nunca precisou da chave. Mesmo assim teve isso tudo, uma parte importante da sua independência, da *nossa* independência, naquela fase do relacionamento. Era muito sensato reivindicar aquele espaço, mesmo que ele não fosse usado.

Cerca de dois meses depois, com o Ano-novo chegando, encontrei um retiro de surfe em Papua Nova Guiné para os seis dias de recesso. Casas na árvore, floresta, surfe, aventura.

Passamos os dias surfando, nadando, mergulhando, fazendo trilhas na floresta tropical, explorando os mercados locais, visitando aldeias indígenas. Ficamos numa casa na árvore com apenas um cômodo, à beira da floresta, sem eletricidade, porque não era necessária. Foi selvagem, lindo, mágico.

Na tarde do quarto dia, depois de fazermos amor, estávamos empoleirados na varanda do nosso chalé, vendo o sol se pôr no mar de Salomão, tomando nosso primeiro drinque antes de nos juntarmos aos moradores locais num boteco na praia a alguns metros dali.

Eu estava me apaixonando.

– O que eu teria que fazer pra te perder? – perguntei.

Quando falei essas palavras, me virei para observá-la de canto de olho, a bebida em sua mão direita a caminho da boca, num movimento gracioso, sem parar, sem hesitar, mantendo a fluidez, como se eu não tivesse falado nada.

A bebida alcançou seus lábios, e ela tomou um gole tranquilo, sem desviar os olhos do pôr do sol. Então, engoliu de um jeito relaxado, satisfeito, e lentamente colocou o copo de volta no círculo molhado sobre o braço de madeira da cadeira.

– Ah, essa é fácil – disse ela, virando-se para mim.

Meu coração disparou. Seus olhos encontraram os meus e ali ficaram.
– Mudar – respondeu.

SINAL VERDE.

◯◯

Quando voltamos da Austrália, Camila se mudou de Nova York para a Costa Oeste. Minha casa em Hollywood Hills era um ninho ideal para duas pessoas num relacionamento sério, mas era *minha*. Assim, sem que nada precisasse ser dito, decidimos que queríamos um recomeço, uma oportunidade de construir uma vida juntos. Nos mudamos para o camping de Malibu Beach, onde fomos morar no Airstream de 8,5 metros de comprimento, "a Canoa". Dedicados a um futuro juntos, conversamos sobre ter filhos e decidimos que ela pararia de tomar o anticoncepcional.

– Sob uma condição – disse ela. – Quando você for trabalhar, nós *todos* vamos.*

– Combinado.

---

* Nos últimos 12 anos, Camila e todos os nossos filhos sempre viajaram e moraram comigo em todas as locações a que minha carreira como ator me levou.

hoje fiz amor com minha mulher.

Não porque eu queria naquele momento,

mas porque sabia que iria querer depois de começarmos.

E que a caminhada na praia que faríamos depois seria mais romântica.

Que o drinque que eu prepararia às 17h45 seria mais gostoso.

Que o camarão que eu temperaria teria mais sabor.

Que o jogo que veríamos às sete da noite seria mais empolgante.

Que a música que dançaríamos até meia-noite teria mais ritmo.

Que a conversa sobre a vida que teríamos juntos, sentados frente a frente à mesa da cozinha até as três da manhã, seria mais inspiradora...

E foi mesmo.

Por meses, aproveitamos todos os 57 metros quadrados da "Canoa" tentando engravidar, mas não deu certo, então desistimos de *tentar* e passamos a simplesmente aproveitar o *ato*.

Mais alguns meses depois, cheguei em casa por volta das sete da noite, e ela estava lá para me receber com seu abraço, beijo e sorriso de sempre. O beijo foi um pouco mais empolgado naquele dia.

Ela me entregou um copo com uma dose dupla de tequila com gelo. Tirei os chinelos e me sentei no sofá. Um dos meus aromas favoritos vinha do fogão: cheesebúrgueres caseiros.

– O que houve? Estou no paraíso.

– Pois é – disse ela, se sentando ao meu lado e me entregando uma caixinha de madeira enrolada numa tira de pedras turquesa.

Abri. Lá dentro tinha uma foto. De cara não entendi bem o que era, então precisei olhar mais de perto para ver com clareza.

Lágrimas de alegria começaram a escorrer pelas minhas bochechas. Olhei para ela. Ela chorava as mesmas lágrimas. Era a foto de uma ultrassonografia. Camila estava grávida.

Nós choramos, rimos, dançamos.

A única coisa que eu sempre soube que queria era ser pai.

Para mim, *ser pai* era ser um homem que teve *sucesso* na vida. Quando eu era pequeno, dizia "sim, senhor" e "não, senhor" para meu pai e os amigos dele *porque* eles eram pais. A paternidade, aquilo que eu mais reverenciava na vida, que **mais me impressionava**, se tornou algo com que eu **me envolveria**. A mensagem de masculinidade que eu recebera com a morte do meu próprio pai ganhou um novo sentido quando eu também me tornei pai.

Sim, senhor.

<u>**SINAL VERDE.**</u>

Por volta das dez da noite, ligamos para minha mãe para dar a notícia. Era meia-noite no Texas.

– Mãe? Eu e a Camila estamos na linha. Temos uma notícia maravilhosa pra te dar, a senhora está no viva-voz.

– Ah, que bom, adoro boas notícias. Oi, Camila!

– Oi, Sra. McConaughey!

– Mãe…

– Sim.

– Eu e a Camila fizemos um bebê. Ela está grávida.

Silêncio.

Mais silêncio.

– Mãe?… A senhora está aí?

– Não!... Não! Não! Nãããããão! Matthew!!! Isso *não* está *certo*! Não, não, não, não, nãããããão! Matthew! Eu criei você pra se casar *antes* de ter um filho! Com qualquer mulher! *Não!!!* Está *tudo* errado. Ah, não, Matthew, essa notícia *não* é boa.

Eu e Camila nos olhamos, boquiabertos. Fiz menção de pegar o telefone, tentado a tirá-lo do viva-voz e poupar Camila da bronca, mas aí pensei: não, é melhor ela descobrir tudo que pode esperar da minha mãe.

– Caramba, mãe. Achei que a senhora ficaria feliz. Eu e a Camila estamos nas nuvens.

– Bem, eu *não* estou! Está tudo errado, Matthew. *Não* foi assim que eu te criei, e sinto muito, Camila, mas *não* foi assim que criei meu filho. *Não* estou nem um pouco feliz.

Então desligou.

Eu e Camila absorvemos o golpe, as lágrimas de alegria secando com a surpresa.

– Ah, merda – disse Camila.

– *Puta* merda – respondi.

Nos recostamos no sofá para recuperar o fôlego.

Camila me serviu outra bebida. Não tomei um golinho, tomei um golão. Minutos depois, o telefone tocou. Era a minha mãe. *O que ela inventou agora?*, me questionei.

– Mãe?

– Sou eu. Estou no viva-voz? Camila, você está me ouvindo?

– Sim, Sra. McConaughey, estou aqui.

– O que foi, mãe?

– Bem... eu quero passar liquid paper na nossa última conversa. Percebi que fui egoísta. Não preciso concordar com a *ordem* dos eventos, mas não tenho direito de julgar nada. Contanto que *vocês* estejam felizes, *eu* estou feliz por vocês... Tudo bem?

Fiquei encarando o telefone e balancei a cabeça.

– Podemos passar liquid paper, Sra. McConaughey! – disse Camila, se controlando para não cair na gargalhada.

– Que ótimo, porque todo mundo merece uma segunda chance! Amo vocês, tchau.

E, com isso, ela desligou.

IMPRESSÕES

Todos nós já cruzamos com pessoas que, de canto de olho, do outro lado da rua, no momento certo, parecem absurdamente bonitas, com uma beleza até divina.
A maneira como se movem, a forma como a luz as ilumina, invoca reverência e fascínio. A IMPRESSÃO.

E então olhamos melhor. Caramba. Decepção. Bom de longe, mas longe de ser bom.

Certas pessoas jamais serão mais bonitas do que nessa primeira impressão, a distância, sob aquela luz, naquele momento, da maneira como as enxergamos, quando nossas esperanças estão no ápice e sonhamos realizar nossos desejos. Elas nunca serão mais bonitas do que naquele vislumbre inicial, afoito. A impressão. O PLANO GERAL.

Alguns relacionamentos são melhores em plano geral. Mais impressionantes na impressão.

Como sogros. Melhor só encontrá-los em feriados.

Como vizinhos. Existe um motivo para termos paredes e cercas.

Como aquele relacionamento a distância que deu errado quando vocês foram morar juntos.

Como o namoro de verão que só durou até o começo do outono.

Aquela pessoa que era sua amiga e que virou namorada, mas de quem agora você sente falta como amiga.

Como nós mesmos quando somos uma fraude.

Tudo isso fica melhor de longe. Com menos frequência. Com menos intimidade.

Às vezes precisamos de mais espaço.

É o romance, é a imaginação.

A distância é a paquera e a piscadela. É fútil, é misteriosa, uma fantasia. Uma lua de mel constante, porque não conseguimos enxergar a verdade, não temos certeza sobre ela, não a conhecemos direito.

É uma trepada. É o desapego. É a separação. É pública. É despreocupada. É indolor. Está à disposição de quem quiser.

E gostamos assim, porque às vezes é melhor à meia-luz.

O ESPELHO

Todos nós já cruzamos com pessoas que, quando as olhamos nos olhos, quando estão bem diante de nós, em plena luz do dia, parecem absurdamente bonitas, com uma beleza até divina. A maneira como se movem, a forma como a luz as ilumina, invoca reverência e fascínio. A DEFINIÇÃO.

E então olhamos melhor. Uau. Ficamos nas nuvens. Bom de longe, melhor de perto.

Certas pessoas ficam mais bonitas, causam uma impressão melhor quanto mais as vemos, quanto mais se aproximam de nós, sob aquela luz, naquele momento, da maneira como as enxergamos, quando nossas esperanças estão no ápice e sonhamos realizar nossos desejos. Elas ficam cada vez mais bonitas à medida que as enxergamos com mais clareza. A definição. O CLOSE-UP.

Alguns relacionamentos são melhores em close-up. Mais impressionantes com mais definição.

Como a mulher que não excita você em uma fotografia, apenas na vida real.

Como nossos filhos.

Como nossos parceiros.

Como um melhor amigo.

Como Deus.

Como nós mesmos quando somos autênticos e verdadeiros.

Tudo isso fica melhor de perto. Com mais frequência. Com mais intimidade.

Às vezes, precisamos de proximidade.

É amor, é literal.

A proximidade são os momentos de silêncio juntos, a dor compartilhada, a beleza vista, a honestidade. É autêntica. É a realidade. Uma relação constante, porque conseguimos enxergar a verdade, temos certeza sobre ela, a conhecemos.

É fazer amor. É o apego. É a união. É íntima. Cobra um preço. Dói. É nossa.

E gostamos dela assim, porque às vezes é melhor com a luz acesa.

Impressões no Espelho

○○

Camila estava grávida de seis meses quando recebi uma ligação da minha produtora de filmes em Venice, Califórnia. O número apareceu na tela, e me estiquei para pegar o telefone.

Minha mão *parou* no meio do caminho.

Eu não queria atender. Um telefonema da *minha* produtora. Do escritório e da equipe que *eu* bancava desde 1996.

Não atendi. Em vez disso, liguei para meu advogado, Kevin Morris.

– Quero fechar a produtora imediatamente. Vou ligar pra todo mundo e avisar amanhã. Quero pagar indenizações generosas. Pode fechar a j.k. livin Records também.

Estava na hora de limpar a casa. *Processo de eliminação.*

Eu tinha cinco responsabilidades diárias: família, fundação, atuação, produtora e gravadora. Minha sensação era que fazia um trabalho medíocre em tudo isso. Minha ideia era fechar a produtora e a gravadora, eliminar dois dos meus cinco compromissos e ter um desempenho maravilhoso nos outros três.

Expliquei ao meu advogado que eu queria cuidar da minha família, da minha fundação, e trabalhar como ator.

Simplificar, focar e conservar para libertar.

Beleza, beleza, beleza.

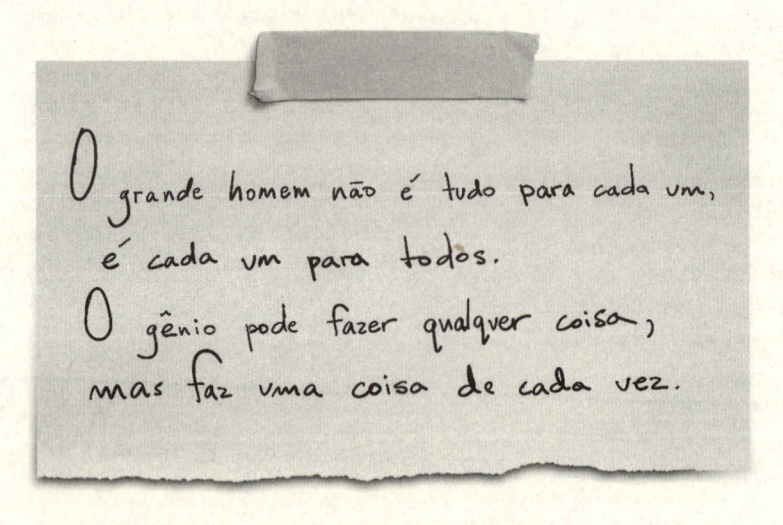

O grande homem não é tudo para cada um, é cada um para todos.
O gênio pode fazer qualquer coisa, mas faz uma coisa de cada vez.

⬯

No dia 7 de julho de 2008, após três dias de trabalho de parto e uma cesariana de emergência, Camila deu à luz um menino de 3,4 quilos.

Não sabíamos o sexo, e essa foi uma das melhores surpresas que pudemos nos dar. Sabíamos o nome que escolheríamos se fosse menina, mas tínhamos uma lista interessante caso fosse menino.

"Matthew." "Man." "Medley." "Igloo." "Mister." "Citizen." "Levi."

Sabe, nomes comuns.

Camila preferia "Matthew". Eu fiquei ressabiado com a parte do *Jr.* e com a *armadilha de ter o mesmo nome do pai famoso*, mas, naquele momento, não estávamos pensando em nomes, estávamos ocupados demais sorrindo, gargalhando, chorando, amando.

Cerca de uma hora e meia depois do nascimento, uma enfermeira me entregou um documento formal para preencher. Ele dizia:

```
No dia 7 de julho de 2008, às 6:22 PM,
_____ nasceu.
         (nome)
```

Seis e vinte e dois. Meu versículo favorito da Bíblia:

> *Se teus olhos forem bons,*
> *Todo o teu corpo será cheio de luz.*
> – MATEUS, 6:22

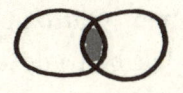

⬯

A mandorla.
O paradoxo, em vez da contradição.
A união, em vez da fricção.
O lugar que *todas* as cores habitam.
A luz branca.

O terceiro olho.

O versículo **6:22** me deu orientação espiritual por décadas e estava até entalhado na porta do meu quarto com Camila, que eu tinha encomendado de dois membros do povo dogon, do Mali, em 2000.

O apóstolo "Mateus" também era conhecido como "Levi" em outras partes do mundo. Mesmo homem. Outro nome.

De Levítico, o terceiro livro da bíblia de leis e rituais.

Levítico. Levitar. Levi. **Mateus, 6:22.**

Então, no dia 7 de julho de 2008, às 18:22, nasceu **Levi** Alves McConaughey. Alves é o nome de solteira de Camila.

SINAL VERDE.

> O homem alcança o ápice da masculinidade
> após o nascimento de seu primeiro filho. Não
> é machão. É masculino. Após o nascimento do
> primogênito, o coração, a cabeça e o instinto
> de pai estão mais alinhados do que nunca. Os
> cinco sentidos estão na mesma frequência, sua
> intuição está afinada. Ele deveria gravar
> em pedra qualquer sensação que tiver sobre
> questões pessoais, financeiras, espirituais
> ou profissionais pelos próximos seis meses.
> Deveria confiar que *saaaabe* e *sabeeeer* que
> é *capaz* de prever o futuro, porque agora,
> pela primeira vez na sua vida, ele vive pelo
> *futuro*, e o *futuro* vive por ele.
>
> Aposte tudo e quebre a banca.

Assim que fui apresentado à nova vida, uma crise familiar potencialmente fatal surgiu de repente, e tive que voltar correndo para Austin para ficar com minha mãe e meus irmãos. Camila e Levi se juntaram a mim duas semanas depois, e alugamos uma casinha na comunidade de repouso para idosos ativos, onde dormíamos em colchões infláveis.

Não posso falar de *todas* as casas de repouso, mas *aquela* era legal. Um monte de pessoas velhas cuidando da própria vida, sem buscar sentido *algum* em nada nem em mais ninguém. Era como se tivessem envelhecido e voltado a ser revolucionários ou anarquistas. Eram crianças.

São americanos patriotas, que acreditam em Deus, têm um senso de humor maravilhoso e não fazem questão nenhuma de agradar aos outros nem de serem politicamente corretos. Eles riem de *tudo* e adoram ser *alvo* de risadas. E também adoram bater papo e oferecer conselhos que ninguém pediu.

> *"Você sempre parece estar se divertindo quando assisto aos seus trabalhos, Matthew, e a vida serve pra isso mesmo, pra se divertir."*

> *"A maior conquista da vida são seus filhos, Matthew, então tenha um monte, e lembre que netos são o dobro de diversão e metade do trabalho."*

Estar cercado de idosos é algo que nos faz refletir sobre nossa própria mortalidade e faz com que a gente se sinta mais jovem ao mesmo tempo. Vemos os corpos deles desobedecendo aos comandos da mente, e suas mentes esquecendo o que eles sabem, mas eles não se chateiam. Recebem uma rotina e a seguem: vão à academia, tomam coquetéis à noite, cantam no coral da igreja, se inscrevem em todas as atividades oferecidas.

> *"O segredo da longevidade é continuar ativo e social, Matthew."*

No caminho de volta para nossa casa alugada após um bingo no centro recreativo, eu e Camila paramos em um sinal vermelho.

– Você quer voltar pro Texas, não quer? – perguntou ela, de repente.

Eu *estava* pensando nisso. Talvez fosse pela educação, pelo valor que as pessoas dão ao bom senso, pelo fato de que, quando você está jogando bola na frente de casa e um carro diminui a velocidade para olhar, é um vizinho dando oi, não os paparazzi. Talvez fosse pelo otimismo e pelo fato de que ninguém se comporta como se houvesse uma crise, mesmo quando há. Talvez fosse por minha mãe agora ter 70 e tantos anos, estar na fase final da sua vida, e porque vê-la mais do que duas vezes por ano me parecia prudente. Mas a resposta era que eu e Camila tínhamos acabado de começar uma família, e eu queria que nossos filhos tivessem tudo isso.

Eu me virei e a encarei.

– Aham.

Ela respirou fundo e balançou a cabeça com um sorriso astuto.

– Seu filho da mãe. – Então olhou para Levi na cadeirinha atrás de nós. – Tá bom.

O sinal ficou **verde**. Pisei no acelerador.

> A VIDA, ASSIM COMO A ARQUITETURA, É UM VERBO. SE BEM-FEITA, FUNCIONA, É LINDA E NÃO PRECISA DE ORIENTAÇÕES. PRECISA DE MANUTENÇÃO.

⚭

Após resolver o dilema familiar que havia me levado de volta ao Texas, eu, Camila e Levi compramos e nos mudamos para uma casa nos arredores de Austin, com vista para o rio.

Quase quatro hectares, um poço artesiano e a escritura de um terreno na margem do rio para um ancoradouro que o antigo proprietário tinha esquecido de listar na venda. Espaço mais do que suficiente para ter alguns cachorros, criar uma família e tocar meus tambores como vim ao mundo sem incomodar vizinhos.

Assim como a morte prematura do meu pai me fizera amadurecer e me tornou um homem, a emergência familiar junto com a paternidade me ajudou a refletir sobre minha vida e quem fazia parte dela, sobretudo quando se tratava da minha carreira. Mortes, crises familiares, recém-nascidos – o fim de uma vida, a tentativa de manter uma vida, o surgimento de uma vida. Essas três coisas abalam nossas estruturas, nos mostram quais são nossas prioridades, nos fazem refletir sobre nossa mortalidade, e, portanto, nos dão coragem para viver uma vida mais intensa, forte, verdadeira. Três coisas que nos fazem questionar:

"O que é importante?"

Três coisas que nos fazem compreender:

"*Tudo.*"

Diante do fato do destino que a morte e o nascimento trazem,

reconhecemos que somos ao mesmo tempo humanos e Deus.

Descobrimos a crença de que nossas escolhas fazem diferença,

que não é tudo por nada,

é tudo por tudo.

⊗

Eu era um ator de sucesso, uma celebridade e um astro de cinema. Não precisava me preocupar em colocar comida na mesa nem em pagar o aluguel, mas os rumos da minha carreira e os personagens e filmes que me ofereciam tinham deixado de me satisfazer. Entediado com os papéis em comédias românticas e o mundo que eles habitavam, fazia um bom tempo que eu ia dormir com a bunda coçando e acordava com o dedo fedendo.

Minha vida estava completa. Imprevisível. Perigosa. Essencial. Significativa. Animada. Eu gargalhava mais alto, chorava mais forte, amava com mais intensidade, odiava com mais fervor, sentia *mais* como o homem que era na vida do que como os personagens que interpretava nos filmes. Aceitava que precisava haver certo desequilíbrio, que uma existência vital era mais importante do que uma profissão vital, mas queria participar de histórias que pelo menos desafiassem a vibração da vida que eu vivia e interpretar personagens que pelo menos desafiassem a vivacidade do homem que eu era.

Esses papéis e histórias que eu buscava, que travariam um embate com a vida que eu vivia, não estavam chegando, e, mais uma vez, os que apareciam me incomodavam. Estava na hora de mudar, redirecionar, estabelecer um novo compromisso. De parar de mudar de endereço em busca de um clima melhor. Agora, mais do que nunca, eu tinha pelo que *viver*, e estava na hora de parar de soltar migalhas, de ser egoísta de verdade, de ver o que eu era capaz de abandonar.

Estava na hora de fazer um sacrifício de verdade. Além de tudo, Camila estava grávida de novo.

SÓ É ARRISCADO QUANDO HÁ CHANCE DE PERDER A LUTA

parte sete

SEJA CORAJOSO, SUBA A LADEIRA

OUTONO DE 2008

Ao encarar qualquer crise – do furacão Katrina a emergências familiares e às grandes decisões que precisamos tomar na vida –, sempre achei um bom plano primeiro **reconhecer** o problema, depois **estabilizar** a situação, **organizar** a reação e só então **reagir**. Ciente de que eu precisava de *mais* como ator, reconheci o problema. Agora, estava na hora de estabilizar minha situação.

Liguei para meu gestor financeiro, Blaine Lourd, e perguntei quanto tempo eu poderia passar sem trabalhar mantendo o mesmo padrão de vida.

– Você cuidou bem do seu dinheiro, faça o que precisar fazer – disse ele.

Liguei para meu agente, Jim Toth, e expliquei que queria parar de fazer comédias românticas e começar a buscar trabalhos dramáticos que me desafiassem.

– Sem problemas – respondeu ele de imediato.

– Como assim, "sem problemas"? – questionei. – Minhas comédias românticas têm gerado uma comissão polpuda de 10% pra sua agência há mais de uma década. O que acha que seus chefes vão dizer quando você chegar à reunião de segunda-feira e anunciar "O Matthew McConaughey não vai mais fazer comédias românticas"?!

– Eu não trabalho pra eles, Sr. McConaughey, eu trabalho pro senhor. Admirável.

egocêntrico

Quando eu for rico o suficiente para não me importar com dinheiro.

Quando a vida de uma criança for mais importante que a minha.

Quando o valor que dou a mim mesmo não depender da bajulação dos outros.

Quando eu não me importar mais em superar meus desejos,

Vou olhar para perto e para dentro de mim e me tornar ego-cêntrico.

Essa é a medida da grandeza de um homem, quando um homem se torna clássico.

Quando recompensas mortais deixam de ser o suficiente para pagar o aluguel,

o homem se transforma em lenda.

Viva por si.

Ego-cêntrico.

Era uma aposta arriscada. Em Hollywood, se você recusa projetos *demais*, as ofertas podem sumir. Se você sai da sua zona de conforto, vira as costas para aquilo em que é bem-sucedido, a indústria pode virar as costas para você. E ninguém vai ficar triste, porque tem um monte de gente para ocupar seu lugar. Mais uma vez, não é pessoal, são só negócios.

Eu me debulhava em lágrimas ao conversar com Camila sobre essa decisão. Nós choramos. Rezamos. Fizemos um acordo.

– As coisas vão ser difíceis por um tempo, querido – disse ela. – Não dá pra saber quanto tempo vai durar. Vai ser complicado. Sei que você vai ficar inquieto, que vai ficar inseguro, que vai beber mais, só que... se formos fazer isso mesmo, se formos nos *comprometer* com essa mudança, precisaremos mergulhar de cabeça. Você precisa correr atrás. Combinado?

Do mesmo jeito que meu pai tinha me dito muitos anos antes.

– Combinado.

⊙⊙

Diante de uma encruzilhada, não de uma catástrofe, eu sabia que meu dilema existencial custaria caro, certamente no sentido financeiro, mas também no emocional. A exaustão de não saber se e quando aquilo se resolveria me colocaria à prova. Ao dizer para *Hollywood* – minha amante havia quase 20 anos – algo como *Ainda te amo, mas precisamos dar um tempo, e prefiro ficar sozinho e ser feliz a continuar com você e ser triste*, eu me enfiei num limbo, comprei uma passagem só de ida para o mundo do *vamos ver*. Estava preparado para o pior, mas torcia pelo melhor.

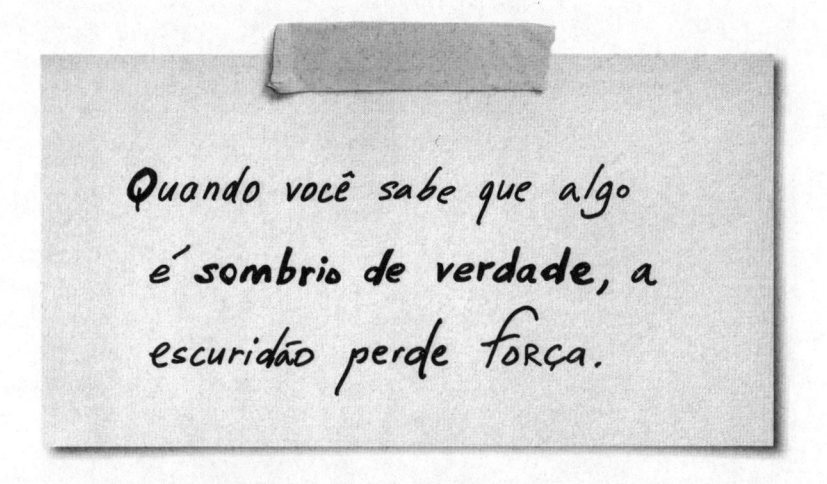

> Quando você sabe que algo é sombrio de verdade, a escuridão perde força.

⊙⊙

As festas de fim de ano se aproximavam, e eu estava animado para passar tempo com minha família. Quanto mais parentes estivessem por perto, menos eu pensaria na carreira que estava abandonando e mais me lembraria das minhas origens.

Todo Natal, fazemos nossa reunião de família anual no rancho do meu irmão, no oeste do Texas. Enchemos picapes e trailers de crianças e cachorros e vamos para o rancho, onde batemos papo, bebemos, comemos, mentimos. Fazemos trilhas pela região, caçamos cervos, andamos a cavalo, alimentamos o gado, vemos esportes na TV e terminamos a noite ao redor de uma fogueira, varando a madrugada trocando novas histórias e ressuscitando antigas. Mesmo tendo crescido em um ambiente muito religioso, nossas reuniões de família atuais carregam pouquíssimos rituais natalinos, fora o de abrir os presentes no dia 25. Não nos sentamos à mesa para jantar e não lemos a Bíblia, apenas compartilhamos cinco dias inteiros cheios de carne e presepadas, sem hora para nada, com banhos opcionais, bebendo para lembrar, não para esquecer.

Se alguém aparecer fazendo *cara de besta* ou, como diz minha mãe, *andando na ponta dos pés*, o restante da família vai fazer essa pessoa baixar tanto a bola que em pouco tempo ela vai estar no chão, chorando, implorando por misericórdia, e nessa hora a levantaremos e lhe serviremos uma bebida. Sempre derramamos algumas lágrimas, mas tudo é completamente perdoado antes de irmos embora, porque, como diz meu irmão Rooster: "Se fizéssemos tudo certo, nunca saberíamos o que é errado."

Já sofri algumas dessas intervenções, mas não naquele ano. Minha família sabia que eu estava numa fase difícil. Quando muito, eles se perguntavam *que diabo havia de errado comigo*, recusando trabalhos e cheques generosos, mas entendiam que eu estava determinado, e minha família sempre respeitou convicções sinceras, como a que eu tinha naquele momento.

Dois dias depois do Natal, eu, Rooster e Pat estávamos dando uma volta pelo rancho e tomando cerveja na picape de Pat, quando Pat, que na época era, e ainda é, vendedor de canos trabalhando *para* Rooster, resolveu ligar para seu serviço de secretária eletrônica para ver se tinha perdido alguma mensagem durante o recesso do Natal. Pat usava uma empresa que funcionava em tempo integral, e só precisava ligar e informar seu código de identificação para escutar as mensagens novas. Digitou o número da empresa no celular.

– Aqui é o 812 – diz ele.

– Sim, 812, só um instante...

Dez segundos se passaram.

– Hum, senhor. Essa conta parece ter sido *desativada*.

– Como assim, *desativada*?

– Está *fora de serviço*, senhor.

– Mas esse é o número de identificação que eu recebi pra checar minhas mensagens.

– Entendo, senhor, mas aqui diz que a conta 812 está *desativada* há mais de... *dois anos*.

Começando a soltar fogo pelas ventas, Pat pisou no freio, saiu da picape e passou a berrar no telefone:

– Que história é essa de o número não funcionar há dois anos? Você sabe quantos milhões de dólares eu perdi porque clientes ligaram querendo comprar canos comigo e não conseguiram deixar mensagem, porque *você* desativou minha conta??? Eu vou te processar! A gente vai resolver isso no tribunal! Minha conta está desativada há *dois anos*, e a culpa é *sua*!

– Senhor, eu sou só a pessoa que atende o telefone e conecta as pessoas com suas contas, e a sua, senhor, está *desativada*.

– Estou pouco me lixando pro que você diz, eu devo ter perdido pelo menos 10 milhões de dólares *porque* vocês não recebem minhas mensagens há mais de dois anos! Dez milhões de dólares, minha senhora! É isso que eu vou pedir no processo!

A atendente desligou na cara dele. Pat continuou berrando.

– Não ouse desligar na minha cara, está me escutando? Você me DEVE dinheiro!

Por fim, Pat fechou o celular dobrável, chutou terra, depois se virou para mim e para Rooster, que estávamos assistindo à cena.

– Dá pra acreditar numa porra dessas?! Minha conta está desativada há dois anos, dois anos, porra! Vou processar esses filhos da puta e pedir 10 milhões! Vou levar o caso até a Suprema Corte, se precisar!

Foi então que Rooster fez a Pat uma pergunta que ele obviamente não havia cogitado.

– Bom, irmãozinho, o que acha que o juiz vai dizer quando descobrir que você nem *sabia* que a conta estava desativada, porque fazia mais de *dois* anos que não ligava pra ouvir suas mensagens?

Caso encerrado.

Acho que todo mundo na minha família adora um tribunal. Nós só temos um pouco de dificuldade para escolher os processos que podemos vencer.

SE O SENSO DE HUMOR FOSSE A EMOÇÃO PADRÃO DE TODOS, O MUNDO INTEIRO CONVIVERIA MELHOR.

No dia seguinte, eu, Camila e Levi precisamos encerrar a viagem em família e voltar para casa para cuidar de uma questão mais urgente.

⊙⊙

Acho que tentar manter o clima de lua de mel em um relacionamento é uma fantasia boba. Pior: é injusto com os apaixonados. É como uma lâmpada de 100 watts que queima rápido demais. Nenhuma pessoa é capaz de se sustentar no pedestal em que a colocamos se acharmos que ela *precisa* estar sempre nele. Da mesma forma, quando enxergamos a pessoa amada apenas como um super-humano, nosso reflexo nos olhos dela também nos torna super-humanos. Então o amor se torna temporário, porque ambos estão num patamar inalcançável.

A lua de mel, assim como *Hollywood*, é um filme de animação. É algo megalomaníaco, não a realidade que esperamos ver ao sair da sala de cinema.

Onde vivemos. Onde se encontra nossa humanidade. Onde habitam nossos segredos, cicatrizes, medos, esperanças e fracassos. É isso que encontramos depois que os créditos sobem na tela. Onde o amor verdadeiro se importa, machuca, compreende, cai, levanta. Onde não é fácil, mas podemos tentar.

Se eu espero que *você* seja a Mulher-Maravilha e se você só *me* enxerga como o Sr. Incrível, a lâmpada de 20 watts não vai ser forte o suficiente para iluminar o caminho.

A lâmpada de 100 watts da lua de mel *é* super-humana.

De propósito.

É o começo, a primeira vez, o nascimento. É por isso que se chama lua de mel, não casamento. Não é viável nem sustentável.

Até você ter uma filha.

No dia 3 de janeiro de 2010, Vida Alves McConaughey nasceu.

A única lua de mel que dura para sempre.

SINAL VERDE.

defina o que é sucesso para você

Outro dia, fui a uma loja vodu no sul de Nova Orleans. Encontrei frascos de poções "mágicas" enfileirados e rotulados com aquilo que ofereciam: fertilidade, saúde, família, ajuda com questões jurídicas, energia, perdão, dinheiro.

Adivinhe qual estava em falta? Dinheiro. Pois é, o dinheiro manda hoje em dia. Dinheiro é sucesso. Quanto mais temos, mais bem-sucedidos somos, certo?

Até nossos valores culturais foram monetizados. A humildade saiu de moda, é passiva demais. Podemos ficar ricos rápido com golpes na internet, sendo especialistas em nada mas em tudo se afirmarmos que somos, alcançando a fama por aparecer em *sextapes*, e com isso obtendo riqueza, fama, status e poder, talvez até respeito, sem ter um pingo de competência para fazer qualquer coisa que importe. Acontece todos os dias.

Todos nós queremos ter sucesso. A pergunta que precisamos nos fazer é: o que significa sucesso para nós? Mais dinheiro? Tá bem. Uma família saudável? Um casamento feliz? Ajudar os outros? Ser famoso? Ter clareza espiritual? Saber se expressar? Criar arte? Tornar o mundo melhor do que era quando chegamos?

Procure sempre se perguntar: "O que significa sucesso para mim?" Como *você* é próspero? Qual é a *sua* relevância? Sua resposta pode mudar com o tempo, e tudo bem, mas faça um favor a si mesmo: seja lá qual for a sua resposta. Não escolha nada que coloque sua alma em risco. Priorize quem você é, quem deseja ser, e não dedique tempo a nada que bata de frente com seu caráter. Não siga o fluxo. Ele pode até ser legal hoje, mas lhe causará problemas amanhã.

A vida não é um concurso de popularidade. Seja corajoso, suba a ladeira, mas primeiro responda à pergunta: "Qual é a ladeira que eu quero subir?"

UM ANO SE PASSOU.
Recebi dezenas de ofertas para fazer comédias românticas. *Só* recebi ofertas para fazer comédias românticas. Eu as lia por educação, mas permaneci firme, seguindo o plano, e recusei todas. Quer saber qual foi o meu *nível* de determinação?

Bem, uma delas oferecia 5 milhões de dólares por dois meses de trabalho. Li. Recusei.

Então me ofereceram 8 milhões. Não.

Aí me ofereceram 10 milhões. Não, valeu.

Aí 12,5 milhões. Desta vez, não, mas... obrigado.

Aí 14,5 milhões.

Hmmm... deixa eu dar uma olhadinha.

E sabe de uma coisa? Era um roteiro *melhor*. Mais engraçado, mais dramático, tinha mais *qualidade* do que o primeiro que eu tinha lido, com a oferta de 5 milhões. Era o mesmo roteiro, com as mesmíssimas palavras, mas muito superior aos anteriores.

Recusei a oferta.

Se eu não podia fazer o que queria, não faria o que não queria, independentemente do valor.

> **A VERDADE É COMO UM JALAPEÑO:**
> **QUANTO MAIS PERTO DA RAIZ, MAIS ARDIDA SE TORNA.**

O senso de humor me ajudou a lidar com as coisas, uma mulher forte ao meu lado me manteve firme, e um filho pequeno e uma filha recém-

-nascida me mantiveram ocupado. Juntos, todos me ajudaram a passar pelas minhas férias autoimpostas de Hollywood. Eu sempre precisava reforçar a crença de que aquele intervalo renderia frutos, que a abstinência de hoje era um investimento que me traria retorno amanhã, que meu protesto pessoal faria bem para minha alma no futuro, que eu estava, como diz Warren Buffett, comprando chapéus de palha no inverno. Mas estar fora dos holofotes, *sem trabalhar*, estava sendo difícil.

O trabalho sempre alimentou meu senso de importância. Por 18 anos eu tivera a honra de ser viciado em atuar e fazer filmes, e, agora, sem isso, minha dependência estava gerando muita ansiedade. A cada oferta de comédia romântica que chegava, era impossível não cogitar a possibilidade de voltar a trabalhar, em qualquer coisa. Minha necessidade de realização pessoal imediata me fazia lutar contra a tentação de fazer aquilo que sempre me senti privilegiado por poder fazer, e ao mesmo tempo eu lutava *pela* necessidade de fazer com que minha arte, meu trabalho, se assemelhasse mais a mim mesmo e à minha vida.

MAIS 10 MESES SE PASSARAM.

A essa altura estava claro que a indústria cinematográfica, os chefões dos estúdios, os produtores, diretores, diretores de elenco, todo mundo *tinha entendido* o recado, porque não aparecia mais *nada*. Nem comédias românticas. Nem uma única oferta. Para coisa *alguma*.

Por vinte meses recusei tudo que me definia antes:

O cara das comédias românticas. Não.

O cara sem camisa na praia. Não, não havia praias nem paparazzi em Austin.

Durante vinte meses não dei ao público nem à indústria cinematográfica nada do que esperavam de mim. Nada do que achavam e presumiam saber. Durante vinte meses fiquei longe do olhar público. Em casa no Texas, com Camila, eu estava criando Levi e Vida, praticando jardinagem, escrevendo, rezando, visitando velhos amigos, passando tempo com a família, fugindo de recaídas. A indústria cinematográfica não sabia *onde* eu estava, só o que eu não estava fazendo. O que os olhos não veem o coração não sente. Parecia que eu tinha sido *esquecido*.

obrigações voluntárias

Mães e pais nos ensinam coisas quando somos pequenos. Professores, mentores, o governo e as leis nos dão regras para seguir na vida, orientações a que devemos obedecer em nome da responsabilidade e da ordem.

Não estou falando dessas obrigações. Estou falando das que criamos para nós mesmos. As obrigações que são SUAS. Não as regras e expectativas sociais que reconhecemos e aplicamos a todos, menos a nós mesmos, e sim responsabilidades baseadas em fé e que estabelecemos para nós mesmos, que definem nosso temperamento e caráter.

Elas são segredos internos, protocolos pessoais, conselhos particulares no tribunal da nossa consciência, e mesmo que ninguém nos dê uma medalha ou uma festa por segui-los, ninguém nos repreenderá se não o fizermos, porque ninguém além de nós vai saber.

O travesseiro do homem honesto é sua paz de espírito, e, quando nos deitamos à noite, não importa quem está na nossa cama - *todos nós dormimos sozinhos*. As obrigações voluntárias são nossos grilos falantes pessoais, e não há policiais suficientes no mundo inteiro para vigiá-las. Isso cabe a nós.

∞

Então, depois de passar quase dois anos sumido do mercado, deixando bem claro para Hollywood quem eu *não* era mais, de repente e inesperadamente, eu me tornei uma *nova boa ideia*.

O anonimato e o distanciamento tinham gerado criatividade. Contratar Matthew McConaughey como o advogado de defesa em *O poder e a lei* agora era uma ideia original. Procurar McConaughey para ser o protagonista de *Killer Joe: matador de aluguel* virou um conceito diferenciado.

Richard Linklater me chamou para *Bernie: quase um anjo*.

Lee Daniels me convidou para *Obsessão*.

Jeff Nichols escreveu *Amor bandido* para mim.

Steven Soderbergh ligou para oferecer *Magic Mike*.

Sim ao dizer *não*.

O alvo atraiu a flecha.

Fui lembrado ao ser esquecido.

Eu tinha me **desdefinido**.

Eu era uma *re*descoberta, e agora estava na hora de *in*ventar.

Meu sacrifício estava concluído, eu tinha sobrevivido à tempestade.

Organizado, eu sabia o que queria e estava pronto para responder.

Estava na hora de *eu* dizer *sim*, de me **redefinir**.

Foda-se o dinheiro. Eu queria as experiências.

SINAL VERDE.

> **tempo e verdade.**
>
> Duas constantes com que podemos contar.
>
> Uma aparece pela primeira vez toda vez, enquanto a outra nunca vai embora.

◯◯

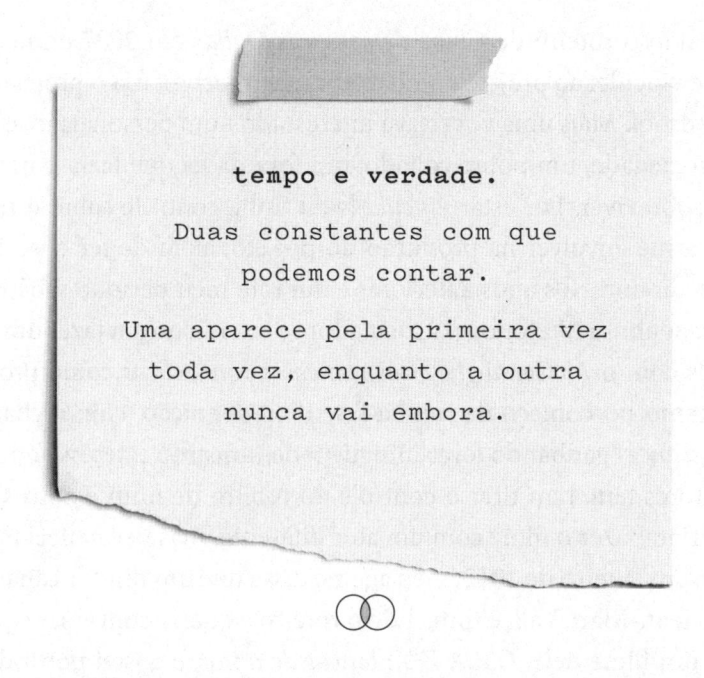

As ofertas chegavam aos montes, quase no mesmo ritmo que após *Tempo de matar*. A diferença agora era que eu sabia quais papéis e histórias queria, e meu apetite por dramas perigosos era voraz, tal como o apetite de Camila por ver o marido desbravar o próprio caminho.

Em dado momento, eu tinha recebido propostas para papéis em *Obsessão*, *Magic Mike* e *Amor bandido*, e queria muito fazer os três, mas os cronogramas de produção aconteceriam um após o outro, com poucas semanas de intervalo para me preparar se aceitasse todos.

Eu me lembro de dizer para Camila:

– Acho que preciso escolher dois dos três pra ter as oito semanas necessárias de preparação para os dois que aceitar.

– Você *quer* fazer os três? – perguntou ela.

– Quero, mas os cronogramas são apertados demais pra eu me preparar do jeito que preciso.

– Se você *quer* fazer os três, então enfia a mão entre as pernas e segura os colhões, *garotão*. Faz os três, e vai dar tudo certo.

Foi o que fiz e foi o que aconteceu.

◯◯

Eu tinha lido o roteiro de *Clube de compras Dallas* em 2007 e imediatamente me vinculei ao projeto como o ator que interpretaria o protagonista Ron Woodroof. Mais uma vez estava interessado num personagem às margens da sociedade, um pobre coitado, um fora da lei que fazia o necessário para sobreviver. Por estar *vinculado* eu tinha controle sobre o roteiro e direito a me envolver na produção do projeto, além de ter o poder de aprovar o diretor. Nos anos anteriores e durante meu período sabático de 20 meses, nenhum diretor ou patrocinador se interessou em fazer um filme sobre aids com o *McConaughey das comédias românticas* como protagonista. Mesmo no começo da minha fase de redefinição, com a chamada *McConaissance** ganhando força, ninguém demonstrou interesse no filme. Muitos atores tentaram tirar o controle do roteiro de mim e outros diretores queriam fazer o filme com um ator diferente, mas permaneci firme.

Então, em janeiro de 2012, meu agente disse que um diretor canadense chamado Jean-Marc Vallée tinha lido o roteiro e queria conversar comigo. Assisti a um filme dele, *C.R.A.Z.Y.: loucos de amor*, e gostei por todos os motivos certos. Humor impassível e emoção com anarquia embalando a humanidade de um sonhador. A trilha sonora também era foda, uma proeza que ainda não sei como ele realizou com um orçamento tão baixo. A meu ver era exatamente daquilo que o roteiro de *Clube de compras Dallas* precisava para ganhar vida. Nos encontramos em Nova York e conversamos sobre nossa paixão pelo projeto. Como eu tinha acabado de fazer *Magic Mike*, estava em excelente forma física.

---

* Sabia que eu inventei, bolei e criei o termo *McConaissance***? Pois é.

Eu estava em Sundance com *Amor bandido*, em 2013, quando dei uma entrevista para a MTV. Minha carreira estava numa fase ótima, e achei que seria bom ter um slogan de campanha, um hino, uma frasedeparachoque, mas sabia que para dar certo não poderia ser eu a inventá-la.

– Você está em alta, Sr. McConaughey. *Killer Joe, Bernie, Magic Mike* e, agora, *Amor bandido*. Parabéns – disse o jornalista.

– Obrigado, pois é, estou numa fase ótima. Na verdade, dei uma entrevista no outro dia, e o jornalista disse que é uma "McConaissance" – respondi.

– Nossa, "McConaissance". Brilhante. Talvez isso pegue.

Pegou mesmo.

É a primeira vez que conto essa história.

** Junção de McConaughey com Re<u>naissance</u>, Renascimento. (N.E.)

– O personagem, Ron Woodroof, tem HIV em estágio 4. Como *você* vai ter *essa* aparência? – perguntou ele.

– Esse é o meu trabalho, vou dar um jeito – respondi. – Devo isso ao Ron.

Uma semana depois, ele aceitou dirigir o filme.

Eu, Jean-Marc e os produtores Robbie Brenner e Rachel Winter decidimos que as filmagens aconteceriam em outubro daquele ano. Como eu pesava 82 quilos na época, tinha muito peso a perder. Faltando cinco meses para a data de início combinada, comecei a emagrecer. Minha dieta consistia em três claras de ovo pela manhã, 140 gramas de peixe e uma tigela de legumes no vapor no almoço, o mesmo no jantar, e vinho liberado. Emagreci um quilo por semana, certinho.

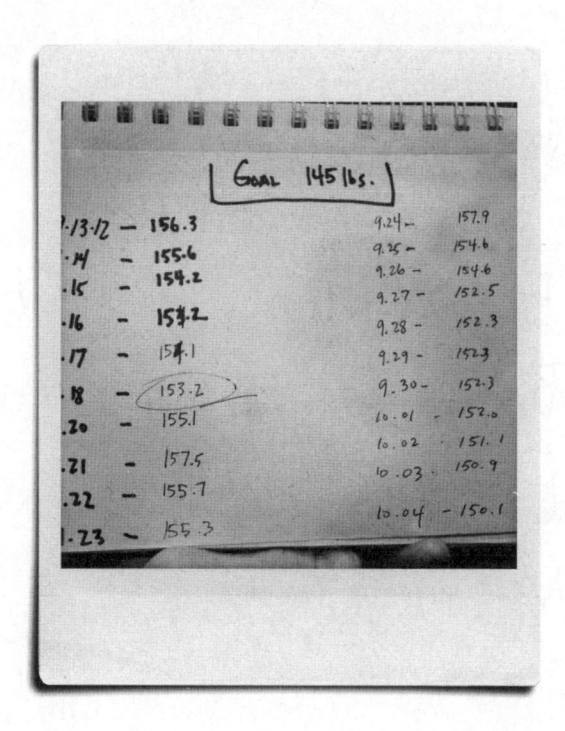

Quando eu estava com 71 quilos, ainda no processo de emagrecimento, recebi um telefonema de Martin Scorsese me oferecendo um papel de dois dias como Mark Hanna, corretor financeiro e mentor de Jordan Belfort, interpretado por Leonardo DiCaprio, em *O lobo de Wall Street*.

Se lembra do que eu falei sobre falas plataforma? Quando li o roteiro e vi que o segredo de Mark Hanna para ser um corretor de sucesso eram *cocaína e prostitutas*, eu voei. Sendo maluca ou não, qualquer pessoa que acredita numa coisa *dessas* merecia que escrevessem uma enciclopédia inteira sobre ela. Então comecei a escrevê-la. No roteiro original a cena era bem menor, mas me lancei naquela cantoria lunática e incrível que acabou fazendo parte do que o filme é hoje.

Scorsese me deixou brincar, e DiCaprio foi na minha onda. E quanto à música cantarolada acompanhada das batidas no peito? Isso era uma coisa que eu fazia *antes* de cada tomada para relaxar e manter o ritmo – foi o Leonardo quem teve a ideia de eu fazer aquilo *na* cena.

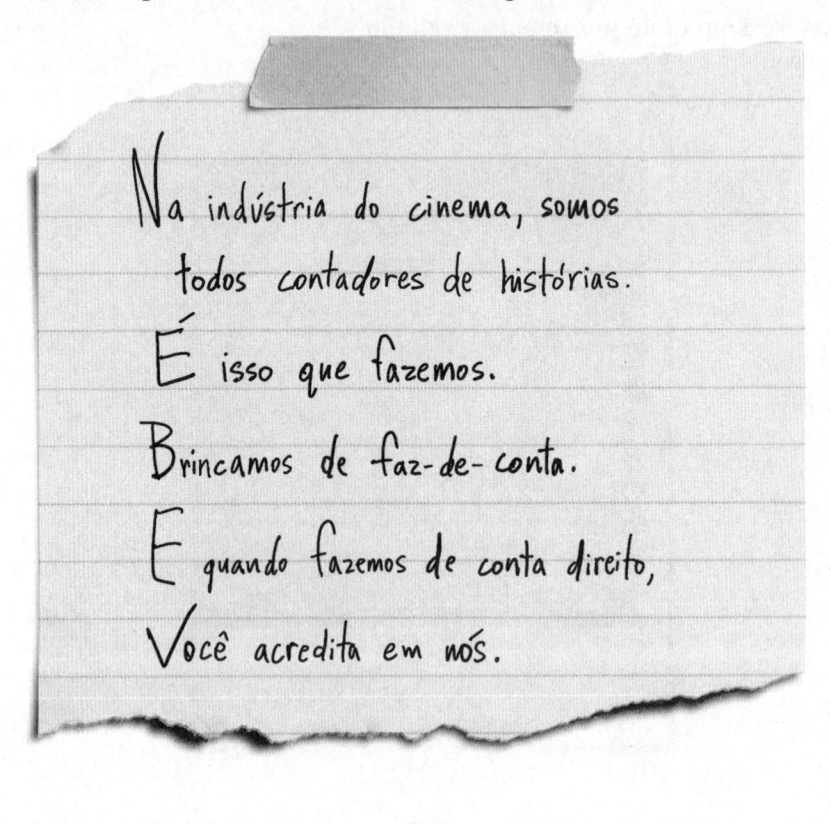

> Na indústria do cinema, somos todos contadores de histórias.
> É isso que fazemos.
> Brincamos de faz-de-conta.
> E quando fazemos de conta direito,
> Você acredita em nós.

∞

– Vamos gravar no outono – dizia eu para quem perguntasse ou não perguntasse sobre *Clube de compras Dallas*.

Assim como minha mãe, eu não estava pedindo permissão de ninguém.

– Não temos dinheiro pra fazer o filme, Matthew. Não. Temos. Dinheiro – dizia meu agente.

– Temos, sim – eu respondia. – Vamos gravar no outono.

Não hesitei em momento algum.

Segui perdendo o peso necessário para contar a história da maneira correta. A essa altura estava com 68 quilos, tendo saído de 82. Quanto mais fraco meu corpo ficava, mais forte se tornava minha mente. Cada quilo perdido parecia aumentar minha perspicácia. Assim como Ron, fui me tornando racional, meticuloso, metódico e perfeccionista. Precisava de três horas de sono por noite e conseguia ficar até as duas da manhã bebendo vinho e ainda assim acordar às quatro para trabalhar no roteiro sem precisar de alarme. Obcecado com *meu camarada*, eu estava com tudo, e adorei a sensação. O lado negativo era que, apesar de a minha mente estar mandando bala, o emagrecimento extremo parecia ter zerado minha libido.

O roteirista, Craig Borten, tinha me dado mais de dez horas de gravações de Ron em fitas cassete enquanto ele criava e geria seu Clube de Compras de medicamentos para o HIV. Eu as escutava o tempo todo, captando suas entonações e intenções, momentos de bravata e vulnerabilidade. Em dado momento me deparei com um trecho das gravações em que ele e outra voz masculina conversavam com duas mulheres. Havia uma insinuação subversiva e sexual nas falas, e dava para perceber que as atividades carnais entre eles tinham sido recentes. *Mas como?*, pensei. O Ron tem HIV em estágio 4, certo? Eles não poderiam... A menos que *todos* tivessem HIV. É claro! Que interessante, que louco, que verdadeiro. Levei a fita para Jean-Marc escutar.

– Tem algum jeito de colocarmos isso no filme? – perguntei.

– Nossa, tem algo tão triste e ao mesmo tempo tão lindo aí – disse ele –, mas não sei como abordar isso sem que pareça algo feio.

Não falamos mais do assunto, mas, como você verá, Jean-Marc nunca o esqueceu.

Fui até a casa da irmã e da filha de Ron Woodroof numa cidadezinha perto de Dallas. Elas me receberam de braços abertos e confiaram plenamente em mim como guardião do legado de seu irmão e pai. Assistimos a velhas fitas VHS que mostravam Ron e a família, Ron em viagens, se exibindo para a câmera, fantasiado para o Halloween. Elas foram sinceras sobre quem Ron era como pessoa, sobre quem não era, e responderam todas as minhas perguntas.

Quando trocamos um abraço de despedida, a irmã dele perguntou:
– Você quer o diário dele? Ele manteve um por anos.
– Se você permitir, seria uma honra – respondi.

Enquanto as horas de gravações me mostraram quem era Ron Woodroof por fora, o diário me mostrou quem era o homem por dentro. Foi minha chave secreta para entrar na alma dele. O diário me mostrou quem era Ron nas noites solitárias; era lá que ele compartilhava seus sonhos e medos, apenas consigo mesmo – e agora comigo. Foi pelo diário que encontrei quem *ele* era, quem se tornou *depois* de contrair HIV – e mais importante, quem tinha sido *antes* disso. Eu me lembro de um cara que ficava deitado na cama em noites de semana, fumando um baseado, rabiscando num caderno em espiral e escrevendo coisas como:

> "Espero que me liguem amanhã pra eu ir instalar as caixas de som na casa do Tom e da Betty Wickman. Eles moram do outro lado da cidade, a uns 70 quilômetros, então acho que vou gastar 8 dólares de gasolina para ir e voltar e mais 6 pelo cabo de som que preciso fornecer. Assim vão sobrar 24 dólares dos 38 que cobrei para instalar as caixas. Cacete! Vou passar no Sonic depois para comer um **double** cheesebúrguer e matar a saudade da Nancy."

Então ele acordava cedo no dia seguinte, passava sua única calça social, sua blusa de botão com manga curta e colocava pilhas novas em seu pager enquanto tomava a segunda xícara de café, se preparando para ter um lucro de 24 dólares naquele dia. Até seu pager tocar com o número de Tom e Betty.

"Precisamos cancelar a instalação das caixas de som hoje, encontramos uma empresa que cobra um pouco mais, só que dá garantia, obrigado, Ron." Seu coração ficava apertado.

"Droga", escreveu ele.

Então ele ficava chapado e ia ao Sonic mesmo assim. Comprava um cheesebúrguer normal, em vez do duplo, e flertava com Nancy

Blankenship, que ele achava linda, ainda mais quando ela ia de patins até a porta do carro com seu pedido e abria seu sorriso com um dente marrom.

"Ela é o meu 16 da sorte", escreveu ele.

Acabei descobrindo que "16" era o número do quarto do motel barato mais próximo onde ele e Nancy Blankenship trepavam de vez em quando. Era por isso que ela dava *sorte*.

Ron inventava coisas mas não patenteava nada. Fazia planos que nunca se concretizavam. Era um sonhador e nunca se dava bem.

◯◯

Enquanto isso, Jean-Marc Vallée e os produtores continuaram reunindo o elenco e a equipe do filme, além de buscarem locações em Nova Orleans. Eles não pediram permissão. Não hesitaram. Ainda assim, é *necessário* ter dinheiro para fazer um filme, e o prazo do nosso blefe estava prestes a vencer. Só que não estávamos blefando, e eu segui perdendo peso.

– Vamos gravar em Nova Orleans no outono! A data de início é primeiro de outubro! – declarávamos cada vez mais alto a quem perguntasse e a quem não perguntasse.

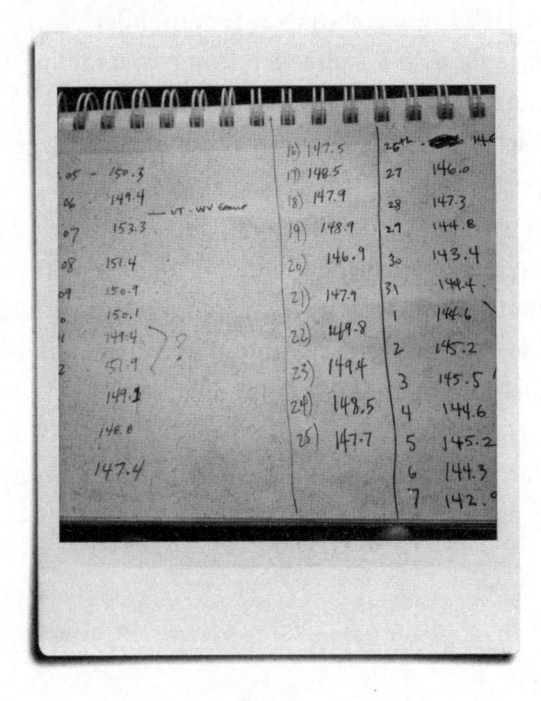

Por fim alguém acreditou na gente, acreditou no *projeto*, e investiu 4,9 milhões de dólares no filme. Não eram os 7 milhões que o orçamento pedia, mas era o suficiente para começar. Oito dias antes do início das gravações em Nova Orleans, recebi um telefonema de Jean-Marc.

– Não sei como vamos filmar esse filme com 4,9 milhões – disse ele. – O menor orçamento possível era de 7 milhões, mas, se você estiver lá no primeiro dia, eu estarei lá no primeiro dia, e vamos fazer o que der.

Nós dois estávamos lá.

⦾

– Andei pensando na gravação que você me mostrou do Ron com as moças e tive uma ideia – me disse Jean-Marc após duas semanas de gravação. – No roteiro tem aquela cena em que o negócio do Ron está indo bem. E se você estiver no escritório do hotel, notar uma garota bonita na fila de pessoas comprando os medicamentos de HIV e perguntar pra sua secretária se ela tem HIV? A secretária vai te responder: "Sim, ela tem HIV em estágio avançado." E aí a gente vê o Ron e essa mulher transando no chuveiro do banheiro, por necessidade e sobrevivência.

– Parece lindo e verdadeiro, mas você sabe como fazer isso sem que pareça feio? – perguntei.

– Sei.

Quando você assiste à cena, entende por que ele a incluiu. Ela é humana, é desoladora e é engraçada. Enquanto Ron e a mulher transam no banheiro ao lado, Jean-Marc corta para o escritório, onde *vemos* as secretárias e os clientes *escutando* os dois, olhando uns para os outros com ar de surpresa e sorrisos maliciosos de divertimento e compaixão. Com humor, Jean-Marc expôs a humanidade. Ele tornou lindo aquilo que não sabia como não parecer feio.

⦾

Fizemos *Clube de compras Dallas* com 4,9 milhões de dólares em 25 dias.
Não pedimos permissão.
Não hesitamos.
Subimos a ladeira.
Cheguei aos 61 quilos.

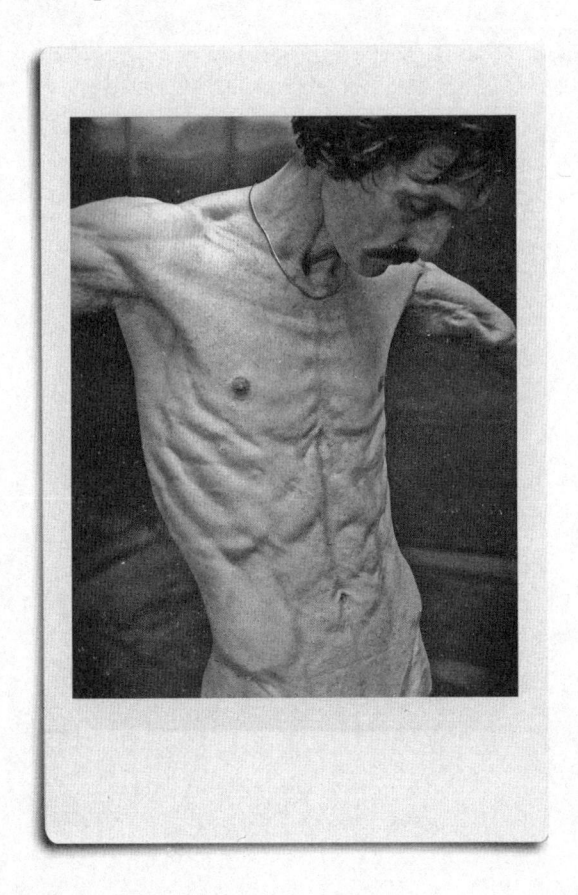

SINAL VERDE.

parte oito

VIVA SEU LEGADO HOJE

7 DE NOVEMBRO DE 2011

– Por que a mamãe não é McConaughey? – me perguntou meu curioso filho de 3 anos, Levi, um dia.
– Como assim? – respondi.
– Eu sou Levi McConaughey, a Vida é Vida McConaughey, mas a mamãe é Camila Alves. Por que ela não tem nosso sobrenome?
Pensei por um instante.
– Porque ainda não nos casamos.
– Por que não? – perguntou ele.
Se você tem filhos, sabe que eles fazem algumas perguntas que, assim que as ouvimos, *sabemos* que precisam de uma resposta incrível, porque o que dissermos ficará gravado na memória deles para sempre. Essa foi uma dessas ocasiões.
– Boa pergunta... eu *quero* me casar com a mamãe. Só não sinto que *preciso* fazer isso. Se eu me casar com a mamãe, quero sentir que *preciso*. Eu não quero me casar com ela só porque *todo mundo espera isso de nós*, ou porque eu só *quero*. Quero me casar com ela porque *é o que preciso fazer*.
– Você está com medo? – perguntou ele.
Outra *dessas* perguntas. Eu estava sendo interrogado. Pelo visto, meu

filho de 3 anos tinha herdado minhas habilidades de debate e questionamento. Pensei de novo.

– É, acho que um pouco.
– De quê?
– De me perder – respondi.

⊙⊙

No dia seguinte, fui conversar com meu pastor.

Falamos sobre a santidade do matrimônio e de superar meus medos. Ele me explicou o mistério do casamento e como, quando duas pessoas estão destinadas a ficar juntas, a vida compartilhada não apaga a individualidade, e sim a realça e fortalece. Falou de como, quando duas pessoas se unem em matrimônio, chegam a esse momento como um ser inteiro, mas não perdem *metade* de si mesmas ao se casarem, e sim se tornam *mais* quem elas são. Por meio desse pacto com Deus e com nosso companheiro, nós triplicamos nossa existência e nos tornamos três vezes aquilo que éramos. Três entidades: esposa, marido *e* Deus, unificados, unânimes. 1 x 1 = 3. Uma multiplicação mística.

– É preciso coragem e sacrifício – disse ele, então me desafiou: – Qual é o maior risco para você, Matthew? Entrar *nessa* aventura ou continuar naquela em que já está?

O desafio. Isso me fez pensar. Passei as semanas seguintes conversando sobre o assunto com meu pastor, meu irmão e homens que tinham casamentos bem-sucedidos. Não demorou muito para que, pela primeira vez na vida, eu tivesse coragem de encarar o casamento não como um destino final, e sim como uma nova expedição, uma decisão afirmativa e sincera de me tornar mais, junto com a mulher com quem eu *queria* passar o resto da vida e a única mãe com quem queria comemorar meu aniversário de 88 anos. Pela primeira vez comecei a encarar o casamento como algo além de uma sanção bíblica e legislativa de que eu *deveria* sentir a necessidade de concretizar. Me casar com Camila se tornou algo que eu *precisava* fazer.

Eu me ajoelhei e a pedi em casamento no aniversário de Jesus, em 2011. Ela disse sim.

Mas não escolhemos uma data para a cerimônia.

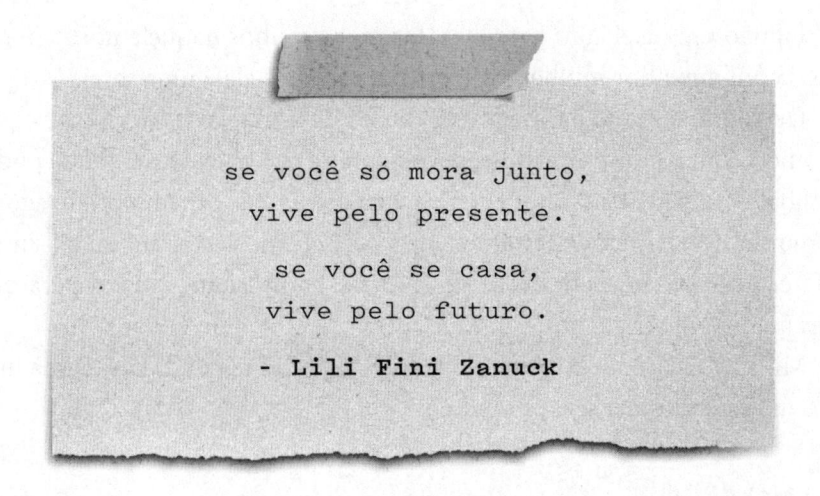

> se você só mora junto,
> vive pelo presente.
>
> se você se casa,
> vive pelo futuro.
>
> - Lili Fini Zanuck

Camila podia parecer completamente diferente da minha mãe, porém, em maio de 2012, cinco meses após meu pedido de casamento, fez comigo a mesmíssima coisa que minha mãe tinha feito com meu pai: me entregou um convite para meu próprio casamento. E com um bônus.

– Beleza – falei –, só preciso de uma data.

Então ela me entregou outra ultrassonografia.

– Nosso terceiro filho está crescendo dentro de mim, querido, e não vou andar até o altar no dia do meu casamento com a barriga aparecendo.

Convidamos 88 parentes e amigos mais próximos. Erguemos 44 tendas no quintal para manter esses 88 amigos prisioneiros pelos três dias do casamento, e, menos de um mês depois, no dia 9 de junho de 2012, Camila Araújo Alves se tornou Camila Alves McConaughey.

O irmão Christian, do mosteiro, presidiu a cerimônia católica; nosso pastor local, Dave Haney, fez a saudação de boas-vindas; John Mellencamp tocou os Salmos; e uma mãe de santo nos abençoou no candomblé.

Depois do casamento, meu irmão Rooster me disse:

– Irmãozinho, se *existe* um paraíso, acho que você cobriu todas as possibilidades.

Naquela noite, no altar, Camila olhou no fundo dos meus olhos e disse:

– Não quero nada, só *tudo* que você tiver para me dar.

Eu não me casei com a mulher dos meus sonhos naquela noite; eu me casei com a melhor mulher na Terra para mim, e ela é uma sereia.

Deixando o medo para trás e em busca de um novo mistério, me comprometi com o compromisso e, pela primeira vez na vida, senti que podia cambalear e não cair. Eu sabia que a vida seria mais difícil, porque agora, como marido e mulher, teríamos mais *pelo que* nos esforçar. Eu e Camila não estávamos mais em busca de emoções, nós criamos raízes para que elas pudessem vir até nós.

Minha mãe finalmente poderia largar o liquid paper. E Levi tinha menos uma pergunta a ser respondida.

SINAL VERDE.

∞

Até aquele momento eu havia conhecido dois homens chamados Livingston. Os dois foram pessoas que notei primeiro de longe, quase como havia acontecido com Camila naquele bar. Eles eram *impressões*. Ambos se mostraram homens justos, fortes e robustos, que se comportavam de forma honrada, determinada, como se merecessem títulos de nobreza. Lenhadores durante o dia, maestros da filarmônica à noite. Homens renascentistas de verdade, versados na *arte de viver*. Tive a oportunidade de conhecer muito bem esses homens ao longo do tempo, e ambos se mostraram exatamente o que eu tinha imaginado em minha primeira impressão.

Eu queria conhecer um terceiro Livingston.

Então, às 7h43 de 28 de dezembro de 2012, **Livingston** Alves McConaughey nasceu.

SINAL VERDE.

Nunca me senti tão realizado na vida. Casado, com três filhos – assim como meu pai –, eu encontrava inspiração por todos os cantos, mas agora em verdades, não em ideias. Sem me deixar impressionar pelo sucesso, eu estava envolvido nele, querendo aquilo de que precisava e precisando daquilo que queria. Quanto mais bem-sucedido me tornava, mais sóbrio ficava; eu gostava tanto da minha companhia que não queria interrompê-la.

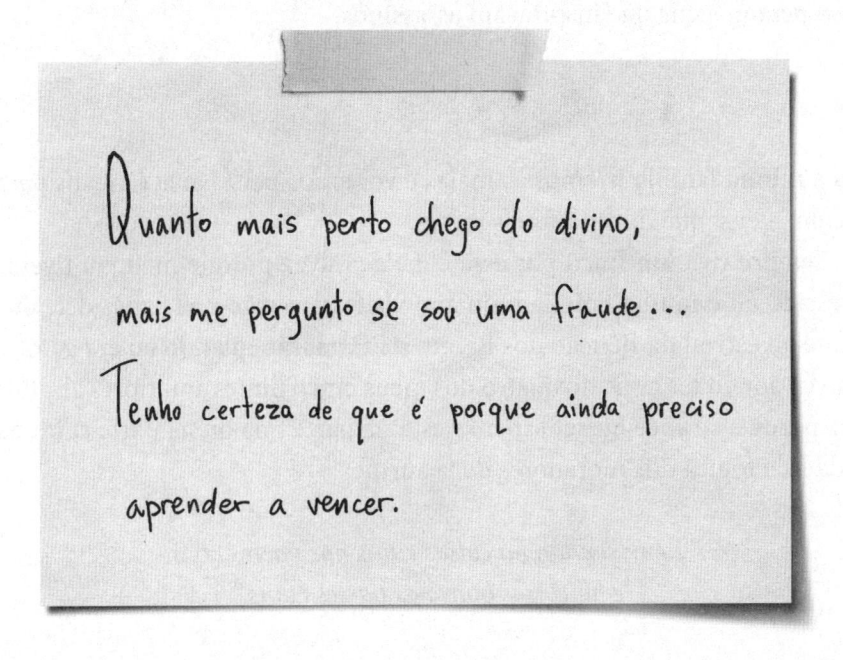

> Quanto mais perto chego do divino, mais me pergunto se sou uma fraude... Tenho certeza de que é porque ainda preciso aprender a vencer.

∞

Recebi a oferta de interpretar um dos protagonistas de uma minissérie com oito episódios para a HBO chamada *True Detective*. O roteiro de Nic Pizzolatto era tão vivo no papel que eu conseguia sentir o sangue escorrendo dele. Participar de uma produção para a TV não me causou hesitação, porque a história e os personagens tinham identidades claras e originais. Me ofereceram o papel de Marty Hart, mas o que eu queria era o de Rustin Cohle, o melhor detetive que já tinha visto. Eu mal podia esperar para virar a página e descobrir o que ele diria. Um homem que era uma ilha, alternando entre o respeito mortal da morte e a necessidade imortal da chegada dela. Um homem que, sem sentimentalismo, buscava ferozmente a verdade, mesmo que ela doesse. Ele *me* deixava nervoso.

– Se eu puder ser o Rustin Cohle, topo – falei.

Após alguns dias remoendo minha proposta, Nic, o diretor Cary Joji Fukunaga e os produtores concordaram em me dar o papel do Sr. Rustin

Cohle. Meu grande amigo Woody Harrelson entrou no projeto para interpretar Marty Hart. Por sorte, fazia um bom tempo que ele não interpretava personagens que inspiravam assassinos.

∞

Eu e minha família fizemos as malas e voltamos para Nova Orleans para as filmagens, que durariam seis meses.

Sempre tive um fraco por essa cidade. Talvez porque meu pai tivesse crescido ali e minha família todo ano visitasse a mãe e as irmãs dele durante o Festival da Bênção dos Barcos de Camarão quando eu era garoto. Talvez por eu ter gravado quatro dos meus cinco filmes anteriores ali. Talvez porque, se você quiser saber se está na parte boa ou na parte ruim da cidade, a lógica dos moradores de lá afirme:

> "Bem, senhor, há coisas ruins nas partes boas,
> e há coisas boas nas partes ruins."

Sempre me senti em casa ali.

Lugares são como pessoas. Cada um tem uma identidade. Em todas as minhas viagens pelo mundo, escrevi no meu diário sobre culturas, sobre identidades. Se um lugar e uma pessoa me emocionam, escrevo uma carta de amor para eles. Nova Orleans é um desses lugares.

```
Querida Nova Orleans,
    Que bagunça imensa e maravilhosa é você. Um grande sinal
amarelo avisando para seguir em frente com cuidado, mas
seguir mesmo assim.
    Sem ambições exageradas, você tem uma identidade forte
e não precisa sair de si mesma para encontrar intriga,
evolução ou noções de progresso. Orgulhosa de quem é, você
conhece seu próprio sabor, ele é único, e, se as pessoas
quiserem experimentá-lo, são recebidas de braços abertos,
sem precisar pedir.
```

As horas com você passam devagar. Em nenhum outro lugar as terças e os sábados são tão semelhantes. Suas estações se confundem. Você é um lugar tranquilo... lar das ressacas mais rápidas do planeta, onde uma bebedeira lhe dá as boas-vindas na manhã de segunda-feira com o mesmo sorriso que deu sábado à noite.

Lar das varandas na *frente* da casa, não do quintal nos *fundos*. Esse traço arquitetônico diz muito sobre seu senso de comunidade e companheirismo; você relaxa *olhando* para a rua e para os vizinhos. Em vez de se recolher no isolamento do seu quintal, você interage com os acontecimentos do mundo na varanda. A hospitalidade das residências particulares se entrelaça, cruzando fronteiras em que o alarme das nove da manhã pode tomar a forma de sinos de igreja, sirenes e um carpinteiro vagaroso instalando uma vidraça duas casas ao lado.

Você não se preocupa com detalhes ou delitos, e, como todo mundo está se safando de algum problema, o restante só deseja estar do lado vencedor. E, se você conseguir enganar o enganador, meus parabéns, porque você adora fazer apostas, e regras foram feitas para serem quebradas, então não fique fazendo discursos sobre elas, só aceite. Além de orações e processos, em que outra situação os mortos estão no mesmo patamar que os vivos?

Você é uma cidade que pensa com o lado direito do cérebro. Que só exibe seu senso moral quando quer arrumar encrenca. A umidade alta acaba com a capacidade de raciocínio, então, se você estiver atravessando uma rua de mão única, é melhor olhar para os dois lados.

A Mãe Natureza manda, a Rainha da lei natural com "R" maiúsculo reina suprema, uma ciência para os animais, uma desgraçada chata e grosseira conosco, os bípedes. Mas você a perdoa, e rápido, pois sabe que desdenhar da fúria dela só lhe trará mais problemas: azar, vodu, carma. Então você segue em frente, vagando, caminhando devagar, sem se aborrecer com nada, sem se preocupar com os detalhes. Sua arte está *na* sua exuberância. A Mãe Natureza usa coroa por estas bandas, sua realeza governa, e, ao contrário do que acontece na Inglaterra, ela tem influência e poder.

Você não usa aspiradores de pó, prefere vassouras e ancinhos. As coisas ficam onde caem, as pessoas desviam dos buracos, se abaixam para passar sob os galhos, a pobreza e os índices de assassinato estão lá em cima, e tudo isso é como é e como aconteceu. Assim como um saboroso *gumbo* é a mistura que faz a diferença.

- 7 de junho de 2013, Nova Orleans, Louisiana.

Quando *True Detective* estreou, eu e Camila assistimos aos episódios nas noites de domingo, como todo mundo. Obviamente, eu havia tido a oportunidade de ver tudo de uma vez, antes do lançamento, mas preferi digerir a série da maneira como ela havia sido planejada: uma hora a cada noite de domingo, seguida por debates nas manhãs de segunda-feira, aumentando a ansiedade pelo próximo episódio. Virou minha série favorita. Continua sendo.

Ao mesmo tempo que a série passava na televisão, eu estava fazendo campanha para a temporada de premiações por *Clube de compras Dallas*. Olhando para trás, vejo que, de muitas formas, meu papel e meu trabalho em *True Detective* ajudaram a fortalecer minha candidatura ao prêmio de Melhor Ator por *Clube de compras Dallas*. Os episódios funcionavam como um outdoor semanal para mim, a melhor propaganda que o dinheiro não poderia comprar. Lá estava eu, nas salas de todo mundo, nas noites de domingo como Rustin Cohle, e então no dia seguinte por todos os cantos como Ron Woodroof, divulgando o filme.

Ganhei o prêmio de Melhor Ator por minha interpretação de Ron Woodroof no Critics' Choice Awards, no Globo de Ouro, no Independent Spirit Awards e no Screen Actors Guild Awards. E então viria a última cerimônia do ano, o Oscar.

Não preparei um discurso porque acreditei que isso me causaria *carma ruim* de verdade, mas tinha uma lista sobre o que queria falar *caso* a Academia *chamasse* meu nome.

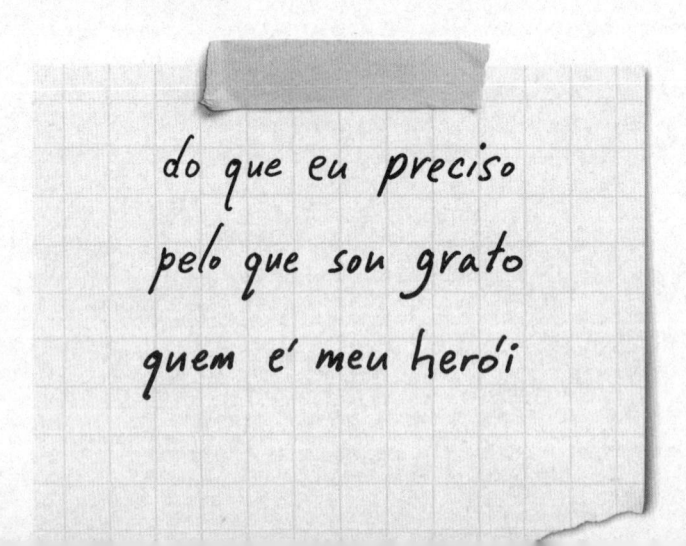

do que eu preciso
pelo que sou grato
quem é meu herói

Chamaram meu nome.
Ganhei o Oscar de Melhor Ator.
Me senti extremamente honrado por receber o prêmio que representava o suprassumo da excelência na minha profissão. Também foi uma confirmação de que minhas escolhas como ator estavam se traduzindo em grandes desempenhos. Eu tinha corrido atrás.

SINAL VERDE.

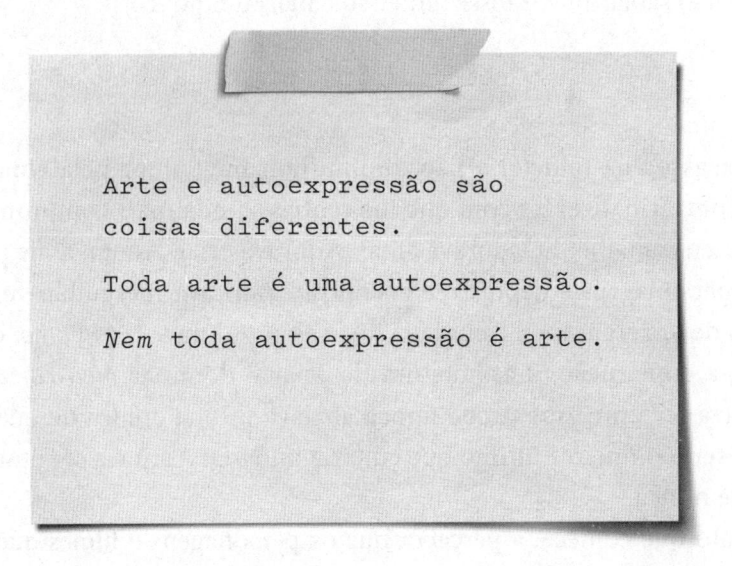

> Arte e autoexpressão são coisas diferentes.
>
> Toda arte é uma autoexpressão.
>
> Nem toda autoexpressão é arte.

Depois disso, fiz *Interestelar* com Chris Nolan, *O mar de árvores* com Gus Van Sant, *Um estado de liberdade* com Gary Ross, *Ouro e cobiça* com Stephen Gaghan, *White Boy Rick* com Yann Demange, *Calmaria* com Steven Knight, *The Beach Bum: levando a vida numa boa* com Harmony Korine, e *Magnatas do crime* com Guy Ritchie. Também fiz alguns filmes para meus filhos: *Kubo e as cordas mágicas* com Travis Knight, *Sing: quem canta seus males espanta* e *Sing 2*, ambos com Garth Jennings. Virei um vendedor de carros bem-sucedido como embaixador da Lincoln Motor Company, além de diretor criativo do uísque Wild Turkey.

Todos os trabalhos foram personagens e criações que eu quis investigar, habitar e me tornar.

Histórias que achei fascinantes, originais e dignas de serem contadas.

Experiências das quais não me arrependo.

Mas pouquíssimos foram sucesso de bilheteria. Algo *não* estava sendo traduzido. Eu convidava o público, mas o cinema não lotava.

O problema era eu? Os temas? Os filmes em si? As distribuidoras? Azar? Novos tempos?

Eu não sabia. Talvez fosse tudo isso e mais um pouco.

⦿

Os fracassos na bilheteria não diminuíram meu amor pela atuação – pelo contrário, fizeram com que me sentisse ainda mais comprometido com meu trabalho. Eu adorava atuar. Adorava criar. Adorava me perder num personagem e depois me encontrar. Adorava mergulhar fundo a ponto de enxergar meu camarada do avesso. Adorava o *trabalho*, o processo, a construção, a arquitetura de criar e dominar *meu camarada*. Adorava ter uma esposa que nunca abalava minha crença de que todo papel seria o único e último que eu teria *na vida*. Adorava ser ator mais do que nunca.

Tanto que comecei a perceber que os personagens e filmes que fazia pareciam *mais* vitais do que quem eu era e do que a *história que era minha vida*. Àquela altura da carreira eu era mais do que um animador: era um ator, um artista. E isso me satisfazia. Minha carreira estava completa. Imprevisível. Perigosa. Essencial. Significativa. Animada. Eu gargalhava mais alto, chorava com mais força, amava com mais intensidade, odiava com mais fervor, sentia mais como os personagens que interpretava nos filmes do que como o homem que era na vida.

Falei para mim mesmo: *Você virou o jogo, McConaughey, correu atrás do prejuízo.*

Eu me sentia *mais* vivo nos meus filmes do que na minha vida.

Por que rezar?

Um momento para refletir.

De ter um panorama geral de nós mesmos, das pessoas que amamos, da nossa mortalidade.

Um momento para sorrir para nossas bênçãos,

de rever nossos anseios egoístas,

de aceitar aqueles que sabemos que precisam de compaixão,

e enxergá-los como suas versões mais verdadeiras,

uma fotografia, guardada na memória,

daqueles que conhecemos e amamos,

quando eles mais eram eles mesmos.

Não nos momentos mais felizes ou dignos de orgulho,

não nos momentos mais tristes ou mais reflexivos,

mas a imagem deles quando vemos, sem aviso ou desejo,

a luz brilhar em seu interior,

e finalmente nos enxergarmos da mesma maneira

antes de dizermos amém.

Quando somos quem somos, e ninguém além disso.

As histórias na minha profissão pareciam *mais* vibrantes do que a história que eu vivia.

Impressões no espelho.

Hora de mudar.

Então bolei um plano.

◯◯

Hora de me livrar dos filtros. De transformar minha vida no meu filme favorito. Viver meu personagem predileto. Escrever meu próprio roteiro. Dirigir minha própria história. Ser minha biografia. Fazer meu próprio documentário sobre mim. Não ficção. Ao vivo, não gravado. Hora de **alcançar o herói que eu perseguia**, de ver se o sol derreteria a cera que segurava minhas asas ou se o calor era apenas uma miragem. De viver meu legado hoje. De parar de agir como eu. De ser eu.

Então reuni 35 anos de textos que escrevi nos últimos 50 e os levei a lugares desolados para ouvir seus alertas, escutar suas histórias e fazer um inventário do meu investimento: eu mesmo.

Passei duas semanas sozinho no deserto em que fui concebido, outras duas no rio onde aprendi a nadar, mais duas em um chalé nos pinheirais do leste do Texas, outras três em um quarto de hotel de beira de estrada na fronteira com o México, e mais duas em um apartamento em Nova York.

Em cada um desses lugares, olhei no fundo dos meus olhos. De todos os meus 50 anos. Era uma ideia assustadora. Ficar sozinho com a única pessoa responsável por *tudo*. A única pessoa de quem não posso me livrar. Eu não sabia se gostaria do que encontraria. Sabia que poderia ser doloroso.

E foi mesmo.

Eu ri. Chorei. Lutei. Me impressionei.

Também me diverti *muito* com a *melhor* companhia que já tive na vida.

amigos

Enquanto estamos aqui,

onde acreditamos mais do que sabemos,

gostamos de ter sucesso.

Não precisamos olhar para trás por cima do ombro

quando escutamos nossos próprios conselhos,

escrevemos **nosso** livro,

somos a estrela de nossa história,

seguimos rumo a metas imortais,

onde fazemos amizade

com nós mesmos.

Então, aqui estou eu, depois de 50 anos, olhando para trás para conseguir olhar para a frente.

Qual é o sentido de tudo? Qual é a minha tese? Minha conclusão? Meu resumo? Minhas observações finais? O que aprendi? Do que sei?

Como antropólogo amador, filósofo popular e poeta de rua que busca a verdade, segui sugestões celestiais, fiz associações, escutei muitas vozes e persegui meus sonhos para lidar com a realidade.

Tive encontros, casos, hobbies, romances e persegui borboletas, apenas com pontos-finais, sem pausas na estrada do meu currículo rumo ao lugar onde me encontro agora. Encontrei bens, leis, relacionamentos, carreiras, mulher e família, e lancei âncoras inegociáveis no processo. Quando reguei *esses* jardins, eles ganharam vida, e as lições aprendidas foram de planejamento a desempenho, de *saber* a *fazer*, de atuar a ser. Foi quando as borboletas começaram a vir para o meu jardim.

Escrevi este livro para ter um registro por escrito que me responsabilizasse. Escrevi este livro para *você* poder me mostrar e me lembrar do que esqueci. Voltei ao passado; a lições aprendidas, repetidas e revisitadas. Percebi que as fichas caíram rápido, que o aprendizado levou tempo, e que viver foi a parte mais difícil. **Eu me encontrei exatamente onde tinha me deixado.**

Foi nos meus primeiros 20 anos que aprendi o valor dos valores. Através da disciplina e de um amor profundo, aprendi sobre respeito, responsabilidade, criatividade, coragem, perseverança, justiça, serviço, bom humor e um espírito de aventura de maneiras que algumas pessoas podem considerar abusivas, mas que eu enxergo como amor firme e disciplinado, e eu não trocaria nenhuma palmada que levei dos meus pais pelo valor dos valores que eles me transmitiram. Agradeço a eles por isso.

Dos 20 aos 40 vivi tempos contraditórios, em que eliminei condições e verdades que iam contra a minha natureza. Essa fase conservadora teve seu valor – me protegeu de falhas de caráter fatais numa fase inicial da vida. Nessa época eu estava mais preocupado em *não* encontrar sinais vermelhos do que em investir em **sinais verdes**. Fiz o que quis, aprendi a viver. **Sobrevivi.**

A década dos 40 anos foi bem mais afirmativa. Foi a época em que peguei as verdades aprendidas e comecei a usá-las para o ataque. Uma época em que insisti naquilo que me nutria. Essa fase progressista teve seu valor – destacou as qualidades de caráter que mais beneficiavam minha vida. Nesse tempo não só encontrei mais **sinais verdes** ao eliminar sinais vermelhos e amarelos, como também criei mais **sinais verdes**. Foi um tempo em que os antigos sinais vermelhos e amarelos se tornaram *verdes* conforme velhas dificuldades se revelavam bênçãos, uma época em que os **sinais verdes** ficaram mais brilhantes, já que lhes dei mais força para brilhar. Fiz o que precisava fazer, vivi para aprender. **Prosperei.**

Conforme me aproximo do próximo capítulo de verdades a serem encontradas, minha única certeza é de que precisarei de uma nova recalibragem, e de que minha família estará no centro das minhas decisões. Como pai, me contradigo com muita frequência e sei que poderia ser melhor em pôr em prática aquilo que digo, mas também aprendi que, se a mensagem for verdadeira, é melhor não esquecê-la, e que devemos perdoar o mensageiro caso ele a esqueça.

Espero dar aos meus filhos a oportunidade de descobrirem o que amam fazer, de se esforçarem para serem ótimos nisso, de correrem atrás e colocarem a mão na massa. Em vez de esconder deles verdades terríveis, quero esconder fantasias que prejudiquem sua habilidade de lidar com a realidade do amanhã. Acredito que eles são capazes de lidar com ela.

É difícil encontrar constantes, leis naturais, verdades universais na vida, mas, quando temos filhos, não existe discussão intelectual nem filosofia sobre como ou quanto devemos amá-los, protegê-los e orientá-los; esse é um compromisso instintivo, uma responsabilidade imediata, infinita, cada vez maior. Um privilégio. Um *sinal verde*.

Quando eu estava dando os toques finais neste livro, minha vida, assim como a sua, foi interceptada por um drama de sinal vermelho chamado covid-19. Nossas vidas sofreram um abalo **inevitável**. Precisávamos ficar em casa, manter o distanciamento social e usar máscaras para proteção. Não podíamos sair para trabalhar, perdemos empregos e entes queridos sem saber ao certo quando aquilo acabaria. Ficamos assustados, ficamos com raiva. Precisamos fazer sacrifícios, mudanças, persistir e lidar com a situação – tivemos que **relativizar**.

O início tumultuoso de 2020 continuou quando surgiu outro drama de sinal vermelho: o assassinato de George Floyd. Esse acontecimento também causou um abalo **inevitável** em nossas vidas. Houve protestos, saques, tumultos, medo e indignação. O crime iniciou uma revolução pela justiça social nos Estados Unidos e no mundo, e, conforme a cara feia do racismo voltava à mira dos holofotes, fomos lembrados de que Todas as Vidas não importariam até que as Vidas Negras importassem mais. Todos precisamos fazer sacrifícios, mudanças, persistir e lidar com a situação – tivemos que **relativizar**.

Esses dois sinais vermelhos nos fizeram olhar para dentro, nos colocaram em quarentena para analisar nossas almas em busca de uma forma melhor de seguir em frente. Nesse processo, refletimos sobre nossas vidas e sobre quem somos nelas – as coisas com que nos importamos, quais são nossas prioridades, o que faz diferença para nós. Passamos a conhecer melhor nossos filhos, nossas famílias, nós mesmos. Lemos, escrevemos, rezamos, choramos, escutamos, gritamos, denunciamos, marchamos, ajudamos outras pessoas passando por necessidade. Mas quanto mudamos de verdade – por causa disso *e* para sempre?

Para quem sobreviveu, é **relativo** quando e como veremos as vantagens de tudo pelo que passamos nessa fase turbulenta. Porém, se trabalharmos individualmente para fazer as mudanças necessárias em busca de um amanhã mais íntegro e honrado, o ano de 2020, um grande sinal vermelho, **inevitavelmente** se tornará, no retrovisor da vida, *verde*, e talvez passe a ser encarado como um de nossos melhores momentos.

Tendo respeito pelos valores que meus pais pregavam e uma vida inteira de viagens pelo mundo, valorizo a cultura e uma cultura de valores. Também acredito no valor de fazer bem as coisas. Convencido de que o melhor caminho para os indivíduos e para a sociedade nos leva a mais **valores** e **competência**, assumi o cargo de Ministro da Cultura da Universidade do Texas e da cidade de Austin ano passado, com foco em preservar e promover uma *cultura de competência e valores compartilhados* entre cidades, instituições, universidades, acadêmicos e atletas. Valores são apartidários e não têm religião. São não apenas diretrizes com que todos concordamos, mas também princípios éticos básicos que unem as pessoas. Quando somos competentes em nossos valores *e* damos mais valor à competência, criamos uma sociedade mais valiosa e que gera mais retorno para nosso investimento, que somos nós mesmos.

E isso me leva ao outro motivo pelo qual escrevi este livro. Espero que ele seja útil e o ajude em algum momento, que ensine algo, inspire, arranque risadas, faça você lembrar, esquecer e ofereça ferramentas que o auxiliem a caminhar para a frente na vida como você mesmo. Eu não gabaritei todas as provas da arte de viver, mas me esforcei, e sempre preferi uma nota baixa bem vivida do que uma nota máxima ignorante.

Sempre acreditei que a ciência da satisfação tem a ver com aprender quando e como lidar com os desafios da vida. Quando você for capaz de controlar o tempo, sopre o vento. Quando estiver preso numa tempestade, reze para ter sorte e dê o melhor de si. Todos nós temos cicatrizes, e outras virão. Então, em vez de lutar contra o tempo e desperdiçá-lo, vamos dançar *com* ele e redimi-lo, porque não vivemos mais quando tentamos não morrer, e sim quando estamos ocupados demais vivendo.

Relativizar o inevitável sempre foi meu segredo para lidar com as intempéries da minha vida.

Relativamente, estamos vivendo. A vida é nosso currículo. É nossa história, e vamos contá-la. Nossas escolhas escrevem cada capítulo. Somos capazes de viver de uma forma que vamos ficar felizes ao olhar para trás?

Inevitavelmente, vamos morrer. Nosso discurso fúnebre, nossa história, será contada por outras pessoas e se tornará para sempre nossa apresentação depois de partirmos.

O Objetivo da Alma. Comece tendo em mente o final.
Qual é a sua história?
Esta é a minha até aqui.

SINAIS VERDES.

Que eles apareçam com mais frequência.
continue vivendo,

MATTHEW McCONAUGHEY

p.s.

> 1-9-92
>
> ## 10 OBJETIVOS DE VIDA
>
> 1) ser pai
> 2) encontrar e ficar com a mulher da minha vida
> 3) manter meu relacionamento com DEUS
> 4) buscar minha melhor versão
> 5) ser um egoísta utilitarista
> 6) correr mais riscos
> 7) ficar perto da mamãe e da família
> 8) ganhar um Oscar de melhor ator
> 9) olhar para trás e gostar da vista
> 10) só continuar vivendo

Enquanto eu escrevia este livro, encontrei isto numa das minhas pilhas de anotações e rabiscos em diários, panfletos, guardanapos e bolachas de cerveja. Eu nunca mais tinha visto essa lista. Observe a data. Dois dias depois de terminar as gravações do meu primeiro papel como Wooderson em *Jovens, loucos e rebeldes*. Catorze dias depois de meu pai partir. (Como falei, acho que lembrava mais do que tinha esquecido.)

SINAL VERDE.

Posfácio

Nos últimos anos, as pessoas me fizeram todo tipo de pergunta sobre *Sinal verde*.

Por que o escrevi? Quais eram meus objetivos? O principal era me livrar de filtros de expressão, escrever algo anônimo, apenas meu, e, com sorte, que merecesse ser lido.

O que mais me surpreendeu? Quanto mais pessoal eu me tornava, mais unânime o livro se tornava. Quanto mais subjetivo eu ficava, mais objetivo o livro ficava - e isso ficou nítido.

O que espero oferecer às pessoas com ele? Diversão, informação, esclarecimento. Risadas e sabedoria. Espero que o livro nos inspire a criar mais lucros reais (*sinais verdes*) no futuro. Que nos lembre que a vida que temos hoje e as decisões que tomamos escrevem a história que será nossa eterna apresentação depois de partirmos. Que nos leve a questionar: sou capaz de viver de uma forma que me deixe feliz ao olhar para trás?

Tentei oferecer ferramentas e perspectivas sobre a vida para ajudar cada um de nós a encontrar a própria frequência, como indivíduos e dentro do coletivo, porque precisamos voltar a merecer e construir a confiança - uns nos outros e em nós mesmos. Dentro dessa frequência, existe uma responsabilidade pela liberdade, e uma liberdade na responsabilidade. *Sinal verde* fala sobre o relacionamento com essas palavras e noções: o ponto onde interagem, se sobrepõem e dançam juntas é o lugar onde encontramos e criamos mais recompensas sustentáveis para nós mesmos e para os outros. Isso ESTIMULA TODOS NÓS a seguir em direção a um destino que nunca alcançaremos, mas mesmo assim perseguimos. Espero que este livro nos incentive a permanecer na corrida e a nos comprometermos com a busca, a ser quem desejamos ser, e, a partir disso, ajudar os outros a fazer o mesmo, sempre buscando algo que está além da nossa linha de visão de pessoas mortais.

Matthew McConaughey
Julho de 2024

Interlúdio dos *sinais verdes*

Todos nós vamos morrer, e o discurso fúnebre que alguém
   fizer sobre nós será a nossa apresentação quando já não
   estivermos mais aqui.
Então, como viver uma vida que nos deixe felizes de olhar
   para trás?
Como tornar a vida um *sinal verde*?
Isso parece depender de
desejos e necessidades
habilidade e timing
responsabilidade e destino
relativizar o inevitável; persistir, mudar ou ceder.

Nós brigaremos e faremos as pazes,
atenderemos quando chamarem nosso nome, amaremos,
   contaremos a verdade e faremos o que for preciso.
Sentaremos, conversaremos e escutaremos
sendo iniciados por ritos de passagem.
Aprenderemos o básico antes de mostrar nossas esquisitices,
confrontaremos para unir.

Talvez precisemos mijar pelo nosso presente,
e então nos mijaremos de medo,
ameaçaremos alguém para nos safarmos,
estruturaremos nossa liberdade,
mostraremos nossa grana,
ensinaremos para entender,
trabalharemos duro,
faremos respiração boca a boca,
construiremos casas de árvore,
perderemos processos,
colocaremos presepadas em frasesdeparachoque,
defenderemos nossos pais,
devolveremos carros esportivos vermelhos,
nos livraremos de quem não somos para descobrir
   quem somos,
seguiremos acordos fechados com apertos de mão e
   escolheremos ser culturalmente diferentes por uma
   questão de princípios,
encararemos o futuro,
escolheremos um caminho
e correremos atrás.

Com habilidade inata e esforço,
vamos voltar a usar a camisa para dentro da calça,

tirar nota mínima para ganhar experiência,
vamos viajar,
encontrar denominadores comuns nos valores da
   humanidade,
comemorar nossas diferenças,
entrar no bar certo,
buscar inspiração em nossos heróis,
ser cool e prosperar.

Vamos perder pessoas amadas e jamais deixá-las
   morrer,
vamos crescer e mantê-las vivas.
Precisaremos de uma força inegável,
nem sempre faremos as coisas no tempo certo,
iremos atrás do desconhecido e precisaremos demais
   dele,
então receberemos presentes de desconhecidos
em autoestradas,
onde demos sorte de primeira
e SABEMOS disso.

Apostaremos tudo e ficaremos zerados,
perderemos coisas no lugar em que as deixamos
e as encontraremos depois,
porque podemos,
mesmo quando não queremos.

Se pensarmos demais,
improvisarmos,
passarmos vergonha,
bolarmos planos absurdos e concretizá-los,
teremos sorte,
ligaremos para nossa mãe,
aproveitaremos o momento,
nos sentiremos gratos e calmos,
desmoronaremos sob pressão,
acreditaremos em tudo,
ficaremos famosos por alguma coisa,
hesitaremos e perderemos o caminho,
então iremos rezar,
e perceberemos que é tudo um paradoxo.

Seremos pais de nossos pais,
desafiaremos a ordem,
teremos pesadelos lindos,
iremos atrás deles por conta própria,
lutaremos contra nossos demônios,
até pararmos de procurar
e enxergarmos a verdade,

onde tudo que queremos e de que precisamos
está bem diante de nossos olhos.

Esquecer mais do que aprendemos e lembrar mais do que
   sabíamos
exige esforço.
Passaremos temporadas em muitos lugares
onde orações privilegiadas e devoções necessárias
se perdem na névoa,
teremos prova de nossa inocência
e seremos presos mesmo assim.
Pagaremos a fiança,
nos tornaremos heróis do povo,
teremos ressacas
e precisaremos sair da cidade,
permaneceremos em campo, beijaremos o fogo e iremos embora
   assobiando,
arrumaremos uma briga com Deus,
perderemos o cabelo,
andaremos na ponta dos pés entre as gotas de chuva,
faremos nossas próprias regras e as quebraremos,
e nosso belo pesadelo retornará,
e nos fará segui-lo de novo.
Ao chegarmos, pisaremos em merda úmida para sermos
   lembrados,
e brigaremos na areia,
não sobre o que é certo ou errado,
e tentaremos entender.
Tocaremos o divino e cuspiremos na nossa própria cara.
Para nosso nariz sempre saber que deixamos nosso cheiro,
fingiremos ser cegos e não enxergaremos
a justiça merecida.
Correremos sob o sol e nadaremos no mar,
e suaremos de inúmeras maneiras,
sendo bons naquilo que não amamos,
seremos fraudes,
ficaremos inquietos,
e viraremos outra página,
teremos outro sonho erótico
que nos permitirá perdoar,
então conheceremos a mulher da nossa vida,
a sequestraremos e a manteremos ao nosso lado,
nos mudaremos para espaços apertados para ficar mais
   próximos,
chatearemos mães,
e manteremos a luz acesa,
fazendo uma coisa de cada vez.

Alguém ficará doente e a vida precisará de mais cuidados,

a lua de mel terminará,
encararemos o espelho e veremos nosso olhar,
não mais olhando para trás por cima do ombro,
apostaremos em nós mesmos,
e nos tornaremos o que sempre quisemos ser.

Faremos bebês,
e, agora, com uma vida a sacrificar,
correremos o risco de perder a luta.
Ouvindo nossos ancestrais cantarem,
nos tornaremos egoístas,
e, em vez de irmos atrás de nós mesmos,
começaremos a nos caçar,
fazendo promessas que mantemos,
saltaremos
torcendo para conseguir voar antes de aterrissar,
as memórias surgem,
enxergamos o futuro, e ele é exatamente como sabíamos que
   seria.
O tempo e a verdade se provam de novo,
foda-se o dinheiro, busque a vitória,
não peça permissão, não desvie dos socos,
agora você sabe o que sabia,
você voltou ao ringue.
Você passará pela mesma estrada na ida e na volta.
Só que, desta vez, você manda na sua corrida,
não existe crise,
você segue imbatível, sem perder, sempre vencendo,
e ganha o troféu dourado
quando chamam seu nome.

Você perseguiu seu herói, foi atrás dele,
e agora é hora de alcançá-lo.
De predar a presa.
De recuperar o fôlego, de mantê-lo na mira,
ele não será mais um homem mortal, a briga praticamente
   acabou.
Porém, antes de puxar o gatilho, você precisa alcançá-lo
e mudar o jogo.
Para que possa voltar a perseguir seu herói.

Tudo é relativo, menos o inevitável,
e você me conhece, nunca quero que nada acabe.
continue vivendo.
sinais verdes.

Agradecimentos

Obrigado aos meus pais e irmãos por me darem uma família, à minha esposa e meus filhos por criarem a minha, e pelos inúmeros personagens, inspirações e ideais que encontrei pelo caminho até aqui. Obrigado aos meus heróis, de Pat a Mellencamp e a mim daqui a 10 anos, e a todas as pessoas que me deram poemas que me esqueci de ter escrito.

A meus amigos, como Seth Robbins Bindler, pela coragem de ser pioneiro, à Austrália pela solidão, a Don Phillips pela vista, a Richard Linklater pelo que vi, a Cole Hauser pela individualidade, a Gus pela lealdade, a Kevin Morris pelo absoluto, a Mark Gustawes pela crença, a Mark Norby pela simplicidade, a John Chaney pela mão firme, a Nicole Perez-Krueger pela mão certeira, a Blaine Lourd pelos zeros a mais, à Srta. Hud pela dedicação, a Issa Ballo pela orientação, ao Mali pelo lar, ao irmão Christian pela humanidade, a Penny Allen pela ferocidade, ao pastor Dave pelo contexto, a Jordan Peterson pela clareza, a Chad Mountain pelo ouvido, a Dan Buettner pelas aventuras, a Roy Spence pelo propósito, a Nic Pizzolatto pela sinceridade, a Al Cohol pelas ideias, a Liz Lambert pelo deserto, a Bart Knaggs pelo rio Llano, a David Drake, Gillian Blake e Matt Inman pelas edições, e às equipes da WME, da Crown/Penguin Random House e da Headline por me ajudarem a pôr minha história no papel.

Sobre o autor

Matthew McConaughey é filho de Jim e Kay McConaughey, que se divorciaram duas vezes e se casaram três. É casado e pai de três filhos. Se diz um homem de sorte, se considera um contador de histórias por profissão, escreve poesias e é um músico frustrado (mas ainda há tempo). Excelente companheiro de viagem, acredita que não há problema em tomar uma cerveja a caminho do templo e se sente melhor com o suor no corpo após um dia de trabalho. É um homem de intenções bem definidas, se sente em casa no mundo, gosta de comparar antes de contrastar e está sempre em busca dos denominadores comuns da vida. É cantor, assobiador de talento, ex-lutador, etimologista prescritivo e viajante do mundo. Acredita que cicatrizes são as tatuagens originais e tem mais cabelo aos cinquenta do que tinha aos trinta e cinco, naturalmente. Ganhou seis competições de quem bebe mais água a nível mundial, reza antes das refeições porque acha que a comida fica mais saborosa, é ótimo em inventar apelidos, estuda gastronomia e arquitetura, adora cheesebúrgueres e picles, tem se esforçado para aprender a se desculpar e aprecia uma boa sessão de choro semanal na igreja. Não assiste a seus próprios filmes quando os encontra na TV, gosta de se desafiar só para ver se consegue, nunca vai para a cama guardando rancor e recentemente aprendeu que existe mais de uma forma de ter razão. Preferiria ser marinheiro a astronauta, arrebenta na pista de dança, prefere crenças a conclusões e acredita que cada pessoa deve ser como quer, desde que seja boa e não seja tirana com ninguém.

Em 2009, Matthew e sua esposa, Camila, fundaram a j.k. livin Foundation, programa extracurricular que ajuda jovens em situação de risco em mais de 52 escolas públicas nos Estados Unidos a fazer escolhas mais saudáveis para a mente, o corpo e o espírito. Em 2019, tornou-se professor na Universidade do Texas em Austin, a instituição de ensino em que estudou e onde ensina a disciplina que criou, Do Roteiro para a Tela. Além de ser um dos proprietários do time de futebol Austin FC, ocupa o cargo de Ministro da Cultura da Universidade do Texas e da cidade de Austin, título e função que ele mesmo inventou.

É embaixador da marca automobilística Lincoln Motor Company e diretor criativo da marca de uísque Wild Turkey, onde criou seu uísque favorito, chamado Longbranch. Lançou sua própria marca de tequila, Pantalones. Matthew prefere o pôr do sol ao nascer do sol.

jklivinfoundation.org
greenlights.com
Instagram: @officiallymcconaughey
X (ex-Twitter): @McConaughey
Facebook.com/MatthewMcConaughey

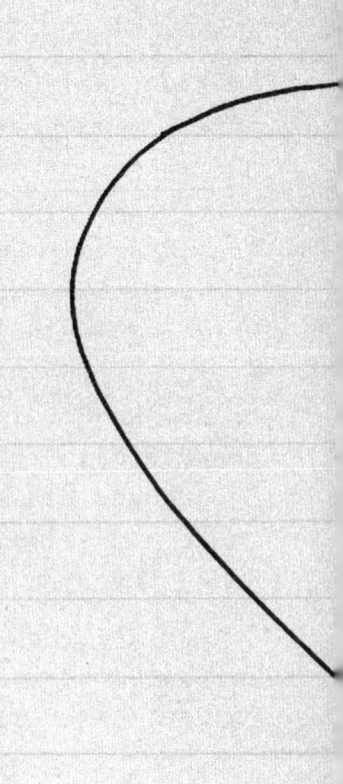

Ft. Davis, Tx . 8 de maio de 2019
  4º dia escrevendo "Sinal verde"

SANGRAR

vim pra cá pra escrever sozinho.

sabia que sangraria.

e sangrei.

nunca meu coração bombeou tanto sangue pelas minhas veias.

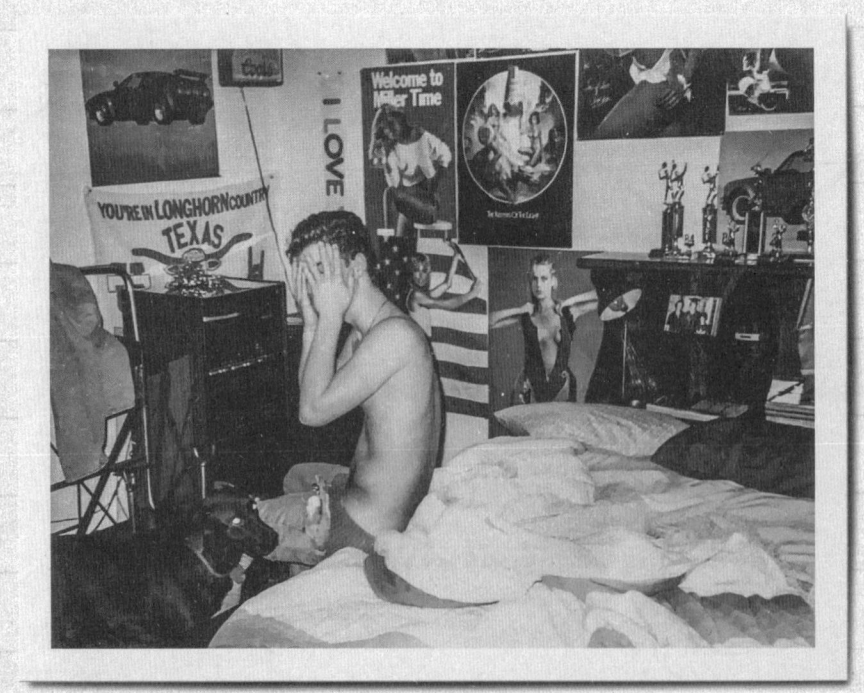

"ON THE BRINK
OF BETTERNESS"

striving, learning, growing
— Ignorant → Knowledgable
then on to another
challenge (branched
off of the previous or
totally different.)

softly
(is used
to yell (hri)

Too strong the masses
so weak do I seem
Hold on I now whisper
I hold on to the dream.

Go to bed with feathers behind my eyes not lead.

All to educate the rancher
on what a good looking
cow looks like.
Another type of people up
here once again.
Small town cowboys,
no school education
but lots of "horse sense."

A tradução dos textos das páginas 308-311 está nas páginas 317-319.

<u>A healthy soul enjoys time with itself.</u>

As my sweat ruins the pages
where I spill my heart
Is it telling me I shouldn't write?
This won't last forever
Sometimes I wish it could.
This is where I'm learning
to express myself

How to be a Hedonist and ~~still~~ still follow the rules.

By the way, I am still very young.
I can't let that stop me from striving though.

The time where time stops — the way of the west
and east — the art of the science the blue of
the green the moon of the sun as above is below

i seek the
unspoken word.
it is in the eyes.
the common
denominator.
of the mammal and
the human being.
the mandorla

stopped in "Niafunke" ("sons of some father") and saw Ali Farka Toure. After 3 hours of chasing him down, we found him at his 2nd wifes house. He went to mosque and returned where we all sat on the floor and ate from the same bowl with our fingers and watched his concert on T.V. I asked him 2 questions: <u>What makes you smile?</u> — he said in Bambara, "<u>having done what i wanted to do ... the finish.</u>" Then i asked him what <u>makes him frown</u>? His answer, "<u>lies</u> and treason."

Aug. 14. saw 29 shooting stars in the cupy cradle moonlit sky last night.

i am so comfortable now that i must have been here before. — Also, more of them laughed at my beaded beard and called me "crazy" in a loving way. Today has been my favorite day.

In Africa the "architecture" is a verb. It is ongoing. The rains come, you rebuild. you maintain daily. It is part of daily life. livin'. Life is a verb. j.k.livin.

An <u>artist</u>: anyone who <u>creates</u>.. must seek <u>anonymity</u> so to <u>experience</u> <u>truth</u>.. then he finds <u>autonomy</u>, which gives him his <u>personal</u> <u>interpretation</u> of that truth. The way he <u>thinks</u> becomes what he <u>believes</u>. He then <u>practices</u> his beliefs and they become his <u>being</u>.

full of thoughts
reed paper
12-08-93

Q: have i found the answers?

A: No... but i have raised serious questions that mankind should be conscious of during our evolution.

Tradução dos textos manuscritos

página 8

22-1-89
Eu me encontrei
– a palavra mais difícil do universo?
– QUEMQUEONDEQUANDOCOMO?? – e essa é a verdade.
POR QUÊ? – é ainda pior
– Acho que vou escrever um livro.
~~Um livro~~ Uma palavra sobre o que vivi.
Quem será que se importaria
Com os prazeres e os conflitos?

Acho que vou escrever um livro
Ajudar as gerações com a verdade sobre o passado?
Quem diz que vamos chegar a um consenso?
Merda!, estou cansado. Espero que esses pensamentos durem.

Ainda acho que vou escrever um livro.

- clima para as citações
- favorita
- psicológica
- deixar a vida fluir – não – seríamos covardes
- escrever um livro

11 de março

página 37

Jim McConaughey
Com duas finais nas costas, o grande Jim McConaughey quer fechar a carreira universitária jogando mais um clássico do dia do Ano-Novo. Aluno do último ano com 1,90 metro e 95 quilos, vindo de Metairie, Louisiana, o jovem de 22 anos foi titular da defesa do Kentucky comandado por Bear Bryant, que perdeu o Orange Bowl de 1949 para Santa Clara... Ele considera que suas experiências mais divertidas no futebol americano foram o Salad Bowl da última temporada e o embate contra Texas Tech. "Nossa defesa foi bem nas duas partidas", diz ele, sorrindo. Jim começou a carreira esportiva em Metairie, onde praticava todos os esportes da escola e foi um dos nove

membros da equipe de corrida que venceu o campeonato estadual de Louisiana de 1947. Ficou em primeiro lugar na corrida com obstáculos baixos, em segundo no salto em altura, e em segundo com três outros colegas nos revezamentos de 800 e 400 metros e na corrida entre cones. Foi pivô do time de basquete no segundo e no terceiro anos do ensino médio, até que ficou "pesado demais para esses esportes".

Ele se mudou para o Kentucky em 1948, onde foi colega de time de Babe Parilli. Casou-se com a ganhadora do concurso de beleza da turma de 1949 de Kentucky, tornando a bela Kay sua esposa no dia 22 de dezembro do ano passado. "O jogo do Salad Bowl foi nossa lua de mel", disse ele, sorrindo.

Um ótimo dançarino que gosta de "música lenta", Jim diz "não ter tempo" para outros hobbies e esportes. Porém é um ótimo jogador de defesa do Big Red e, devido a seu tamanho, peso, experiência e habilidade, os treinadores também pretendem usar "O Urso" no ataque durante esta temporada.

O número dele é 88!

página 93

"Estilo é saber quem você é, o que quer dizer, e ligar o foda-se."
Gore Vidal

Isso é verdade pra cacete. Para ter estilo, precisamos dessa ordem. Precisamos saber quem somos antes de saber o que queremos dizer e depois ligar o foda-se. Mas saber quem somos é a base de tudo. Tenho mais estilo agora do que nunca, mas ele continua em transformação. Você sabe quem é quando se torna independente o bastante para acreditar em seus próprios pensamentos e quando se torna responsável por suas ações, sem apenas "acreditar" no que quer, e sim <u>vivendo o que acredita</u>. VIVA O QUE VOCÊ ACREDITA... "VIVA AS QUESTÕES PRIMEIRO, ENTÃO O QUE VOCÊ ACREDITA (pequenas mudanças)... E ENTÃO VOCÊ TERÁ SEU PRÓPRIO ESTILO"
Nossa.
Gostei de escrever isso.

páginas 164-165

Sim, ele interpreta um personagem, mas o personagem é sempre sob seu ponto de vista, enquanto o camaleão ignora seu ponto de vista pessoal e forma todas as opiniões sem tendências pessoais. – Estou entendendo o prazer. Presto atenção e escuto as formas da natureza... Estou no jardim, e a canção libertária do prazer me cerca. Boa noite, amigos, amo vocês, tenham bons sonhos. Eu sonhei viver aqui 1) de vez, 2) nos intervalos entre filmes, 3) para escrever e ser, 4) durante férias. 4h45 – acordei para ver os galos-da-serra. Eles dançam para as fêmeas ao nascer e ao pôr do sol. – De verdade, eu poderia passar metade do ano morando aqui – <u>acho que, para entender um lugar, um personagem, um tempo, preciso pensar nele como um lugar para habi-</u>

tar permanentemente – encontrar a semelhança, a bondade; Deus tem um quintal tão colorido ✲ Concluí Acho que é uma necessidade do homem deixar para trás aquilo que sabe para entender o que "sabe" – o homem deve perder os confortos, os luxos, as amizades, os conselheiros, os conselhos, os ouvidos que escutam, os pilares nos quais se apoia – e se obrigar a ser "encurralado", a ocupar um lugar onde, no momento em que sua mente tiver um pensamento e sua boca quiser falar, não exista ninguém para ouvir além dele mesmo e seu Deus. Em um tempo, em uns Estados Unidos, quando nossos luxos se tornam necessidades, quando podemos estar em qualquer lugar, com qualquer um, a qualquer momento – por telefone, TV, carro, avião, telefone no carro, aparelho de som... ah, os confortos de casa são tão difíceis de abandonar, e com razão, porque eu não iria querer abrir mão dos meus, mas, quando "temermos" deixá-los para trás ou "não" tê-los porque "temermos" conseguir sobreviver, então corremos o risco de perder nosso "eu" e nosso Deus. A tecnologia é basicamente "boa", mas devemos respeitá-la como um luxo, porque ela é feita pelo homem, não dada por Deus – Então o homem deve sair da civilização como a conhecemos, ir para o jardim, onde quer que seja o dele, e observar, escutar, conhecer um lugar onde ninguém além dele "mesmo" possa fazer nada por ele – estar em um local onde não haja "escolha" (a Mãe Natureza), para que ele possa não ter nada além da "escolha", onde não possa fazer nada além de escolher como sobreviver, onde está, sem luxos, e sobreviver no lugar para onde retornará, com os luxos. Todo homem deve saber do que precisa, e todos sabemos que sobreviver é uma necessidade. É difícil deixar nosso lugar para trás (o lar, os Estados Unidos), mas as verdades e a alma, que e as liberdades que tiram cruzaram meu caminho, sem as interrupções que recebo de bom grado como luxos (telefone, amigos, TV), são tão óbvias e puras que são lugares que são um "lar" no coração e na mente de todo homem. É preciso sair do lar para "encontrar" o lar. (Austrália, Peru) – Mulheres com olhos marejados fazem eu me sentir em casa. → Assim como paramos de rezar e buscar quando nos sentimos bem (sucesso, no fluxo: luxos) e só nos lembramos de ir embora quando há inquietação na vida, o homem deve deixar seu lar quando, se não antes, se tornar necessário ir embora para solucionar um problema. Aja, não reaja – e, sim, os conflitos virão, como um lembrete de Deus sobre nossa mortalidade, então se afaste daquilo que você sabe para descobrir o que sabe, e permita que a necessidade gere seus luxos, porque a necessidade é um luxo/luxuosa. Vá para seu solo fértil, volte e faça isso com prazer; crie, aprecie, respeite – Encontrei Um sorriso que adoro cruzou meu caminho, uma trilha que adoro cruzou meu caminho, um colar que adoro está pendurado em meu pescoço, as cores que vejo são mais brilhantes do que nunca – quero dizer que os encontrei, ou que eles são meus agora, porque eles me encontraram, e eu abri as portas do meu lar e os deixei entrar. – Não quero possuir nada, não há nada que eu de fato queira que não esteja comigo agora. Tudo que vejo está bem à minha frente. Quero o que vejo, sim, e tudo que vejo está bem à minha frente: estar presente. Crenças são melhores que conclusões porque podemos guiá-las em vez de apenas encará-las. Como Conclusões são o Ford T no salão de exibição, que só está ali para ser admirado, enquanto a crença é o Z28 modelo 1981 na autoestrada – A PRATICIDADE VENCE. 8.11.96

páginas 212-213

- MDM sobre a crítica do *Austin American-Statesman* [texto rasurado] "um desconstrutor cínico que usa palavras difíceis e insinuações insensatas para impressionar a si mesmo. Como ele não tem qualquer ponto de vista, não consegue reconhecer o dos outros, então prefere ficar se autoestimulando até parecer um palhaço".
※ que tal dois camelos no LocaPelotas?
† RELIGIÃO: para nos conectar de novo... (a definição em latim: "re" – de novo, "ligare" – ligar)
⚜ não se comporte como um, seja um... sobre atuar, viajar
✦ a capacidade para o paradoxo é a medida da força espiritual e o sinal mais certeiro da maturidade (R. Johnson, *Own Shadow*, p. 78). as duas coisas são verdade.
† embora a contradição seja estática e improdutiva, o paradoxo abre espaço para a gratidão e o mistério... continue vivendo, estradas com oito pistas, máximas são apoios de livros. (viver é um verbo)

↕ somos os herdeiros de dois mitos que surgiram no <u>século XII</u>.
  1) <u>O mito do Graal</u> – A relação entre individualidade e busca espiritual. (MDM sobre experiências e autonomia.)
  2) <u>Tristão e Isolda</u> – O poder do amor romântico. (R. Johnson)

✥ a linguagem rica em verbos é a mais poderosa. (mandorla, movimento, o rio, vida a linguagem baseada em substantivos é fraca. (secular, polar, superioridade moral se você precisa de adjetivos e advérbios, está perdido (luxos, semântica
  O VERBO É O CHÃO SAGRADO, O LOCAL DA MANDORLA (R. Johnson)

ⓘ ← "mandorla" – unifica opostos... junta... religião. onde a luz e a escuridão se encontram.
      – o meio do caminho... pacificação...

ʘ – céu
  – terra ⟩ poesia sobre "isso" ser "aquilo"... O céu <u>é</u> a terra.

- Norby está cheio de mandorla, só não sabia que nome dar a ela.
- Mateus 6:22: "Se teus olhos forem bons, todo o teu corpo será cheio de luz."
- sou vaidoso, já estou pensando em como usar essas verdades de forma autônoma... para tatuar, para impressionar, para ativar... antes de refletir sobre sua iluminação ou até mesmo virar a página. mas gosto disso.
- mandorlas não dão espaço para remorso ou culpa. ela pede um trabalho <u>consciente</u>, não submissão aos <u>próprios desejos</u>.
- a culpa é um substituto fraco do paradoxo.
- a culpa é arrogante. Indica que precisamos tomar lados e nos dá certeza de que estamos certos.
- perder o poder do confronto é perder a chance de se unificar. Perder a mandorla

- o <u>mercado clandestino</u> é aquele com que negocio... é só fazer amizade com os melhores <u>rebeldes</u> ~ o governo não trabalha "com" essas pessoas. A riqueza não é compartilhada com o povo. Então indivíduos devem ser empreendedores, e você recebe "ofertas" de tudo... em jantares, em qualquer tour, trocas $, balsas, em todo canto... é o "velho velho leste" – vendedores em cada esquina. faz parte da diversão.

- CD – "Adama Yalomba" ~ nova banda malinesa.

- DICAS para viagens ~ clima, arredores, guia

- a MANDORLA não é o cinza da neutralidade e do meio-termo; é o lugar de rabos de pavão e arco-íris. (R. Johnson) / gratidão, mistério

- a experiência da mandorla é breve. (sinais, acaso, epifanias, déjà vus, verdades...) e alegre. é apenas um vislumbre momentâneo... então rapidamente voltamos ao mundo em que confrontamos a sombra do ego. (não há utopia cultural à qual voltar... há apenas a mandorla religiosa para tentarmos manter em nosso interior... porque é necessário esforço... diário... e trabalho para nos tornarmos as verdades que são reveladas apenas por viagens e pela solidão.

- em Djenne, na casa dos amigos recém-casados de Issa. Todos os caras estão passando tempo juntos das oito da manhã às oito da noite, uma semana depois do casamento. Um cara está encarregado do cara casado, e uma amiga, da moça. Uma semana para relaxar e se divertir, comemorar o casamento e a felicidade, para que se/quando houver uma fase difícil e infelicidade no futuro, os amigos estejam presentes para <u>lembrar</u> o casal da época feliz.

- No meio de tantas conversas, cigarros, jogos de cartas, chás, diversão, se alguém quiser se ajoelhar no tapete para rezar, todo mundo só precisa "ignorar" a pessoa no tapete. Os outros continuam se divertindo.

página 308
<u>Ir dormir com penas atrás dos olhos, não chumbo.</u>

"PRESTES A MELHORAR"
esforço, aprendizado, crescimento
– ignorante → bem-informado
então seguir para outro desafio (derivado do anterior ou completamente diferente)

Sociedade – Exibida demais, a massa
Tão acordado pareço
Eu costumava gritar (Avi) – Segure-se, sussurro agora
Eu me seguro ao sonho.

Tudo para educar o rancheiro sobre como é um carro bonito.
Outro tipo de gente aqui de novo.
Cidade pequena, caubóis, sem educação formal, mas muito bom senso.

página 309
Uma alma saudável gosta de passar tempo consigo mesma.

Meu suor estraga as páginas em que coloco meu coração e me pergunto se ele está me dizendo que eu não deveria escrever.
Isso não vai durar para sempre.
Às vezes, eu queria que durasse.
É aqui que estou aprendendo a me expressar.

Como ser hedonista e ~~ainda~~ ainda seguir as regras.

Aliás, ainda sou muito jovem. Não posso deixar que isso me impeça de brilhar.

O momento em que o tempo para – a maneira do oeste e do leste e a arte da ciência.
O azul do verde. A lua do sol. Acima e abaixo.

página 310
busco a palavra não dita.
ela está nos olhos.
o denominador comum.
dos mamíferos e dos seres humanos.
a mandorla.

Parei em "Niafunké" ("filhos de algum pai") e passei um tempo com Ali Farka Touré. Após três horas tentando encontrá-lo, nós o encontramos na casa de sua segunda esposa. Ele foi à mesquita e voltou, e todos nos sentamos no chão, comemos da mesma tigela com nossos dedos, e vimos TV. Fiz duas perguntas a ele: O que te faz sorrir? – Ele disse, em bambara, "ter feito o que eu queria fazer... a conclusão". Então perguntei o que o incomoda? Sua resposta, "mentiras e traição".

14 de agosto. Vi 29 estrelas cadentes no céu iluminado pela lua ontem à noite.

Me sinto tão confortável agora que já devo ter vindo aqui antes. – Também, mais pessoas riram da minha barba trançada e me chamaram de "maluco" de um jeito carinhoso. Hoje foi meu dia favorito.

página 311

Na África, a <u>arquitetura é um verbo</u>. É contínua. As chuvas vêm, você reconstrói. Você faz manutenção diária. É parte da rotina. Viver. <u>A vida é um verbo.</u> continue vivendo.

Um <u>artista</u>: qualquer um que <u>cria</u>... deve buscar <u>anonimato</u> para <u>vivenciar</u> <u>a</u> <u>verdade</u>... então ele encontra <u>autonomia</u>, que lhe dá sua <u>interpretação</u> <u>pessoal</u> dessa verdade. A maneira como <u>pensa</u> se torna aquilo em que <u>acredita</u>. Então ele <u>pratica</u> suas crenças, e elas se tornam seu <u>ser</u>.

cheio de pensamentos
preciso de papel
08.12.93

P: Encontrei as respostas?
R: Não... mas fiz perguntas sérias sobre as quais a humanidade deveria refletir durante nossa evolução.

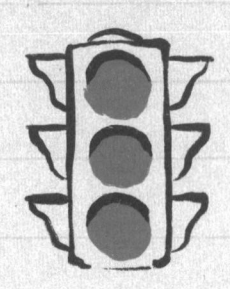

Para saber mais sobre os títulos e autores da Editora Sextante,
visite o nosso site e siga as nossas redes sociais.
Além de informações sobre os próximos lançamentos,
você terá acesso a conteúdos exclusivos
e poderá participar de promoções e sorteios.

sextante.com.br